第3部　プレゼンテーションソフトPowerPoint 2021の利用

第11章　プレゼンテーションの作成と編集

JN001588

第12章　図解の作成 　　　　　　327

第13章 オブジェクトの挿入 359

第14章 特殊効果の設定 389

第15章 資料の作成と印刷 411

Office 2021
基本演習

Word
Excel
PowerPoint

日経BP

はじめに

本書では、Word、Excel、PowerPointの主要な機能および操作方法について学習します。
本書に沿って学習すると、イラストや図形を用いた表現力のあるWord文書、集計表やグラフ、各種関数が組み込まれたExcelワークシート、さまざまな形式のスライドから構成される動きのあるPowerPointプレゼンテーションを作成できるようになります。

制作環境

本書は以下の環境で制作・検証しました。

- ■Windows 11（日本語版）をセットアップした状態。
  - ※ほかのバージョンのWindowsでも、Office 2021が動作する環境であれば、ほぼ同じ操作で利用できます。
- ■Microsoft Office 2021（日本語デスクトップ版）をセットアップし、Microsoftアカウントでサインインした状態。マウスとキーボードを用いる環境（マウスモード）。
- ■画面の解像度を1280×720ピクセルに設定し、ウィンドウを全画面表示にした状態。
  - ※上記以外の解像度やウィンドウサイズで使用すると、リボン内のボタンが誌面と異なる形状で表示される場合があります。
- ■[アカウント] 画面で [Officeの背景] を [背景なし]、[Officeテーマ] を [白] に設定した状態。
- ■プリンターをセットアップした状態。
  - ※ご使用のコンピューター、プリンター、セットアップなどの状態によって、画面の表示が本書と異なる場合があります。

おことわり

本書発行後（2023年3月）の機能やサービスの変更により、誌面の通りに表示されなかったり操作できなかったりすることがあります。その場合は適宜別の方法で操作してください。

表記

・メニュー、コマンド、ボタン、ダイアログボックスなどで画面に表示される文字は、角かっこ（[ ]）で囲んで表記しています。ボタン名の表記がないボタンは、マウスでポイントすると表示されるポップヒントで表記しています。

・入力する文字は「」で囲んで表記しています。

・本書のキー表記は、どの機種にも対応する一般的なキー表記を採用しています。2つのキーの間にプラス記号（＋）がある場合は、それらのキーを同時に押すことを示しています。

・マウス操作の説明には、次の用語を使用しています。

用語	意味
ポイント	マウスポインターを移動し、項目の上にポインターの先端を置くこと
クリック	マウスの左ボタンを1回押して離すこと
右クリック	マウスの右ボタンを1回押して離すこと
ダブルクリック	マウスの左ボタンを2回続けて、すばやく押して離すこと
ドラッグ	マウスの左ボタンを押したまま、マウスを動かすこと

操作手順や知っておいていただきたい事項などには、次のようなマークが付いています。

マーク	内容
操作	これから行う操作
Step 1	細かい操作手順
重要	操作を行う際などに知っておく必要がある重要な情報の解説
ヒント	本文で説明していない操作や、知っておいた方がいい補足的な情報の解説
用語	用語の解説

実習用データ

本書で学習する際に使用する実習用データを、以下の方法でダウンロードしてご利用ください。

■ダウンロード方法

①以下のサイトにアクセスします。

　https://nkbp.jp/050512

②[実習用データダウンロード/講習の手引きダウンロード] をクリックします。

③表示されたページにあるそれぞれのダウンロードのリンクをクリックして、適当なフォルダーにダウンロードします。ファイルのダウンロードには日経IDおよび日経BOOKプラスへの登録が必要になります（いずれも登録は無料）。

④ダウンロードしたzip形式の圧縮ファイルを展開すると [Office2021テキスト] フォルダーが作成されます。

⑤[Office2021テキスト] フォルダーを [ドキュメント] フォルダーまたは講師から指示されたフォルダーなどに移動します。

ダウンロードしたファイルを開くときの注意事項

インターネット経由でダウンロードしたファイルを開く場合、「注意——インターネットから入手したファイルは、ウイルスに感染している可能性があります。編集する必要がなければ、ほぼビューのままにしておくことをお勧めします。」というメッセージバーが表示されることがあります。その場合は、[編集を有効にする] をクリックして操作を進めてください。

ダウンロードしたzipファイルを右クリックし、ショートカットメニューの [プロパティ] をクリックして、[全般] タブで [ブロックの解除] を行うと、上記のメッセージが表示されなくなります。

実習用データの内容

実習用データには、本書の実習で使用するデータと章ごとの完成例、復習問題で使用するデータと完成例が収録されています。前の章の最後で保存したファイルを次の章で引き続き使う場合がありますが、前の章の学習を行わずに次の章の実習を始めるためのファイルも含まれています。

講習の手引きと問題の解答

本書を使った講習を実施される講師の方向けの「講習の手引き」と、復習問題の解答をダウンロードすることができます。

ダウンロード方法は、上記の「ダウンロード方法」を参照してください。

目次

第2部 表計算ソフトExcel 2021の利用

第6章 表の作成   *141*

第7章 四則演算と関数   *167*

第8章 表の編集   *189*

| 第9章 | **グラフ** | 231 |

| 第10章 | **印刷** | 259 |

第1部

ワープロソフト
Word 2021
の利用

第1章

新規文書の作成

作成する文書の確認

ここでは、次のような文書を作成します。

新しい文書ファイルを作成し、レイアウトの設定や文字の入力を行って保存します。

■ 完成例

技術教育推進部↵
2022 年 9 月 1 日↵
社員各位↵
Microsoft·Word2021↵
社内セミナー開催のお知らせ↵
↵
10 月の社内セミナーを以下のとおり実施いたします。↵
新機能のご紹介や使用方法、仕事に役立つ技やショートカットなどを実習するセミナーを企画いたしました。↵
受講を希望するかたは、下記の申込用紙に必要事項をご記入の上、9 月 20 日までに技術教育推進部に提出してく
ださい。皆様のご参加をお待ちしております。↵
↵
　　　　　　　　　　　　　　　　　記↵
開催日程：第 1 回□10 月 4 日（火）、第 2 回□10 月 11 日（火）↵
時間：10：00-17：00↵
問い合わせ先：技術教育推進部□椛山（内線☎□4567）↵
　　　　　　　　　　　　　　　　　　　　　　　　　　　　　　　　以上↵
↵
申し込み用紙↵
会場：本社パソコン研修室↵
↵
＜今後開催予定のセミナー＞↵
今後、下記の社内セミナーを予定しております。ご興味のあるものに〇をつけてください。↵
2 月・Microsoft·Excel2021 新機能・Microsoft·PowerPoint2021 新機能↵
3 月・Windows11・ビジネスマナー↵
1 月・ビジネス英会話・プロジェクトマネジメント↵
↵

文書作成の流れ

文書を作成するには、次のような手順で作業します。

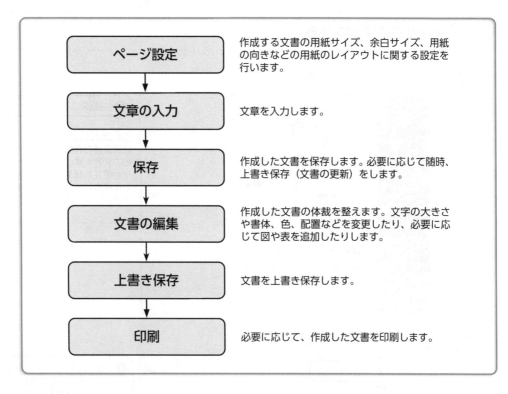

作成する文書の用紙サイズ、余白サイズ、用紙の向きなどの用紙のレイアウトに関する設定を行います。

文章を入力します。

作成した文書を保存します。必要に応じて随時、上書き保存（文書の更新）をします。

作成した文書の体裁を整えます。文字の大きさや書体、色、配置などを変更したり、必要に応じて図や表を追加したりします。

文書を上書き保存します。

必要に応じて、作成した文書を印刷します。

用語　ページ設定
印刷する用紙に合うように、作成する文書の用紙サイズや向きを設定することです。また、余白や1ページあたりの行数や1行あたりの文字数も設定できます。

重要　ページ設定を行うタイミングについて
ページ設定はいつでも変更できますが、文書を作成する前に、作成する文書の内容や量を考慮してページ設定を行うことをお勧めします。たとえば、文字の入力や書式設定を行った後で用紙の向きや余白を変更すると、文書全体のレイアウトが変わってしまいます。

重要　文書の保存について
文書を作成しているとき、ある程度の入力や編集作業が進んだら保存するようにします。間違って文書ウィンドウを閉じてしまったり、何らかの不具合でWordが終了してしまったりすると、それまでに作成した文書の内容はすべて消えてしまう場合があります。

新規文書の作成

新しい文書を作成するためには、新しい文書ウィンドウを準備する必要があります。

操作👈 新規文書を作成する

Step 1 新しい文書ウィンドウを開きます。

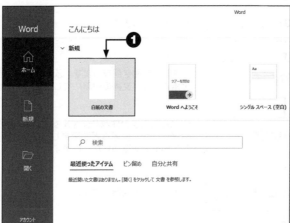

❶ [白紙の文書] をクリックします。

💡 **ヒント**
新規文書の作成
他の文書を開いているときや文書ウィンドウを閉じた状態のときに新規文書を作成する場合は、[ファイル] タブの [新規] をクリックして [白紙の文書] をクリックします。

Step 2 新しい文書ウィンドウが開きます。

❶ タイトルバーに「文書1」と表示されていることを確認します。

💡 **ヒント**
クイックアクセスツールバーを利用した新規作成
クイックアクセスツールバーに [新規作成] ボタンを追加しておくと、他の文書を開いているときにワンクリックで新規の文書を作成することができます。

元に戻す	クリップボード
📄 新規作成	▽

💡 **ヒント** **起動時に白紙の文書を開くには**
Word 2010までのバージョンでは、Wordを起動した直後に新しい文書ウィンドウが開かれた状態になっていました。Word 2021でも同様にしたい場合は、[ファイル] タブの [オプション] をクリックし、[Wordのオプション] ダイアログボックスの [全般] の [起動時の設定] にある [このアプリケーションの起動時にスタート画面を表示する] チェックボックスをオフにします。

💡 ヒント　複数ファイルの操作

Wordでは複数のファイルを開きながら操作することができます。Windows 11ではタスクバーに表示されているWordのアイコンをポイントすると開いているファイルのサムネイル(縮小表示)の一覧が表示され、クリックするとそのファイルに切り替えることができます。

💡 ヒント　テンプレートの活用

文書を新規に作成するときにテンプレートを利用すると、あらかじめデザインされた文書を簡単に作成することができます。

テンプレートを利用するには、Wordを起動したときに表示される一覧から使いたいテンプレートを選択するか、[ファイル]タブの[新規]をクリックして選択します。

💡 ヒント　テンプレートの検索

[オンラインテンプレートの検索]ボックスに「送付状」や「請求書」などのキーワードを入力してテンプレートを検索し、ダウンロードすることができます。また、[検索の候補]の「ビジネス」や「カード」などから検索することもできます。たとえば[カード]をクリックして検索された一覧から[お礼状]をクリックし、[作成]をクリックすると、お礼状のテンプレートがダウンロードされて新規文書が作成されるので、必要事項を入力していきます。

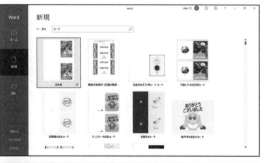

ページレイアウトの設定

文書の入力や編集作業に入る前に、使用する用紙のレイアウトを設定します。

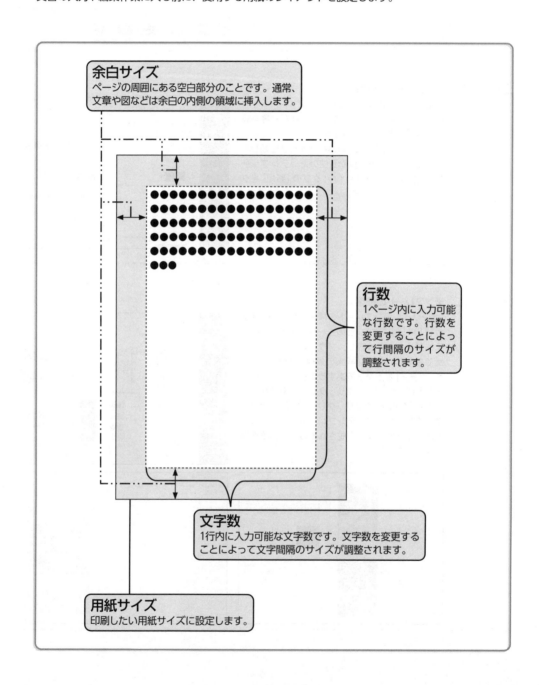

余白サイズ
ページの周囲にある空白部分のことです。通常、文章や図などは余白の内側の領域に挿入します。

行数
1ページ内に入力可能な行数です。行数を変更することによって行間隔のサイズが調整されます。

文字数
1行内に入力可能な文字数です。文字数を変更することによって文字間隔のサイズが調整されます。

用紙サイズ
印刷したい用紙サイズに設定します。

用紙サイズと印刷の向き

[レイアウト] タブに配置された [サイズ] ボタンと [印刷の向き] ボタンを利用して、用紙サイズと用紙の向き
を設定することができます。ここでは現在の用紙サイズと向きを確認します。

操作☞ 用紙サイズと用紙の向きを確認する

Step 1 設定されている用紙サイズを確認します。

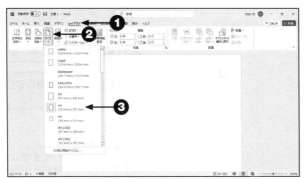

❶ [レイアウト] タブをクリックしま
す。

❷ [サイズ] ボタンをクリックします。

❸ [A4] が選択されていることを確認
します。

❹ 文書内をクリックして一覧の表示を
キャンセルします。

Step 2 設定されている用紙の向きを確認します。

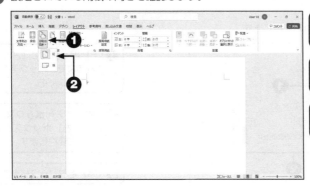

❶ [印刷の向き] ボタンをクリックし
ます。

❷ [縦] が選択されていることを確認
します。

❸ 文書内をクリックして一覧の表示を
キャンセルします。

💡 ヒント **用紙サイズと印刷の向きの既定値**
Wordでは既定値で用紙サイズが「A4」、印刷の向きが「縦」になっています。なお、セットアップされているプリ
ンターの機種によって表示される用紙サイズは異なる場合があります。

💡 ヒント **ボタンの名前**
本書では、リボンのボタンに表記されている文字列をボタン名として表記しています。この名前はボタンをポイ
ントしたときにポップアップ表示される名前と異なる場合があります。

余白

[レイアウト] タブに配置された [余白] ボタンを利用して、よく使われる余白サイズを設定することができます。また、[ページ設定] ダイアログボックスで余白サイズを数値で設定することによって微調整することもでききます。

操作🖝 余白サイズを変更する

上下左右の余白サイズを 20mmに変更しましょう。

Step 1 [ページ設定] ダイアログボックスを開きます。

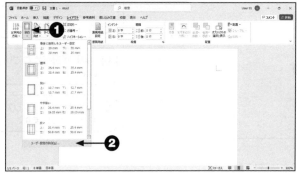

❶[余白] ボタンをクリックします。

❷[ユーザー設定の余白] をクリックします。

💡 **ヒント**
余白の既定値
Wordの余白の既定値は、上「25.4mm」、下「25.4mm」、左「25.4mm」、右「25.4mm」になっています。

Step 2 上下左右の余白を 20mmに変更します。

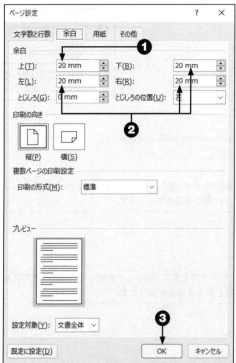

❶[上] ボックスに「20mm」と表示されるまで、ボックスの右端の▼をクリックします。

❷同様に [下] ボックス、[左] ボックス、[右] ボックスの余白も「20mm」に変更します。

❸[OK] をクリックします。

💡 **ヒント**
値を入力して変更
▲や▼ボタンを使わずに、直接「20」と入力して余白を20mmに変更することもできます。このとき単位の「mm」は入力しなくてもかまいません。

Step 3 余白サイズが変更されます。

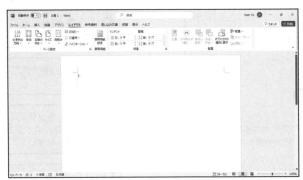

❶上下左右の余白サイズが変更され
たことを確認します。

ページ設定

[ページ設定] ダイアログボックスには [文字数と行数]、[余白]、[用紙]、[その他] の4つのタブがあり、余白
や用紙サイズを設定できます。1行あたりの文字数や1ページの行数などリボンでは設定できない項目は、
[ページ設定] ダイアログボックスから設定します。

操作☞ 1行の文字数と1ページの行数を変更する

1行の文字数を50字に変更しましょう。

Step 1 [ページ設定] ダイアログボックスを開きます。

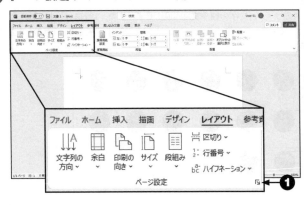

❶[ページ設定] グループ右下の
[ページ設定] ボタンをクリックし
ます。

❗重要
⬜ボタン
リボンの各タブに配置されたボタンはグ
ループごとにまとめられています。そのグ
ループ名の右下に⬜ボタンが表示されて
いる場合、クリックすると対象のグループ
に含まれる設定をまとめて行うためのダイ
アログボックスや作業ウィンドウ表示さ
れ、現在の設定を確認したり変更したりす
ることができます。各グループによりボタ
ン名が変わります。

Step 2 1行の文字数を50字に変更します。

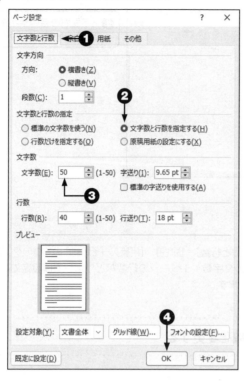

❶[文字数と行数] タブをクリックします。

❷[文字数と行数を指定する] をクリックします。

❸[文字数] ボックスに「50」と表示されるまで、ボックスの右端の▲をクリックします。

❹[OK] をクリックします。

💡 ヒント

[余白]と[文字数]、[行数]の関係について
[ページ設定]ダイアログボックスの[余白]タブで上下の余白サイズを変更すると [行数] が変更され、左右の余白サイズを変更すると、[文字数] が変更されます。

- - - - - - - - - - - - - - - - - - - -

💡 ヒント　**[字送り]と[行送り]について**

[字送り] は文字間のスペースのサイズ (文字の幅＋文字間隔) です。また、[行送り] は行間のスペースのサイズ (文字の高さ＋行間隔) です。[文字数] を変更すると [字送り] が自動的に変更され、[行数] を変更すると [行送り] が自動的に変更されます。

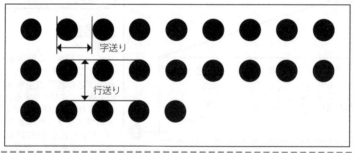

文字の入力

ページレイアウトの設定が終了したら、文章を入力します。入力後に文章を変更するには、対象の箇所にカーソルを移動し、文字を追加したり削除したりします。

- 空白を入力するには**Space**キーを押します。
- カーソルの左側の文字を削除するには**BackSpace**キーを、右側の文字を削除するには**Delete**キーを使用します。
- 改行するには**Enter**キーを押します。改行位置には ↵ が表示されます。
- 間違って改行しすぎた場合は**BackSpace**キーを押して空白行を削除します。
- 文字の入力後、**F7**キーを押すとカタカナに変換できます。
- 文章の変換時に文節の区切りが正しく認識されていない場合は、**Shift**＋**←**または**Shift**＋**→**キーで区切り位置を変更することができます。

操作 文字を入力する

次ページの入力例のとおりに文章を入力しましょう。
- 空白行の位置と数も入力例に合わせましょう。
- 英数字はすべて半角で入力します。
- 「記」と入力して**Enter**キーで改行すると、「記」が自動的に中央に配置されます。さらに、「以上」が自動的に右揃えで入力されます（入力オートフォーマット）。

ヒント　**編集記号**

空白やタブ記号などの編集記号をすべて表示して作業したい場合は、[ホーム] タブの [編集記号の表示/非表示] ボタンをクリックします。
[編集記号の表示/非表示] ボタンがオンになっているときには、下のように文書中にスペースやタブ、改ページなどの編集記号も表示されます。本書の画面は [編集記号の表示/非表示] ボタンがオンになっている状態です。

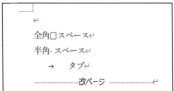

技術教育推進部

2022 年 9 月 1 日

社員各位

Microsoft·Word2021

社内セミナー開催のお知らせ

10 月の社内セミナーを以下のとおり実施いたします。

新機能のご紹介や使用方法、仕事に役立つ技やショートカットなどを実習するセミナーを企画いたしました。

受講を希望するかたは、下記の申込用紙にご記入の上、9 月 20 日までに技術教育推進部に提出してください。皆様のご参加をお待ちしております。

記

開催日程：第 1 回□10 月 4 日（火）、第 2 回□10 月 11 日（火）

時間：10：00-17：00

問い合わせ先：技術教育推進部□（内線□4567）

以上

申し込み用紙

会場：本社パソコン研修室

＜今後開催予定のセミナー＞

今後、下記の社内セミナーを予定しております。ご興味のあるものに○をつけてください。

2 月・Microsoft·Excel2021 新機能・Microsoft·PowerPoint2021 新機能

3 月・Windows11・ビジネスマナー

1 月・ビジネス英会話・プロジェクトマネジメント

💡 **ヒント** **入力オートフォーマット**

文章入力時に書式が自動的に設定されることがあります。これは、効率よく文書を作成するための「入力オートフォーマット」機能が働いているからです。この機能の設定は、次の手順で行います。

1. [ファイル] タブをクリックします。
2. [オプション] をクリックします。
3. [Wordのオプション] ダイアログボックスのカテゴリ一覧から [文章校正] をクリックします。
4. [オートコレクトのオプション] をクリックします。
5. [入力オートフォーマット] タブをクリックして利用したい項目のチェックボックスをオンにします。

■ 入力中に自動で変更される主な項目

項目	操作	結果
左右の区別がない引用符を、区別がある引用符に変更する	シングルクォーテーション（'）またはダブルクォーテオション（"）を入力する。	''、""のように、左右で異なる形のクォーテーションに変換される。
ハイフンをダッシュに変更する	文字列を入力し、ハイフン (-) を2つ入力後、続けて文字列を入力する。	ハイフン (--) がダッシュ (—) に変換される。
インターネットとネットワークのアドレスをハイパーリンクに変更する	インターネットアドレスやネットワークアドレスを入力する。	ハイパーリンクが設定される。

■ 入力中に自動で書式が設定される主な項目

項目	操作	結果
箇条書き（行頭文字）	*（アスタリスク）、-（半角のハイフン）、>（大なり記号）の後にスペースまたはタブを挿入し、続けて文字列を入力して改行する。続けて2行目を入力する。	●、-、➤などの行頭文字が付いた箇条書きになる。
箇条書き（段落記号）	数字の後に .（ピリオド）、）（閉じるかっこ）、>（大なり記号）を入力し、続けて文字列を入力して改行する。続けて2行目を入力する。	1、1)、1>などの段落記号が付いた箇条書きになる。

■ 入力中に自動で行われる主な処理

項目	操作	結果
かっこを正しく組み合わせる	(、「、｛を入力する。	誤った組み合わせのかっこを入力しても、対応する正しい組み合わせのかっこ、)、」、｝が挿入される。
'記' などに対応する '以上' を挿入する	'記' と入力して改行する。	「記」は中央揃えに配置され、対応する「以上」が右揃えで挿入される。
頭語に対する結語を挿入する	「拝啓」、「前略」などの頭語を入力して改行する。	「敬具」、「早々」などの結語が入力される。

操作 👉 カーソルを移動して文字を入力する

後から文字を入力したい場合は、入力したい場所にカーソルを移動してから入力します。ここでは、9
行目の「申込用紙に」の後に「必要事項を」と入力しましょう。

Step 1 文字を入力する位置にカーソルを移動します。

❶9行目の「申込用紙に」の右側をク
リックします。

Step 2 文字を入力します。

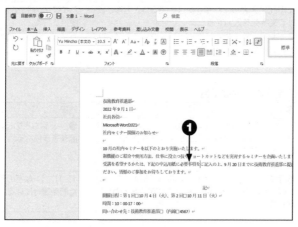

❶「必要事項を」と入力します。

操作 ☞ 記号を入力する

15行目の「内線」の右側に、記号「☎」を入力しましょう。

Step 1 記号を入力する位置にカーソルを移動します。

❶15行目の「内線」の右側をクリックします。

Step 2 記号を挿入します。

❶[挿入] タブをクリックします。

❷[記号と特殊文字] ボタンをクリックします。

❸「☎」をクリックします。

Step 3 記号「☎」が挿入されます。

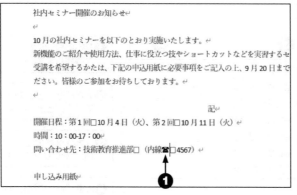

社内セミナー開催のお知らせ↵

10月の社内セミナーを以下のとおり実施いたします。↵
新機能のご紹介や使用方法、仕事に役立つ技やショートカットなどを実習するセ
受講を希望するかたは、下記の申込用紙に必要事項をご記入の上、9月20日まで
ださい。皆様のご参加をお待ちしております。↵
↵
記↵

開催日程：第1回□10月4日（火）、第2回□10月11日（火）↵
時間：10：00-17：00↵
問い合わせ先：技術教育推進部□（内線☎□4567）↵

申し込み用紙↵

❶「☎」が挿入されたことを確認します。

❗重要
読みから記号に変換
記号には読みを入力して変換できるものがあります。「かっこ、まる、さんかく、しかく、やじるし、から、こめ、でんわ、ゆうびん、ほし」などのほか、単位や演算の記号も読みから変換できます。ただし、[挿入] タブの [記号と特殊文字] ボタンから挿入したときと異なるフォントの記号になり、サイズや形が異なる場合もあります。

操作 👉 IMEパッドで漢字を入力する

漢字を入力するときは読み方を基本に入力していきますが、読みがわからない漢字を入力するときにはIMEパッドを利用して手書きで入力できます。ここでは、15行目の「技術教育推進部」の後に「椛山」と入力してみましょう。

Step 1 文字を入力する位置にカーソルを移動し、入力モードを右クリックします。

❶ 15行目の「技術教育推進部」の後のスペースの右側をクリックします。

❷ タスクバーの［入力モード］アイコンを右クリックします。

Step 2 IMEパッドを起動します。

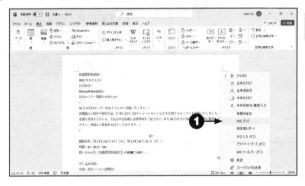

❶ 表示されたメニューの［IMEパッド］をクリックします。

Step 3 「椛」と入力します。

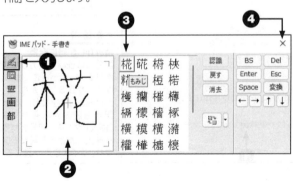

❶ ［手書き］がオンになっていることを確認します。

❷ IMEパッド上をマウスでドラックして「椛」と書きます。

❸ IMEパッドの右のウィンドウから「椛」をクリックします。

❹ IMEパッドの閉じるボタンをクリックします。

Step 4 「椛」が入力されたことを確認し、続けて「山」と入力します。

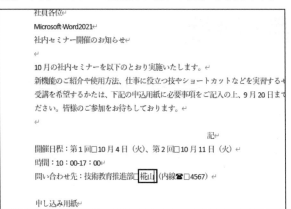

社員各位↵
Microsoft·Word2021↵
社内セミナー開催のお知らせ↵
↵
10月の社内セミナーを以下のとおり実施いたします。↵
新機能のご紹介や使用方法、仕事に役立つ技やショートカットなどを実習する↵
受講を希望するかたは、下記の申込用紙に必要事項をご記入の上、9月20日まで↵
ださい。皆様のご参加をお待ちしております。↵
↵
　　　　　　　　　　　　　　　　　　記↵
↵
開催日程：第1回□10月4日（火）、第2回□10月11日（火）↵
時間：10：00-17：00↵
問い合わせ先：技術教育推進部□椛山（内線☎□4567）↵
↵
申し込み用紙↵

💡 **ヒント　IMEパッドの機能**

IMEパッドでは次の5種類の方法で読めない漢字を入力することができます。

手書き	マウスでドラックして入力したい漢字を書き、候補の中から選択する。
文字一覧	文字コードから選択する。
ソフトキーボード	表示されたキーボードをマウスでクリックして文字入力する。
総画数	漢字の画数から選択する。
部首	漢字の部首から選択する。

💡 **ヒント　郵便番号を住所に変換**

郵便番号を「×××-××××」形式で入力して変換すると、変換候補に住所が表示され、入力した郵便番号を住所に変換することができます。

文書の保存と発行

ここでは、Wordで作成した文書をファイルとして保存する方法について学習します。

■ 名前を付けて保存
新しく作成した文書に名前を付けて保存する場合や、既存の文書に別の名前を付けて新しいファイルとして保存する場合に使用します。

■ 上書き保存
既存の文書への変更を保存して、文書を最新の状態に更新します。新しく作成した文書でこのコマンドを使用すると [名前を付けて保存] 画面が表示されます。

ここでは、[名前を付けて保存] コマンドで文書を保存する方法を学習します。

文書の保存

作成した文書は、ファイルとしてディスクに保存します。保存せずに文書を閉じると、作成した文書は消えてしまいますので注意しましょう。

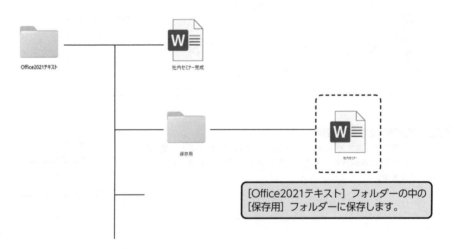

[Office2021テキスト] フォルダーの中の
[保存用] フォルダーに保存します。

💡 ヒント　ファイル名の付け方
ファイルにはファイルの内容を示すようなわかりやすい名前を付けましょう。なお、ファイル名には半角の/ (スラッシュ)、* (アスタリスク)、¦ (縦棒)、¥ (円記号)、? (疑問符)、: (コロン)、<> (不等号)、" (ダブルクォーテーション) は使用できません。

操作👉 文書に名前を付けて保存する

編集した文書に「社内セミナー」という名前を付けて保存しましょう。

Step 1 [名前を付けて保存] 画面を表示します。

❶ [ファイル] タブをクリックします。

❷ [名前を付けて保存] をクリックします。

Step 2 [ドキュメント] フォルダーを開きます。

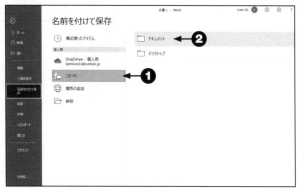

❶ [このPC] をクリックします。

❷ [ドキュメント] をクリックします。

Step 3 [保存用] フォルダーを開きます。

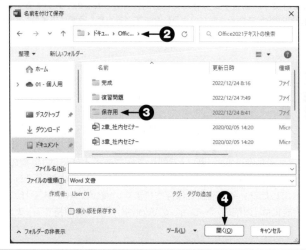

❶ [Office2021テキスト] をクリックして [開く] をクリックします。

❷ 「Office2021テキスト」と表示されていることを確認します。

❸ [保存用] をクリックします。

❹ [開く] をクリックします。

Step 4 ファイル名を指定します。

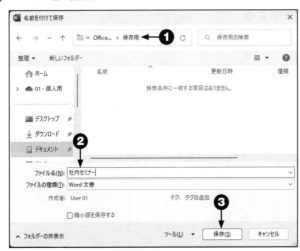

① 「Office2021テキスト>保存用」と表示されていることを確認します。

② [ファイル名] ボックスに「社内セミナー」と入力します。

③ [保存] をクリックします。

Step 5 ファイルが保存されます。

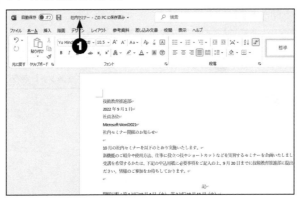

① タイトルバーに「社内セミナー」と表示されていることを確認します。

❗ 重 要

上書き保存
上書き保存では、間違って上書きすると保存を取り消すことができないので注意が必要です。

💡 ヒント 拡張子について

ファイルには、指定したファイル名にファイルの種類を識別するために半角文字の拡張子が付けられます。Word 2021文書の拡張子は、「.docx」です。拡張子は保存時に自動的に付けられるので入力する必要はありません。ただし、拡張子はWindowsの初期設定で表示されないようになっているため、通常はアイコンの形でWordのファイルを識別します。

互換性を残して保存

Word 2007からXMLベースのファイル形式が導入され、通常は拡張子「.docx」で保存されます。同じ拡張子でもWord 2007/2010のファイル形式とWord 2013/2016/2019/2021のファイル形式は異なるため、Word 2007/2010で作成したファイルをWord 2021で開いて保存するときには [以前のバージョンのWordと互換性を保持する] チェックボックスをオンにして保存します。この場合の拡張子も「.docx」になりますが、Word 2007/2010に対応したファイル形式で保存されます。Word 2013/2016/2019/2021形式で作成された文書を保存するときには [以前のバージョンのWordと互換性を保持する] チェックボックスは表示されません。

操作☞ Word 2010形式のファイルを互換性を残して保存する

ファイル「社内セミナー（2010形式）」を開き、Word 2010形式のファイルの互換を残して保存しましょう。

Step 1 [開く] 画面を表示します。

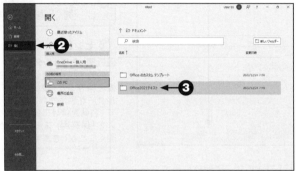

❶[ファイル] タブをクリックします。

❷[開く] をクリックします。

❸[このPC] の [Office2021テキスト] をクリックします。

Step 2 Word 2010形式の「社内セミナー（2010形式）」を開きます。

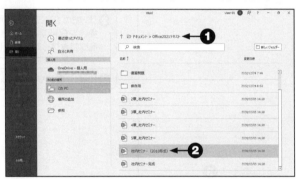

❶[Office2021テキスト] フォルダーをクリックします。

❷「社内セミナー（2010形式）」をクリックします。

Step 3 Word 2010形式のファイルが開いたことを確認します。

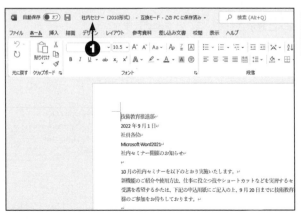

❶タイトルバーに「社内セミナー（2010形式）-互換モード」と表示されていることを確認します。

Step 4 [Office2021テキスト] フォルダーを開きます。

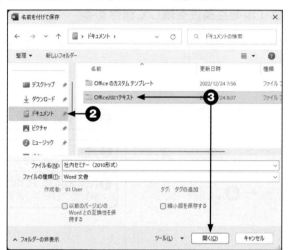

❶[ファイル] タブをクリックし、[名前を付けて保存] をクリックします。

❷[ドキュメント] をクリックします。

❸[Office2021テキスト] をクリックし、[開く] をクリックします。

💡 ヒント
最近使ったフォルダー
この前の操作で [保存用] フォルダーに文書を保存したため、一覧に [保存用] フォルダーが表示されます。ここをクリックして [名前を付けて保存] ダイアログボックスを [保存用] フォルダーが開いた状態で開くこともできます。

Step 5 互換性を残したまま [保存用] フォルダーに保存します。

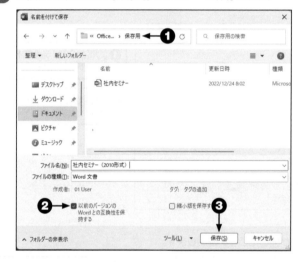

❶[保存用] フォルダーを開きます。

❷[以前のバージョンのWordとの互換性を保持する] チェックボックスをクリックしてオンにします。

❸[保存] をクリックします。

Step 6 タイトルバーに [互換モード] と表示されていることを確認します。

Step 7 ファイル「社内セミナー (2010形式)」を閉じます。

💡 ヒント **互換性チェックについて**
[ファイル] タブの [情報] の [問題のチェック] をクリックして [互換性チェック] をクリックすると、[Microsoft Word互換性チェック] ダイアログボックスが表示されます。
[文書を保存するときに互換性を確認する] チェックボックスをオンにすると、文書ファイルを保存するときに、Wordの以前のバージョンの形式でサポートされていない要素や動作が異なる要素が含まれていないかどうかが確認されます。

PDFファイルとして発行

Word 2021では、PDFやXPSのファイル形式でファイルを発行することができます。Wordのファイル形式で保存した文書はWord文書を開くことができるアプリケーションがインストールされていないと表示できず、また異なるオペレーティングシステムや異なるバージョンのWordで表示した場合にレイアウトが崩れる場合があります。PDF形式で発行したドキュメントは広く普及している「Adobe Reader」やその他のPDF閲覧ソフトウェアがインストールされていれば、異なるオペレーティングシステムでも同じ状態で表示したり印刷したりすることができます。また、Windows 11の標準の「Microsoft Edge」で閲覧することもできます。

操作👈 PDF形式で発行する

ファイル「社内セミナー」をPDF形式で発行しましょう。

Step 1 [PDFまたはXPS形式で発行] ダイアログボックスを開きます。

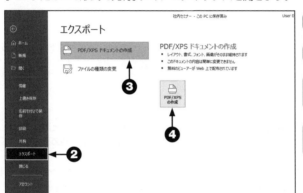

❶[ファイル] タブをクリックします。

❷[エクスポート] をクリックします。

❸[PDF/XPSドキュメントの作成] をクリックします。

❹[PDF/XPSの作成] をクリックします。

Step 2 PDF形式でファイル「社内セミナー」を発行します。

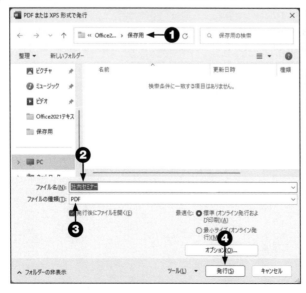

❶[保存先] ボックスに「Office 2021テキスト>保存用」と表示されていることを確認します。

❷[ファイル名] ボックスに「社内セミナー」と表示されていることを確認します。

❸[ファイルの種類] ボックスに「PDF」と表示されていることを確認します。

❹[発行] をクリックします。

Step 3 PDFファイルを確認して閉じます。

❶PDFファイル「社内セミナー」が開いたことを確認します。

❷画面の右上の［閉じる］をクリックします。

💡 ヒント
発行後にファイルを開く
［PDFまたはXPS形式で発行］ダイアログボックスの［発行後にファイルを開く］チェックボックスをオフにして発行した場合は、保存後にMicrosoft Edgeは起動されません。

Step 4 元のWord文書「社内セミナー」が表示されたことを確認します。

💡 ヒント **［名前を付けて保存］ダイアログボックスで保存**
［ファイル］タブの［名前を付けて保存］をクリックし、［名前を付けて保存］ダイアログボックスの［ファイルの種類］ボックスで「PDF」を選択すると、ファイルをPDF形式で保存することができます。

💡 ヒント **PDF形式とXPS形式**
「XPS」はマイクロソフト社が開発した電子文書のファイル形式で、XPSビューアーと呼ばれるソフトウェアを利用すれば、環境に依存せずファイルの表示が可能です。また、Windows Vista以降のオペレーティングシステムではそのまま表示することができます。拡張子は「.xps」です。
「PDF」はアドビシステムズ社が開発した電子文書のファイル形式で、さまざまな機器や環境で同じように表示することができます。たとえば、広く普及している「Adobe Reader」や「Microsoft Edge」などで開くことができます。

💡 ヒント **PDFの編集**
Word 2021ではPDFファイルを開いて閲覧や編集ができます。Wordの［ファイル］タブの［開く］からPDFファイルを開きます。ただし、元のPDFファイルとまったく同じ表示にはならない場合があります。

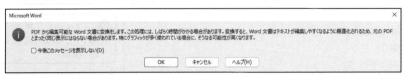

この章の確認

- □ 新しい文書ウィンドウを開くことができますか？
- □ 用紙サイズや余白サイズなどページレイアウトの設定を変更できますか？
- □ ページの行数と文字数を設定できますか？
- □ 文章を入力できますか？
- □ 文字や記号を挿入できますか？
- □ 手書きで漢字を入力できますか？
- □ 文書に名前を付けて保存できますか？
- □ PDF/XPS形式でファイルを保存できますか？

復習問題 問題 1-1

文書に余白を設定し、文字や記号を挿入しましょう。

1. ［復習問題］フォルダーから、ファイル「復習1-1　歓迎会」を開きましょう。

2. 上下の余白を20mmに設定しましょう。

3. 文字数を44に設定しましょう。

4. 9行目の「本田」の後に「(内線　4587)」と入力しましょう。

5. 14行目の「03-1234-5678」の前に「☎」を挿入しましょう。

6. ［保存用］フォルダーに、「復習1-1　歓迎会」という名前でファイルを保存しましょう。

7. ファイル「復習1-1　歓迎会」を閉じましょう。

完成例

2022 年 10 月 3 日

関係者各位

総務部□本田

歓迎会のお知らせ

10 月の人事異動で、3 名が総務部に異動してきました。新しい仲間との親交を深めるため、下記のように歓迎会を開催したいと存じます。

つきましては、下記フォームにご記入いただき 10 月 7 日（金）までに、本田（内線□4587）にご提出いただきたくお願いします。

記

場所居酒屋「いっぺい」（みさき銀行となりのビル□1 階）

TEL☎03-1234-5678

参加費 5,000 円

日時 2022 年 10 月 14 日（金）

以上

＜10 月に異動してきた方々＞

吉田秀雄（新潟支社より異動）

斉藤明人（大阪支社より異動）

森崎一郎（名古屋支社より異動）

切り取り線

氏名

参加・不参加

問題 1-2

文書の用紙サイズを確認し、文字や記号を挿入しましょう。

1. ［復習問題］フォルダーから、ファイル「復習1-2 社員旅行」を開きましょう。

2. 開いた文書の用紙サイズを確認しましょう。

3. 8行目の「ご参加ください」の前に「是非とも」と入力しましょう。

4. 12行目の「箱根レイクサイド」の前に「♨」を挿入しましょう。

5. ［保存用］フォルダーに、「復習1-2 社員旅行」という名前でファイルを保存しましょう。

6. ［保存用］フォルダーに、「復習1-2 社員旅行（PDF形式）」という名前で、PDF形式でファイルを保存しましょう。保存したファイルをMicrosoft Edgeで確認し、Microsoft Edgeを閉じましょう。

7. ファイル「復習1-2 社員旅行」を閉じましょう。

完成例

福利厚生課↵
2022 年 10 月 3 日↵
社員各位↵
↵
社員旅行のご案内↵
↵
今年も恒例の社員旅行の時期となりました。下記の通り社員旅行を実施いたします。今年は、現地集合とバスの参加が選べます。皆さま、是非ともご参加ください。↵
↵
日程↵
日時：2022 年 11 月 12 日（土）〜13 日（日）↵
宿泊先：⛲箱根レイクサイド・ビレッジホテル（TEL☎□0120-2222-3333）↵
担当者：三枝（福利厚生課□内線□1234）↵
↵
料金および集合時間↵
↵
参加申込書↵
↵
↵

第2章

文書の編集

- 文書編集の流れ
- 範囲選択
- 移動とコピー
- 文字の書式設定
- 段落の書式設定
- 段落の並べ替え

文書編集の流れ

文字入力が終わったら、見やすくなるように文書のレイアウトを変えたり、文字のフォントを変更したりします。この章ではさまざまな文書の編集方法を学習します。

文字のコピー、書式設定、配置の設定、箇条書きの設定などを行い、文章を見やすくします。

■ 完成例

⚠ 重要　操作を間違ってしまった場合

入力や削除、編集作業など操作を間違ってしまった場合は、[ホーム] タブの ↺ [元に戻す] ボタンをクリックします。ボタンをクリックするたびに直前に行った操作を1操作ずつ元に戻すことができます。また、複数の操作を一度に取り消したい場合は、[元に戻す] ボタンの▼をクリックし、一覧からどの操作までを取り消すかを選択します。ただし、元に戻せない処理もあります。

範囲選択

文書の編集作業を行うには、編集したい文字や行、段落をあらかじめ範囲選択してからコマンドを実行します。ここでは、編集する範囲を文字単位、行単位で選択する方法を学習します。

文章の構成単位には文字、行、段落があり、文章を編集する際には編集の対象になる部分を範囲選択してからボタンやメニューを選択します。

操作 👉 文字単位で選択する

7行目の「社内セミナー」を選択し、選択を解除しましょう。

Step 1 [保存用] フォルダーにある文書「社内セミナー」を開きます。本章から学習を開始する場合は、[Office2021テキスト] フォルダーにある文書「2章_社内セミナー」を開きます。

Step 2 選択したい文字列の左側をポイントします。

2022年9月1日
社員各位
Microsoft Word2021
社内セミナー開催のお知らせ **①**

10月の社内セミナーを以下のとおり実施いたします。
新機能のご紹介や使用方法、仕事に役立つ技やショートカットなどを実習するセミナーを企画いたしました。
受講を希望するかたは、下記の申込用紙に必要事項をご記入の上、9月20日までに技術教育推進部に提出してください。皆様のご参加をお待ちしております。

> **①**「社内セミナー」の左側をポイントします。

> **②** マウスポインターの形状が I になっていることを確認します。

Step 3 文字を選択します。

2022年9月1日
社員各位
Microsoft W
社内セミナー開催のお知らせ **② ①**

10月の社内セミナーを以下のとおり実施いたします。
新機能のご紹介や使用方法、仕事に役立つ技やショートカットなどを実習するセミナーを企画いたしました。
受講を希望するかたは、下記の申込用紙に必要事項をご記入の上、9月20日までに技術教育推進部に提出してください。皆様のご参加をお待ちしております。

> **①** 右方向へドラッグします。

> **②**「社内セミナー」の文字が灰色にハイライトされ、文字が選択されます。

💡 **ヒント**
離れた範囲の同時選択
離れた範囲を同時に選択する場合は、最初の範囲を選択した後、**Ctrl**キーを押しながら次の範囲を選択します。

Step 4 文字の選択を解除します。

2022年9月1日
社員各位
Microsoft Word2021
社内セミナー開催のお知らせ

10月の社内セミナーを以下のとおり実施 **①** いたします。
新機能のご紹介や使用方法、仕事に役立つ技やショートカットなどを実習するセミナーを企画いたしました。
受講を希望するかたは、下記の申込用紙に必要事項をご記入の上、9月20日までに技術教育推進部に提出してください。皆様のご参加をお待ちしております。

> **①** 選択された範囲外の場所をポイントします。

> **②** マウスポインターの形状が I になっていることを確認します。

> **③** ポイントしている位置をクリックします。

Step 5 文字の選択が解除されます。

2022年9月1日
社員各位
Microsoft Word2021
社内セミナー開催のお知らせ

10月の社内セミナーを以下のとおり実施いたします。
新機能のご紹介や使用方法、仕事に役立つ技やショートカットなどを実習するセミナーを企画いたしました。
受講を希望するかたは、下記の申込用紙に必要事項をご記入の上、9月20日までに技術教育推進部に提出してください。皆様のご参加をお待ちしております。

💡 **ヒント**
範囲選択時の注意事項
範囲選択した部分をマウスでドラッグアンドドロップしてしまうと、選択した部分が移動されるので注意しましょう。

操作 👉 **行単位で範囲を選択する**

8行目を選択して選択を解除し、8～10行目を選択しましょう。

Step 1 選択したい行の左余白をポイントします。

❶ 8行目の「新機能のご紹介や使用方法、」の左余白をポイントします。

❷ マウスポインターの形状が 🔍 に変わったことを確認します。

Step 2 行を選択します。

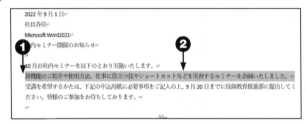

❶ ポイントしている位置をクリックします。

❷ 8行目が灰色にハイライトされ、行が選択されます。

Step 3 選択された範囲以外の場所をクリックし、行が選択されている状態を解除します。

Step 4 選択したい最初の行（8行目）の左余白をポイントします。

❶ 8行目の「新機能のご紹介や使用方法、」の左余白をポイントします。

❷ マウスポインターの形状が 🔍 に変わったことを確認します。

Step 5 複数行を選択します。

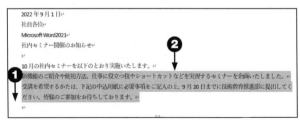

❶ ポイントしている位置から下方向に10行目までドラッグします。

❷ 8～10行目が灰色にハイライトされ、複数の行が選択されます。

Step 6 選択された範囲以外の場所をクリックし、行が選択されている状態を解除します。

移動とコピー

文章の入力後に文字列や文章の順序を入れ替えるには、対象の範囲を「移動」します。また、同じような文章を再入力せずに効率よく文書を作成するには、対象の範囲を「コピー」して利用すると便利です。ここでは、文字列や文章の「移動」と「コピー」の方法を学習します。

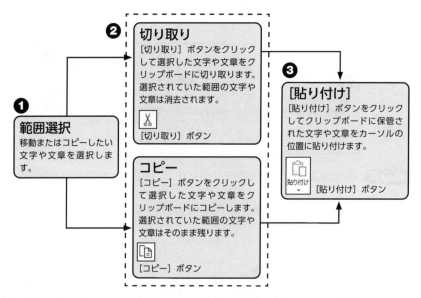

文字列や文章の移動やコピーをするには、[ホーム] タブの [切り取り] ボタン、[コピー] ボタン、[貼り付け] ボタンを使用します。

❶ 範囲選択
移動またはコピーしたい文字や文章を選択します。

❷ 切り取り
[切り取り] ボタンをクリックして選択した文字や文章をクリップボードに切り取ります。選択されていた範囲の文字や文章は消去されます。

[切り取り] ボタン

コピー
[コピー] ボタンをクリックして選択した文字や文章をクリップボードにコピーします。選択されていた範囲の文字や文章はそのまま残ります。

[コピー] ボタン

❸ [貼り付け]
[貼り付け] ボタンをクリックしてクリップボードに保管された文字や文章をカーソルの位置に貼り付けます。

[貼り付け] ボタン

クリップボードとは、切り取ったりコピーしたりした情報を一時的に保存しておく領域のことです。

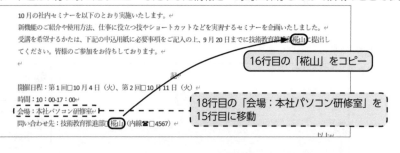

10 月の社内セミナーを以下のとおり実施いたします。
新機能のご紹介や使用方法、仕事に役立つ技やショートカットなどを実習するセミナーを企画いたしました。
受講を希望するかたは、下記の申込用紙に必要事項をご記入の上、9 月 20 日までに技術教育推進部 (椛山) に提出してください。皆様のご参加をお待ちしております。

開催日程：第 1 回□10 月 4 日 (火)、第 2 回□10 月 11 日 (火)
時間：10：00-17：00
会場：本社パソコン研修室
問い合わせ先：技術教育推進部 (椛山) (内線☎□4567)
以上

16行目の「椛山」をコピー

18行目の「会場：本社パソコン研修室」を15行目に移動

💡 ヒント　**選択範囲の修正**
選択しようとしている範囲を超えてドラッグしてしまった場合、マウスのボタンを離していなければ、上方向に（文字単位で選択していた場合は左方向に）ドラッグすると、選択範囲を修正することができます。
マウスのボタンを離している場合は、**Shift**キーを押しながらキーボードの矢印キー「→」「←」「↓」「↑」を押すと、選択範囲を修正することができます。

操作 行単位で移動する

18行目を15行目に移動しましょう。

Step 1 移動する行を切り取ります。

❶18行目「会場：本社パソコン研修室」の行を行単位で選択します。

❷[ホーム] タブをクリックします。

❸[切り取り] ボタンをクリックします。

Step 2 切り取った行を貼り付けます。

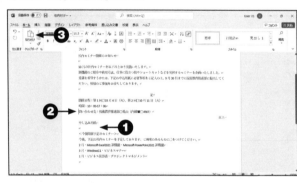

❶行が切り取られていることを確認します。

❷15行目「問い合わせ先：技術教育推進部」の行の先頭位置にカーソルを移動します。

❸[貼り付け] ボタンをクリックします。

Step 3 行が移動します。

❶18行目「会場：本社パソコン研修室」の行が15行目に移動したことを確認します。

❷スマートタグが表示されている場合はEscキーを押して、スマートタグを消します。

💡 ヒント
スマートタグ
貼り付けの操作を行うと貼り付けた部分の右下に スマートタグが表示され、クリックすると貼り付けの形式を選択することができます。次の操作をするかEscキーを押すとスマートタグが消えます。

16行目の「椛山」を9行目の「技術教育推進部」の右の位置にコピーしましょう。

Step 1 文字列を選択してコピーします。

❶16行目の「椛山」を文字単位で選択します。

❷[コピー] ボタンをクリックします。

❸9行目の「技術教育推進部」の右側をクリックします。

❹[貼り付け] ボタンをクリックします。

Step 2 文字列が貼り付けられます。

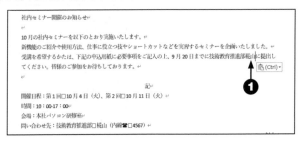

❶「技術教育推進部」の右に「椛山」がコピーされたことを確認します。

💡 ヒント **クリップボードの表示**

[切り取り] や [コピー] を使用すると、選択されていた範囲の情報は「クリップボード」と呼ばれる場所に格納(一時的に保存)されます。クリップボードには最大24個までのデータを格納することができ、データが格納されている間は繰り返し必要なデータを目的の位置に貼り付けることができます。

クリップボードを表示するには [ホーム] タブの [クリップボード] グループの 🔲 「クリップボード」ボタンをクリックします。クリップボードに表示されているアイテムをクリックすると、現在カーソルのある位置に貼り付けることができます。

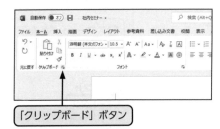

「クリップボード」ボタン

文字の書式設定

ここでは、文字書式を設定する方法を学習します。

文字書式を設定するには、[ホーム] タブの [フォント] グループを使用します。
設定を変更したい文字を選択し、変更したい項目のボタンをクリックします。設定項目によっては▼をクリックして項目を選択します。
設定を解除するには、設定するときに使用したボタンを再度クリックするか、[すべての書式のクリア] ボタンをクリックします。

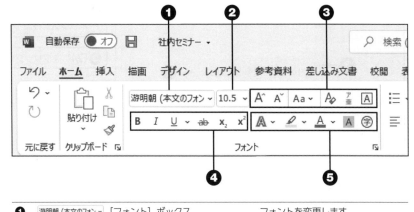

❶	游明朝 (本文のフォン ▾) [フォント] ボックス	フォントを変更します。
❷	10.5 ▾ [フォントサイズ] ボックス	フォントサイズを変更します。
❸	A˄ [フォントサイズの拡大]	フォントの拡大や縮小、設定されている書式のクリアなどを行います。
	A˅ [フォントサイズの縮小]	
	Aa ▾ [文字種の変換]　A✑ [すべての書式をクリア]	
	ア亜 [ルビ]　A [囲み線]	
❹	B [太字]　I [斜体]　U ▾ [下線]	フォントに太字や斜体などの設定を行います。
	ab [取り消し線]　x₂ [下付き]　x² [上付き]	
❺	A ▾ [文字の効果と体裁]　✎ ▾ [蛍光ペンの色]	フォントに影や反射の効果を設定したり、フォントの色の変更などをしたりします。
	A ▾ [フォントの色]　A [文字の網かけ]	
	㋥ [囲い文字]	

📖 用語　**フォント**

文字の書体のことです。Word 2021の既定は日本語フォントも、英文フォント（半角の英数字や記号用のフォント）も「游明朝」です。

- -

📖 用語　**フォントサイズ**

文字の大きさのことです。フォントサイズは「ポイント」という単位で表されます。1ポイントは約0.35mmです。
Wordでの既定のフォントサイズは10.5ポイントです。

- -

フォントサイズとフォント

フォントサイズとフォントを変更することにより、特定の文字列を文書の中で目立たせたり、文書のイメージを変えたりすることができます。

操作👉 フォントサイズを変更する

5行目の「社内セミナー開催のお知らせ」のフォントサイズを24ポイントに変更しましょう。

Step 1 フォントサイズを変更します。

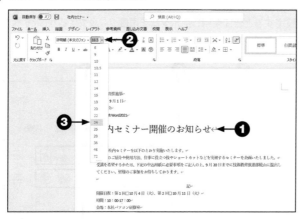

①5行目の「社内セミナー開催のお知らせ」を行選択します。

②[ホーム] タブの [フォントサイズ] ボックスの▼をクリックします。

③[24] をクリックします。

Step 2 フォントサイズが変更されたことを確認します。

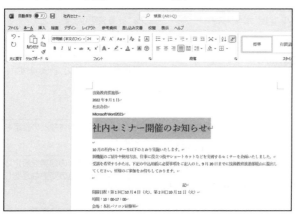

💡 ヒント
ミニツールバー
文字列や文章を選択すると、その範囲の近くに下のような「ミニツールバー」が表示されます。ミニツールバーからも選択した文字列や文章に書式を設定することができます。

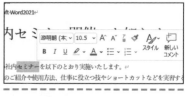

💡 ヒント　リアルタイムプレビュー

フォントサイズの一覧から候補をポイントすると、選択中の文字がポイントしているフォントサイズで表示されます。候補をクリックして選択するまでフォントサイズは適用されません。文字の書体や色、下線、蛍光ペンの色などを変更するときにも、このようにリアルタイムでプレビューされます。これにより、何度も設定し直して確認しなくても、文書のイメージに合った最適な書式を効率よく選択することができます。

操作☞ フォントを拡大する

1行目の「技術教育推進部」のフォントサイズを12ポイントに拡大しましょう。

Step 1 [フォントサイズの拡大] ボタンを利用してフォントサイズを変更します。

❶1行目の「技術教育推進部」を行単位で選択します。

❷[フォントサイズの拡大] ボタンを2回クリックし、フォントサイズを12ポイントに変更します。

❸フォントサイズが変更されたことを確認します。

操作☞ フォントを変更する

4行目の「Microsoft Word2021」のフォントを「Comic Sans MS」に、5行目の「社内セミナー開催のお知らせ」のフォントを「HG創英角ポップ体」に変更しましょう。

Step 1 フォントを変更する行を選択します。

❶4行目の「Microsoft Word2021」を行単位で選択します。

Step 2 フォントを変更します。

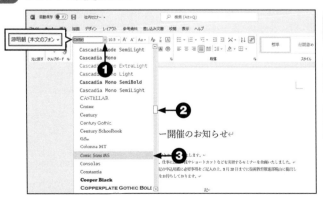

❶[フォント] ボックスの▼をクリックします。

❷[Comic Sans MS] が表示されるまでスクロールします。

❸[Comic Sans MS] をクリックします。

Step 3 フォントが変更されたことを確認します。

技術教育推進部

2022 年 9 月 1 日
社員各位
Microsoft Word2021

社内セミナー開催のお知らせ

Step 4 同様に5行目の「社内セミナー開催のお知らせ」のフォントを「HG創英角ポップ体」に変更します。

技術教育推進部

2022 年 9 月 1 日
社員各位
Microsoft Word2021

社内セミナー開催のお知らせ

10 月の社内セミナーを以下のとおり実施いたします。

💡 **ヒント　プロポーショナルフォントについて**

「MSP明朝」や「MSPゴシック」など、フォント名に「P」の付くフォントは「プロポーショナルフォント」です。プロポーショナルフォントを使うと、文字幅や文字間隔が自動的に調整されます。

 MS明朝
どの文字も同じ幅、
同じ文字間隔

 MSP明朝
文字によって文字幅が違い、
文字間隔も異なる

💡 **ヒント　日本語フォントと英文フォントについて**

フォントには日本語用の「日本語フォント」と英数字用の「英文フォント」があります。
日本語フォントはフォント名の中に日本語が含まれています。代表的なものに「ゴシック体」や「明朝体」などがあり、漢字やかな、記号、英数字などに使用できます。
英文フォントはフォント名がアルファベットのみになっています。使用できるのは半角のアルファベットや数字のみで、全角の文字（ひらがなや漢字など）には使用できません。
また、「Wingdings」など入力すると絵文字が表示されるフォントもあります。

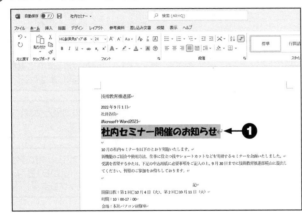

文字飾り

文字列や文章に太字や斜体、色の変更などの文字飾りを適用することで、特定の部分を強調することができます。

・・

操作☞ 文字飾りを変更する

・・

5行目の「社内セミナー開催のお知らせ」の行に「斜体」、「囲み線」、「塗りつぶし：青、アクセントカラー1；影」の文字の効果を設定しましょう。

Step 1 文字飾りを変更する行を選択します。

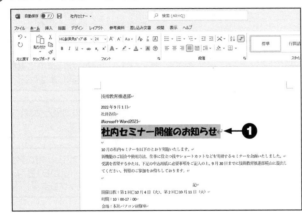

❶5行目の「社内セミナー開催のお知らせ」を行単位で選択します。

Step 2 文字を斜体にします。

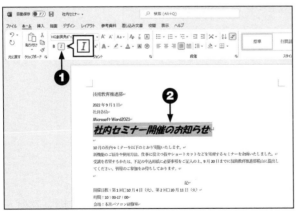

❶[斜体] ボタンをクリックします。

❷文字が斜体になったことを確認します。

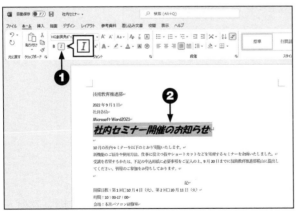

Step 3 囲み線を設定します。

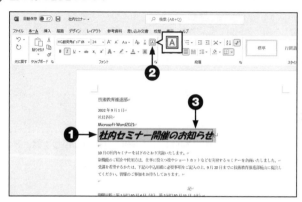

❶5行目の「社内セミナー開催のお知らせ」が行単位で選択されていることを確認します。

❷［囲み線］ボタンをクリックします。

❸文字に囲み線が設定されたことを確認します。

Step 4 文字の効果を設定します。

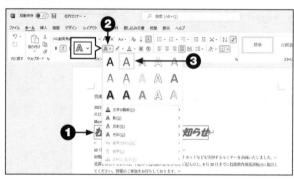

❶5行目の「社内セミナー開催のお知らせ」が行単位で選択されていることを確認します。

❷［文字の効果と体裁］ボタンをクリックします。

❸［塗りつぶし：青、アクセントカラー1；影］（上から1番目、左から2番目）をクリックします。

Step 5 文字飾りが設定されたことを確認します。

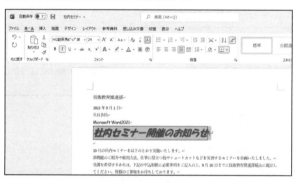

💡 **ヒント**　**文字のスタイルを解除するには**

スタイルを設定すると、設定されているスタイルのボタンの背景色が水色になります。スタイルの設定を解除するには、スタイルが設定されている文字を選択し、同じボタンをもう一度クリックします。

操作☞ 文字に下線を設定する

9行目の「9月20日までに」の文字列に「波線の下線」を引きましょう。

Step 1 下線を引く文字列を選択します。

❶9行目の「9月20日までに」を文字
単位で選択します。

Step 2 下線の種類を選択して、下線を引きます。

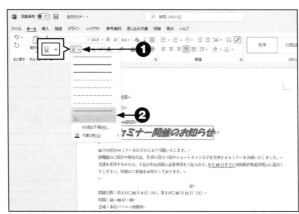

❶[下線] ボタンの▼をクリックします。

❷上から8番目の [波線の下線] をクリックします。

💡 ヒント

[下線] ボタン

[下線] ボタンの▼ではなく左側の部分を
クリックすると、既定の下線（一重下線）
または前回に選択した下線が設定されます。

Step 3 波線の下線が設定されたことを確認します。

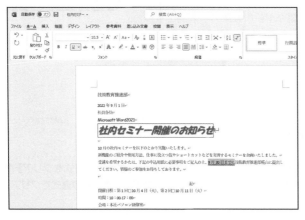

操作 ☞ 複数の書式をまとめて設定する

[フォント] ダイアログボックスを使用すると、文字にフォントやフォントの色、下線など複数の書式をまとめて設定できます。
[フォント] ダイアログボックスを使用して、8行目の「新機能のご紹介や使用方法」のフォントの色を「青」、スタイルを太字、サイズを16ポイントに設定しましょう。

Step 1 書式を設定する文字列を選択し、[フォント] ダイアログボックスを開きます。

❶8行目の「新機能のご紹介や使用方法」を選択します。

❷[フォント] グループの右下の [フォント] ボタンをクリックします。

Step 2 複数の書式を設定します。

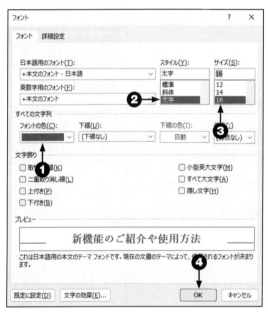

❶[フォントの色] ボックスの▼をクリックし、標準の色の中の [青] をクリックします。

❷[スタイル] ボックスから [太字] をクリックします。

❸[サイズ] ボックスから [16] をクリックします。

❹[OK] をクリックします。

❺書式が設定されたことを確認します。

操作 ☞ 複数の書式を解除する

文字に設定されている複数の書式をまとめて解除するには、[すべての書式をクリア] ボタンを利用します。8行目の「のご紹介や使用方法」に設定されている書式を、[すべての書式をクリア] ボタンを使って解除しましょう。

Step 1 書式をクリアしたい文字列を選択します。

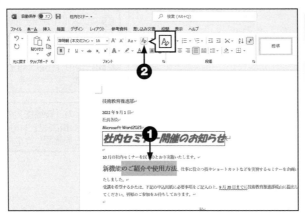

❶8行目の「のご紹介や使用方法」を
選択します。

❷[すべての書式をクリア] ボタン
をクリックします。

Step 2 8行目の「のご紹介や使用方法」の書式がクリアされたことを確認します。

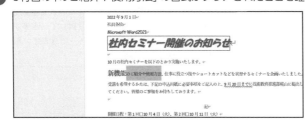

書式のコピー /貼り付け

書式のコピー /貼り付けを使うと、設定した複数の書式を他の文字列に簡単に設定することができます。

操作☞ 文字列に書式をコピーする

8行目の「新機能」に設定されている書式を、8行目の「仕事に役立つ技」にコピーしましょう。

Step 1 書式が設定されている文字列から書式をコピーします。

❶8行目の「新機能」を選択します。

❷[書式のコピー/貼り付け] ボタンを
クリックします。

Step 2 書式を文字列に貼り付けます。

❶ マウスポインターの形状が ⬚I に変わったことを確認します。

❷ 8行目の「仕事に役立つ技」を選択します。

❸ 8行目の「新機能」の書式が8行目の「仕事に役立つ技」にコピーされたことを確認します。

💡 **ヒント**　**連続して書式をコピーする**

離れたところに連続して書式をコピーするときは、コピーしたい書式が設定されている文字列を選択して [書式のコピー /貼り付け] ボタンをダブルクリックし、書式をコピーしたい文字列を選択していきます。マウスポインターの形状が ⬚I になっている間、選択した文字列に対して連続して書式をコピーできます。解除するにはもう一度 [書式のコピー /貼り付け] ボタンをクリックするか、**Esc**キーを押します。

文字の均等割り付け

文字間隔を調整することによって、指定した文字数分の幅に表示されるように調整する機能を「均等割り付け」といいます。複数の単語を列挙するような場合、次のように各単語の表示幅を揃えることで、文字列を美しくレイアウトすることができます。

操作☞ **文字列を均等割り付けする**

14行目「開催日程」、15行目「時間」、16行目「会場」、17行目「問い合わせ先」、19行目「申し込み用紙」が5文字分の幅になるように均等割り付けを設定しましょう。

Step 1 文字列を選択して均等割り付けを設定します。

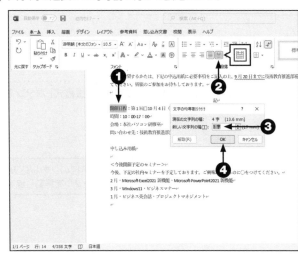

❶14行目の「開催日程」を文字単位で選択します。

❷[均等割り付け] ボタンをクリックします。

❸[新しい文字列の幅] ボックスの数値を「5」に変更します。

❹[OK] をクリックします。

💡 ヒント
均等割り付けする範囲の選択
文字数を指定して均等割り付けを行う場合は、↵（段落記号）を含めないように対象の範囲を選択します。段落記号を含めて範囲選択して[均等割り付け] ボタンをクリックすると、段落全体の幅で均等割り付けされてしまいます。

Step 2 同様に他の文字列にも均等割り付けを設定します。

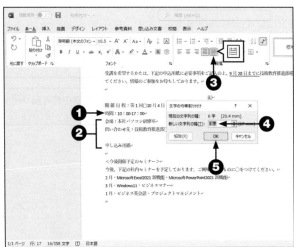

❶15行目の「時間」を文字単位で選択します。

❷Ctrlキーを押しながら16行目の「会場」、17行目の「問い合わせ先」、19行目の「申し込み用紙」を選択します。

❸[均等割り付け] ボタンをクリックします。

❹[新しい文字列の幅] ボックスの数値を「5」に変更します。

❺[OK] をクリックします。

Step 3 文字列が均等割り付けされたことを確認します。

記↵
開催日程：第1回□10月4日（火）、第2回□10月11日（火）↵
時　　間：10：00-17：00↵
会　　場：本社パソコン研修室↵
問い合わせ先：技術教育推進部□椛山（内線☎□4567）↵

申し込み用紙↵
↵

・・

操作☞ 均等割り付けの設定を解除する

・・

19行目の「申し込み用紙」に設定されている均等割り付けの設定を［拡張書式］ボタンを利用して解除しましょう。

Step 1 均等割り付けを解除したい文字列を選択します。

❶19行目の「申し込み用紙」の中にカーソルを移動します。

Step 2 ［文字の均等割り付け］ダイアログボックスを開きます。

❶［拡張書式］ボタンをクリックします。

❷［文字の均等割り付け］をクリックします。

Step 3 文字の均等割り付けを解除します。

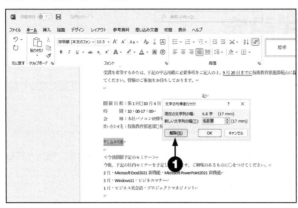

❶ [文字の均等割り付け] ダイアログ
ボックスが表示されたら、[解除]
をクリックします。

💡 **ヒント**

文字の均等割り付け解除のもう1つの方法
均等割り付けを解除したい文字列を選択
するか文字列内にカーソルを移動して [均
等割り付け] ボタンをクリックします。[文
字の均等割り付け] ダイアログボックスが
表示されたら [解除] をクリックします。

Step 4 19行目の「申し込み用紙」の文字の均等割り付けが解除されたことを確認します。

💡 **ヒント**　**同じ動作を繰り返したい場合**

[拡張書式] ボタンを使用して文字列の解除を行った後、他の均等割り付けを解除したい文字列にカーソルを移動
して**F4**キーを押すことにより、続けて均等割り付けを解除することができます。違う操作を行うまで、**F4**キーを
押すことにより均等割り付けの解除を行えます。
F4キーは直前の動作を繰り返し行うショートカットキーです。文字の入力、文字飾りの設定、コピーした文字列
の貼り付けなど、直前に行ったさまざまな動作を繰り返すことができます。

段落の書式設定

文字列の配置（中央揃えや右揃え）や行間隔、インデントなどの書式は、段落に対して設定します。

Wordには文章を編集する際の単位として「段落」という単位があります。段落とは**Enter**キーを押して作成される文章のブロックで、ブロックの末尾には ↵（段落記号）が表示されます。この段落記号の次の行から次の段落記号までを「1段落」といいます。

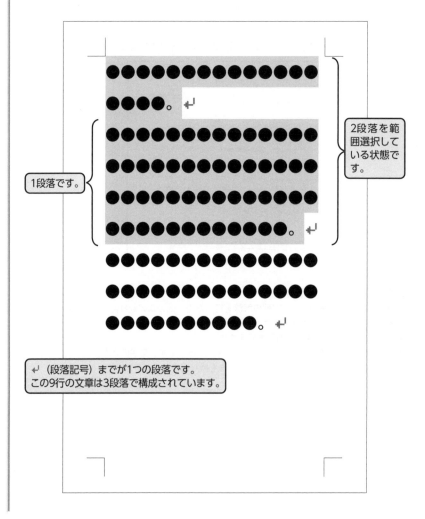

2段落を範囲選択している状態です。

1段落です。

↵（段落記号）までが1つの段落です。
この9行の文章は3段落で構成されています。

■ 段落書式の設定

中央揃えや右揃えなどの文字列の配置、行間隔、インデント、タブは段落単位で設定することができます。これらの段落単位で設定する書式を「段落書式」といい、[ホーム] タブの [段落] グループのボタンで設定することができます。

■ 完成例

文字配置の変更

入力した文字列を余白の内側の範囲で「中央揃え」や「右揃え」に配置することができます。配置を変更した後、対象の段落に文字を追加したり削除したりしても、設定した中央揃えや右揃えの配置はそのまま保たれます。

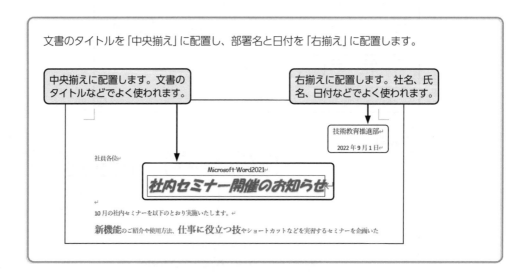

文書のタイトルを「中央揃え」に配置し、部署名と日付を「右揃え」に配置します。

中央揃えに配置します。文書のタイトルなどでよく使われます。

右揃えに配置します。社名、氏名、日付などでよく使われます。

操作 👉 文字列を右揃え、中央揃えにする

1行目の「技術教育推進部」と2行目の「2022年9月1日」を右揃えに、4行目の「Microsoft Word2021」と5行目の「社内セミナー開催のお知らせ」を中央揃えに配置しましょう。

Step 1 右揃えにする段落を選択します。

❶ 1行目の「技術教育推進部」の行内をクリックします。

❷ 2行目の「2022年9月1日」の行内までドラックします。

Step 2 右揃えに配置します。

❶ [右揃え] ボタンをクリックします。

❷ 文字列が右揃えに配置されたことを確認します。

Step 3 中央揃えに配置します。

❶ 4行目の「Microsoft Word2021」と5行目の「社内セミナー開催のお知らせ」を行選択します。

❷ [中央揃え] ボタンをクリックします。

❸ 文字列が中央揃えに配置されたことを確認します。

💡 ヒント **文字列の配置を解除するには**

文字列の配置を設定すると、[中央揃え] ボタンなどの背景色が水色に変わります。設定を解除するには、文字列の配置が変更されている段落を選択し、同じボタンをもう一度クリックします。

💡 ヒント **段落の選択方法**

1段落を選択するには、対象の段落内にカーソルを移動するか、行単位の選択で対象の段落のすべての行を選択します。

複数の段落を選択するには、各段落の一部を含むようにドラッグするか、行単位の選択で対象の段落のすべての行を選択します。

インデントの設定

用紙の左余白（または右余白）からさらに内側に字下げすることを「インデント」といいます。インデントを設定して余白からさらに内側に文章の表示位置を揃えることで、対象の段落を強調し、文書にメリハリをつけることができます。

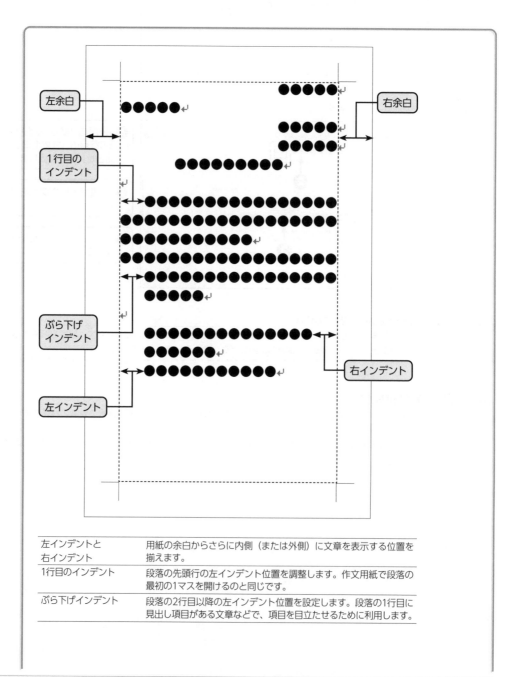

左インデントと 右インデント	用紙の余白からさらに内側（または外側）に文章を表示する位置を揃えます。
1行目のインデント	段落の先頭行の左インデント位置を調整します。作文用紙で段落の最初の1マスを開けるのと同じです。
ぶら下げインデント	段落の2行目以降の左インデント位置を設定します。段落の1行目に見出し項目がある文章などで、項目を目立たせるために利用します。

■ インデントとインデントマーカーの関係

インデントは、ルーラーのインデントマーカーを使うと簡単に設定できます。ルーラーの表示と非表示は、［表示］タブの［表示］グループにある［ルーラー］チェックボックスで切り替えられます。

マーカー名	機能
❶ 左インデントマーカー	左のインデント位置を設定します。
❷ 1行目のインデントマーカー	段落の先頭行の左インデント位置を設定します。
❸ ぶら下げインデントマーカー	段落の2行目以降の左インデント位置を設定します。
❹ 右インデントマーカー	右のインデント位置を設定します。

■ インデントの例

左側には、異なるインデントを3とおり設定できます。
使用するインデントマーカーは以下のとおりです。

左インデント　　　　　　　1行目のインデント　　　　　ぶら下げインデント

操作 左インデントを設定する

14行目の「開催日程」から17行目「(内線☎　4567)」までの4段落に、約5文字分の左インデントを設定しましょう。

Step 1 インデントを設定する段落を選択します。

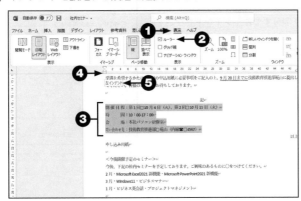

❶［表示］タブをクリックします。

❷［ルーラー］をクリックしてオンにします。

❸14行目の「開催日程」から17行目「(内線☎　4567)」までの4段落を選択します。

❹［左インデント］マーカーをポイントします。

❺「左インデント」と表示されていることを確認します。

Step 2 左インデントを設定します。

① [左インデント] マーカーを約5文字分右にドラッグします。

② マウスのボタンを離します。

③ 左インデントが設定されたことを確認します。

💡 **ヒント** **最初の行にインデントを設定するには**

インデントを設定したい段落を選択し、[1行目のインデント] マーカーをドラッグします。

💡 **ヒント** **インデントを解除するには**

インデントが設定された段落を選択し、インデントマーカーを元の位置までドラッグします。

💡 **ヒント** **インデントを文字数で指定するには**

[段落] ダイアログボックスを利用すると、各インデントを文字数で正確に指定することができます。手順は次のとおりです。

1. [ホーム] タブの [段落] グループ右下の [段落の設定] ボタンをクリックします。
2. [段落] ダイアログボックスの [インデントと行間隔] タブをクリックし、[左]、[右]、[幅] の各テキストボックスに文字数を指定します。各テキストボックスに「0」を指定すると、一度にインデントを解除できます。

また、段落を選択して [ホーム] タブの 🔳 [インデントを増やす] ボタンをクリックすると1字分ずつ左インデントを設定することができ、🔳 [インデントを減らす] ボタンをクリックすると1字分ずつ解除することができます。

タブの設定

Tabキーを利用して、文字列を配置する位置を揃える機能を「タブ」といいます。複数の文字列を1行内に並べて表示したい場合などに利用します。既定では**Tab**キーを1度押すごとに4文字単位の左揃えタブが設定されていますが、この間隔は段落ごとに自由に変更することができます。

💡 ヒント　**編集記号の表示**
Tabキーを押すと、タブが挿入されたことを表す→（タブ）記号が表示されます。**Tab**キーを押しても→が表示されない場合は、[ホーム]タブの[編集記号の表示/非表示]ボタンをクリックして編集記号を表示します。

タブの種類は既定で左揃えタブが選択されています。設定するタブの種類を切り替えるには、水平ルーラーの左側にある └ をクリックします。┴（中央揃えタブ）、┘（右揃えタブ）、（小数点揃えタブ）、▮（縦棒タブ）、△（ぶら下げインデント）、▽（1行目のインデント）の順に表示が変わります。たとえば、┘（右揃えタブ）が表示されているときに水平ルーラー上をクリックすると、その位置に右揃えタブが設定されます。

└ 左揃えタブ：指定されたタブ位置で文字列の先頭の文字を左に揃えて配置

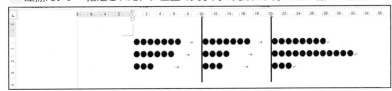

┴ 中央揃えタブ：指定されたタブ位置で文字列を中央に揃えて配置

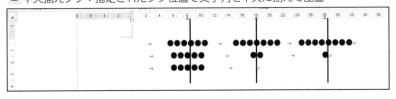

┘ 右揃えタブ：指定されたタブ位置で文字列の最後の文字を右に揃えて配置

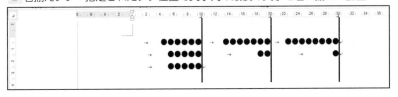

小数点揃えタブ：指定されたタブ位置で数値の小数点の位置を揃えて配置

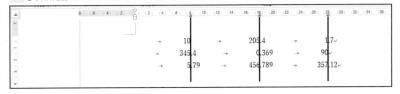

■ 縦棒タブ：指定されたタブ位置に縦線を配置

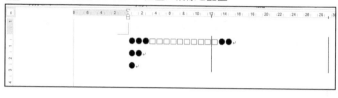

操作👉 タブを設定する

23行目「2月」から25行目「プロジェクトマネジメント」までの3段落に対して、3字と20字の位置に
タブを設定しましょう。設定後、23行目から25行目に入力されている「月」と「セミナー名」の間に左
揃えタブを入力しましょう。

Step 1 3字と20字の位置に左揃えタブを設定します。

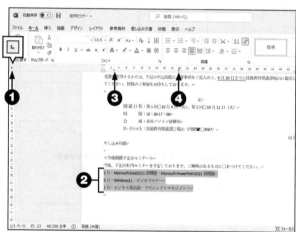

❶ルーラーが左揃えタブになっている
ことを確認します。

❷23行目「2月」から25行目「プロ
ジェクトマネジメント」までの3段
落を選択します。

❸水平ルーラーの約3字の位置をク
リックします。

❹水平ルーラーの約20字の位置をク
リックします。

❺水平ルーラーの3字と20字の位置に
タブマーカーが表示されたことを確
認します。

Step 2 タブを入力します。

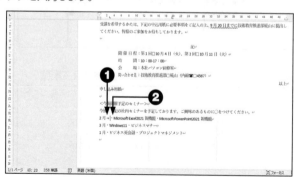

❶23行目「・Microsoft Excel2021新
機能」の左の位置にカーソルを移動
し、**Tab**キーを押します。

❷23行目「・Microsoft Excel2021新
機能」が3字の位置に移動したこと
を確認します。

Step 3 各セミナーの表示位置を3字、20字の位置に揃えます。

❶ 各セミナーの「・」の左にカーソルを移動し、**Tab**キーを押します。

❷ 各セミナーの表示位置が3字、20字の位置に揃えられたことを確認します。

💡 **ヒント**

タブを解除するには
タブを設定した段落を選択し、水平ルーラーに表示されたタブマーカーを文書内にドラッグすると、タブを解除することができます。

💡 **ヒント** **タブ位置を文字数で指定するには**

[タブとリーダー] ダイアログボックスを利用すると、タブを設定する位置を文字数で指定することができます。設定方法は次のとおりです。

1. [ホーム] タブの [段落] グループ右下の [段落の設定] ボタンをクリックします。
2. [段落] ダイアログボックスの [タブ設定] をクリックします。
3. [タブとリーダー] ダイアログボックスの [タブ位置] ボックスに、タブを設定したい文字位置を入力します。
4. [配置] からタブの種類を選択します。
5. リーダー (右下の図を参照) を使用する場合はリーダーの種類を選択します。
6. [設定] をクリックします。
7. すべてのタブ位置の指定が完了したら [OK] をクリックします。

■ 設定例

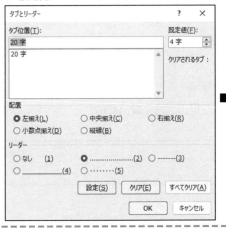

Word

Excel

PowerPoint

箇条書きの設定

段落の先頭に記号や番号を付けることができます。箇条書きの文章を読みやすくまとめたい場合に利用します。ここでは、段落の先頭に記号を付ける方法について学習します。

■ 箇条書き

次のように、段落の先頭に指定した種類の記号 (■や●、➢ など) を表示することができます。

● 開 催 日 程：2022年10月4日 (火)
● 時　　　　間：10：00-17：00
● 会　　　　場：本社パソコン研修室
● 問い合わせ先：技術教育推進部　椛山　(内線☎　4567)

■ 段落番号

次のように、段落の先頭に指定した種類の番号 (「①②③・・・」や「1.2.3.・・・」、「A) B) C)・・・」など) を表示することができます。

1. 開 催 日 程：2022年10月4日 (火)
2. 時　　　　間：10：00-17：00
3. 会　　　　場：本社パソコン研修室
4. 問い合わせ先：技術教育推進部　椛山　(内線☎　4567)

■ 完成例

記↵

➢→開 催 日 程：第1回□10月4日 (火)、第2回□10月11日 (火) ↵

➢→時　　　　間：10：00-17：00↵

➢→会　　　　場：本社パソコン研修室↵

➢→問い合わせ先：技術教育推進部□椛山 (内線☎□4567) ↵

操作☞ 段落の先頭に記号を付ける

14行目「開催日程」から17行目「問い合わせ先」までの4段落の先頭に「➢」を付けましょう。

Step 1 箇条書きの記号を付ける段落を選択します。

❶14行目「開催日程」から17行目「問い合わせ先」までの4段落を選択します。

Step 2 箇条書きの記号を選択します。

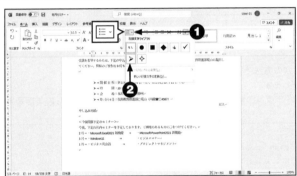

❶[ホーム]タブの[箇条書き]ボタンの▼をクリックします。

❷行頭文字ライブラリの一覧から➢をクリックします。

Step 3 選択を解除して、段落の先頭に記号が付いたことを確認します。

💡ヒント

箇条書きを解除するには
箇条書きを設定した段落を選択し、[箇条書き]ボタンをクリックします。

ヒント **段落にその他の記号を付けるには**

箇条書き記号には、[箇条書き] ボタンをクリックして表示される記号以外も設定できます。手順は次のとおりです。

1. [ホーム] タブの [箇条書き] ボタンの▼をクリックし、[新しい行頭文字の定義] をクリックします。
2. [新しい行頭文字の定義] ダイアログボックスの [記号] をクリックします。
3. [記号と特殊文字] ダイアログボックスで段落の先頭に付ける記号を選択し、[OK] をクリックします。

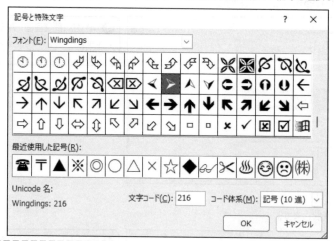

ヒント **段落に番号を付けるには**

段落に番号を付けたい場合は次の方法で行います。

1. 番号を付けたい段落を選択します。
2. [ホーム] タブの [段落番号] ボタンの▼をクリックし、番号ライブラリの一覧から段落番号の書式を選択します。

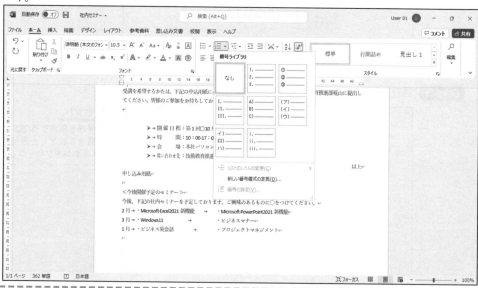

行間の変更

Wordでは、行の下端から次の行の下端までの間隔のことを「行間」といいます。行間の設定値を変更すると、選択されている段落のすべての行の行間が調整されます。

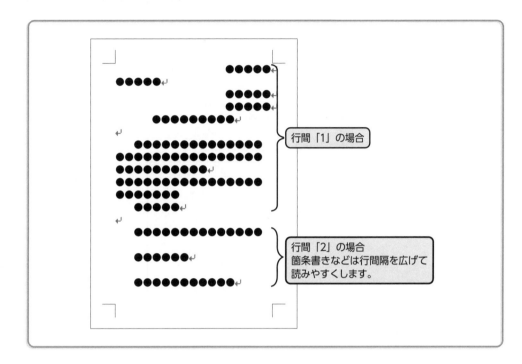

行間「1」の場合

行間「2」の場合
箇条書きなどは行間隔を広げて読みやすくします。

操作👉 行間を変更する

14行目「開催日程」から17行目「問い合わせ先」までの4段落の行間を「1.5」に変更しましょう。

Step 1 行間を変更する段落を選択します。

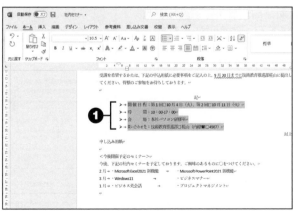

❶14行目「開催日程」から17行目「問い合わせ先」までの4段落を選択します。

Step 2 行間を変更します。

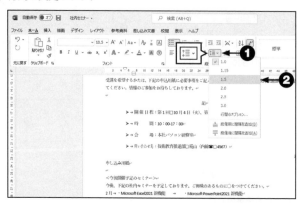

① [行と段落の間隔] ボタンをクリックします。

② [1.5] をクリックします。

Step 3 選択を解除して、行間が変更されたことを確認します。

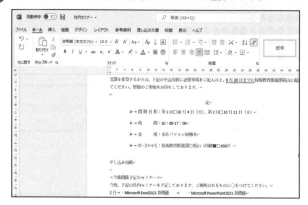

💡 **ヒント** **行間を微調整するには**

[段落] ダイアログボックスを使うと、行間をポイント単位で指定して、微調整することができます。手順は次のとおりです。

1. [ホーム] タブの [行と段落の間隔] ボタンをクリックし、[行間のオプション] を選択します。
2. [段落] ダイアログボックスで [インデントと行間隔] タブをクリックします。
3. [行間] ボックスから [固定値] または [最小値] を選択します。
4. [間隔] ボックスにポイント単位で行間隔を指定します。

固定値	対象の段落に入力された文字に関係なく、行間を指定した値に固定します。
最小値	[間隔] ボックスに指定した値より大きなサイズの文字が対象の段落に入力されている場合、その文字に合わせて行間が調整されます。

段落の並べ替え

入力した文章は段落単位で日付や五十音順などに並べ替えることができます。ここでは、段落単位で並べ替える方法について学習します。

[並べ替え]ダイアログボックスの[種類]の一覧から選択できる並べ替えの種類は次のとおりです。

種類	並べ替えの順序
JISコード	JISコード番号順(半角1~9、A~Z、a~z、あ~ん、ア~ン、漢字)の順に並べ替えられます。
数値	全角、半角を区別しないで値の小さい順に並べ替えられます。
日付	日付と時刻の順に並べ替えられます。
五十音順	「A~Z、あ~ん」の順に並べ替えられます。ひらがな、カタカナは区別しません。

操作 👉 **段落単位で並べ替える**

23行目「2月」から25行目「1月」までの3段落を並べ替えましょう。

Step 1 並べ替える段落を選択し、[並べ替え]ダイアログボックスを開きます。

❶ 23行目「2月」から25行目「1月」までの3段落を選択します。

❷[並べ替え]ボタンをクリックします。

Step 2 段落を並べ替えます

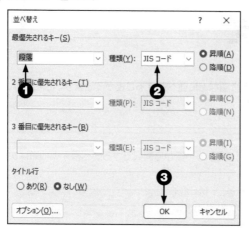

❶ [最優先されるキー] ボックスで [段落] が選択されていることを確認します。

❷ [種類] ボックスで [JISコード] が選択されていることを確認します。

❸ [OK] をクリックします。

Step 3 選択を解除し、段落が並べ替えられていることを確認します。

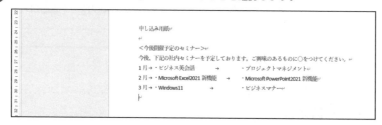

Step 4 🖫 [上書き保存] ボタンをクリックして文書を上書き保存します。

📶 この章の確認

☐ 文字単位や行単位で範囲を選択できますか？

☐ 選択した文章を移動またはコピーできますか？

☐ 文字のサイズや書体、色を変更できますか？

☐ 文字に下線を引くことができますか？

☐ 文字列を均等割り付けすることができますか？

☐ 文字列の配置（中央揃えや右揃え）を変更できますか？

☐ 段落にインデントを設定できますか？

☐ 段落にタブを設定できますか？

☐ 段落に箇条書きや段落番号を設定できますか？

☐ 段落の行間隔や段落間隔を変更できますか？

☐ 段落を並べ替えることができますか？

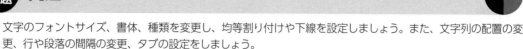

復習問題　問題 2-1

文字のフォントサイズ、書体、種類を変更し、均等割り付けや下線を設定しましょう。また、文字列の配置の変更、行や段落の間隔の変更、タブの設定をしましょう。

1. ［復習問題］フォルダーから、ファイル「復習2-1　歓迎会」を開きましょう。

2. 21行目の「<10月に異動してきた方々>」のフォントサイズを14ポイントに変更し、太字と二重下線を設定しましょう。

3. 28行目の「氏名」と29行目の「参加・不参加」のフォントサイズを16ポイントに変更し、フォントを「HG創英角ゴシックUB」に変更しましょう。

4. 16行目の「日時　2022年10月14日（金）」を13行目に移動しましょう。

5. 9行目の「10月7日（金）」に波線の下線を設定しましょう。

6. 13行目の「日時」、14行目の「場所」、15行目の「TEL」、16行目の「参加費」が3文字幅になるように、均等割り付けを設定しましょう。

7. 1行目の「2022年10月3日」と3行目の「総務部　本田」を右揃えにし、26行目の「切り取り線」を中央揃えにしましょう。

8. 13行目の「日時」から16行目の「5,000円」までの段落の後に間隔を追加しましょう。

9. 22行目の「吉田秀雄」から24行目の「（名古屋支店より異動)」までの行間隔を1.5に変更しましょう。

10. 13行目の「日時」から16行目の「5,000円」までの4段落の14文字目に左揃えタブを設定してから、項目名（「日時」、「場所」など）と内容の間にタブを入力しましょう。

11. 13行目の「日時」から16行目の「5,000円」までの4段落と、22行目の「吉田秀雄」から24行目の「（名古屋支店より異動)」までの3段落に約6文字分の左インデントを設定しましょう。

12. ［保存用］フォルダーに、「復習2-1　歓迎会」という名前でファイルを保存しましょう。

13. ファイル「復習2-1　歓迎会」を閉じましょう。

完成例

2022 年 10 月 3 日

関係者各位

総務部□ 本田

歓迎会のお知らせ

10 月の人事異動で、3 名が総務部に異動してきました。新しい仲間との親交を深めるため、下記のように歓迎会を開催したいと存じます。

つきましては、下記フォームにご記入いただき 10 月 7 日（金）までに、本田（内線□4587）にご提出いただきたくお願いします。

記

	日 時	→	2022 年 10 月 14 日（金）
	場 所	→	居酒屋「いっぺい」（みさき銀行となりのビル□1 階）
	Ｔ Ｅ Ｌ	→	☎03-1234-5678
	参加費	→	5,000 円

以上

＜10 月に異動してきた方々＞

吉田秀雄（新潟支社より異動）

斉藤明人（大阪支社より異動）

森崎一郎（名古屋支社より異動）

切り取り線

氏名

参加・不参加

文字を他の場所にコピーをしましょう。文字のフォントサイズと色を変更し、均等割り付けや下線を設定しましょう。文字列の配置を変更し、インデントや箇条書き記号を設定しましょう。

1. ［復習問題］フォルダーから、ファイル「復習2-2　社員旅行」を開きましょう。

2. 12行目の「☎」を13行目の「内線」の後ろにコピーしましょう。

3. 5行目の「社員旅行のご案内」のフォントサイズを24ポイントに変更し、「塗りつぶし：ゴールド、アクセントカラー4；面取り（ソフト）」の文字の効果と体裁を設定しましょう。

4. 10行目の「日程」と15行目の「料金および集合時間」のフォントサイズを12ポイントに変更し、太字と二重下線を設定しましょう。

5. 11行目の「日時」、12行目の「宿泊先」、13行目の「担当者」が6文字幅になるように均等割り付けを設定しましょう。

6. 1行目の「福利厚生課」、2行目の「2022年10月3日」を右揃えにし、5行目の「社員旅行のご案内」を中央揃えにしましょう。

7. 7行目の「今年も」から8行目の「ご参加ください。」までの段落の最初の行に、約1文字分のインデントを設定しましょう。

8. 11行目の「日時」から13行目の「担当者」の先頭に、箇条書き記号「◆」を付けましょう。

9. ［保存用］フォルダーに、「復習2-2　社員旅行」という名前でファイルを保存しましょう。

10. ファイル「復習2-2　社員旅行」を閉じましょう。

完成例

社員各位

社員旅行のご案内

　今年も恒例の社員旅行の時期となりました。下記の通り社員旅行を実施いたします。今年は、現地集合とバスの参加が選べます。皆さま、是非ともご参加ください。

日程

◆→日　　　時：2022 年 11 月 12 日（土）～13 日（日）
◆→宿　泊　先：箱根レイクサイド・ビレッジホテル（TEL☎□0120-2222-3333）
◆→担　当　者：三枝（福利厚生課□内線☎□1234）

料金および集合時間

参加申込書

第3章

表の作成と編集

表の概念と構成要素

表を利用すると、集計値や項目を見やすくまとめたり、文字や画像を整列して配置したりすることができます。

表は次のような部分で構成されます。

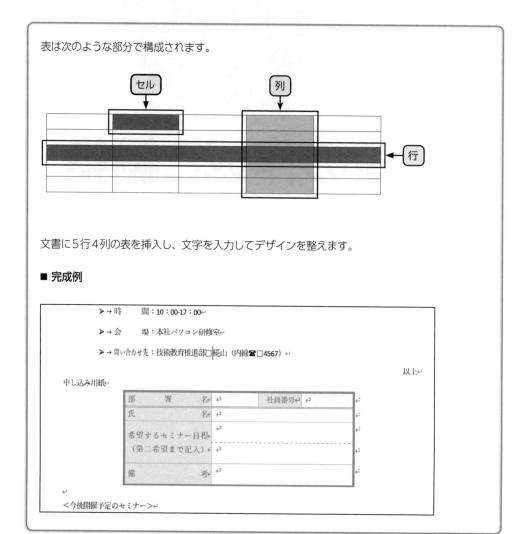

文書に5行4列の表を挿入し、文字を入力してデザインを整えます。

■ 完成例

表の挿入

Wordには、表を作成するためのさまざまなツールが用意されています。必要な列数と行数を指定して作成することも、マウスのドラッグ操作で線を引きながら作成することもできます。また、既に入力されたタブ区切りの文字列を表に変換することもできます。

ここでは、列数と行数を指定して表を作成する方法について学習します。

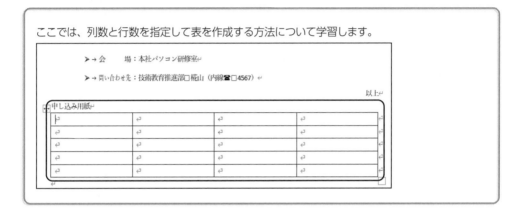

操作☞ 表を挿入する

20行目、「申し込み用紙」の次の行に5行4列の表を挿入しましょう。

Step 1 [保存用] フォルダーにある文書「社内セミナー」を開きます。本章から学習を開始する場合は、[Office2021テキスト] フォルダーにある文書「3章_社内セミナー」を開きます。

Step 2 表を挿入する位置にカーソルを移動します。

❶20行目、「申し込み用紙」の次の行をクリックします。

Step 3 表を挿入します。

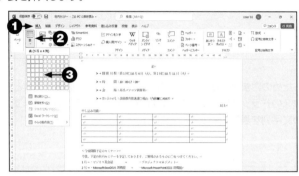

❶[挿入] タブをクリックします。

❷[表] ボタンをクリックします。

❸5行4列の位置のボックスをクリックします。

💡 ヒント
表のプレビュー
[表] ボタンをクリックしてボックスをポイントすると、表が文書にリアルタイムでプレビューされ、挿入される表を事前に確認できます。

Step 4 表が挿入されたことを確認します。

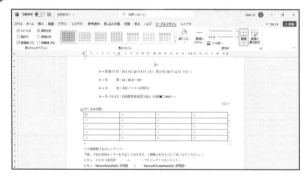

💡 ヒント **[テーブルデザイン]タブ**

文書に表を挿入すると、リボンは表を編集するためのボタンが集められた [テーブルデザイン] タブに自動的に切り替えられます。表以外の編集作業中に、再度 [テーブルデザイン] タブに切り替えるには、表内をクリックします。

💡 ヒント **表を誤って挿入した場合**

表を挿入する場所を間違えたり行や列の数を間違えたりした場合、 [元に戻す] ボタンで操作を元に戻すことができます。また、次の操作で表を削除することができます。

1. 挿入した表にカーソルを移動します。
2. [レイアウト] タブをクリックします。
3. [削除] ボタンをクリックし、削除する対象(セル、列、行、または表) を選択します。セルを選択した場合は [表の行/列/セルの削除] ダイアログボックスが表示されるので、削除後に左または上のどちらに詰めるかを選択します。

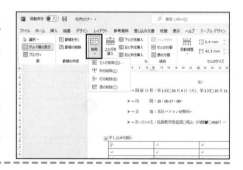

💡 **ヒント**　**その他の表の作成方法**

表を作成する他の方法として、次のような方法があります。

■ マウスのドラッグ操作で作成する方法

1. [挿入] タブの [表] ボタンをクリックし、[罫線を引く] を クリックします。
2. マウスポインターの形状が 🖊 に変わったことを確認し、 斜め方向にドラッグして表の外郭の四角形を作成します。
3. 四角形の中で横方向または縦方向にドラッグして罫線を 引き、行と列を作成します。
4. 誤った罫線を引いてしまった場合は [レイアウト] タブの [罫線の削除] ボタンをクリックし、削除したい罫線をク リックします。再び罫線を引く場合は [罫線を引く] ボタ ンをクリックします。
5. **Esc**キーを押して作成を終了します。

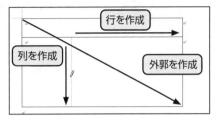

■ 列数と行数を指定して作成する方法

1. 表を挿入する位置にカーソルを移動します。
2. [挿入] タブの [表] ボタンをクリックし、[表の挿入] をクリックしま す。
3. [表の挿入] ダイアログボックスで作成する表の列数と行数を指定し、 [OK] をクリックします。

■ タブ区切りの文字列を表に変換する方法

1. 表に変換したいタブ区切りの文字列を選択します。
2. [挿入] タブの [表] ボタンをクリックし、[文字列を表にする] をク リックします。
3. [文字列を表にする] ダイアログボックスで列数と行数を確認し、 [OK] をクリックします。

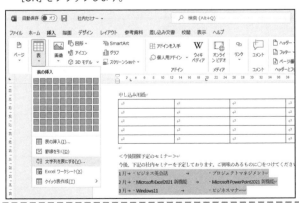

表への文字の入力

表に文字を入力するには、マウスまたはキー操作で文字を入力したいセルにカーソルを移動して入力します。ここでは、表に文字を入力する方法を学習します。

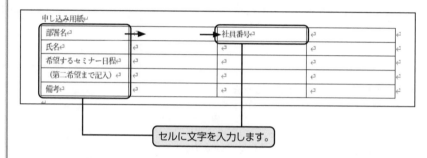

次のキー操作でカーソルを移動することができます。

キー操作	動作
Tabキーまたは**→**キー	右のセルにカーソルを移動します。 右端のセルにカーソルがある場合は次の行に移動します。
Shift+**Tab**キーまたは**←**キー	左のセルにカーソルを移動します。 左端のセルにカーソルがある場合は上の行に移動します。
↓キー	下のセルにカーソルを移動します。
↑キー	上のセルにカーソルを移動します。

表中にカーソルがある状態で**Enter**キーを押すと、セル内で改行され、行の高さが拡大されます。
誤って**Enter**キーを押してしまった場合は、**BackSpace**キーを押して改行を削除します。

操作 ☞ セルに文字を入力する

Step 1 1行目1列目と3列目のセルに文字を入力します。

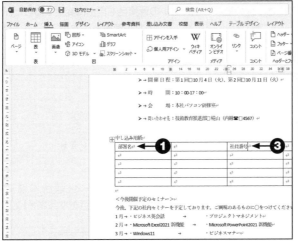

❶1行目1列目のセルをクリックします。

❷「部署名」と入力します。

❸**Tab**キーを2回押してカーソルを1行目3列目のセルに移動します。

❹「社員番号」と入力します。

Step 2 同様に他の文字を入力します。

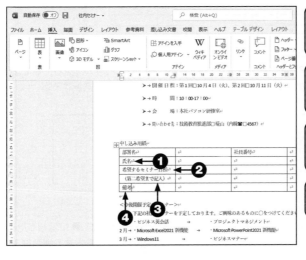

❶2行目1列目のセルをクリックし、「氏名」と入力して↓キーを押します。

❷3行目1列目のセルに「希望するセミナー日程」と入力して↓キーを押します。

❸4行目1列目のセル「(第二希望まで記入)」と入力して↓キーを押します。

❹5行目1列目のセルに「備考」と入力します。

表の編集

作成した表の列の幅、行の高さ、線の種類や色、セルの背景色を自由に変更することができます。また、複数のセルを結合して1つのセルにしたり、1つのセルを複数のセルに分割したりすることもできます。

各セルに入力する文字列の内容や量を考慮して表の編集を行うことで、見栄えよくバランスのとれた表に仕上げることができます。

表を編集するには、まず編集する範囲を行、列、セルの単位で選択します。

■ 行単位で選択するには

選択する行の左側にマウスポインターを移動し、マウスポインターの形状が ⇗ に変わったときにクリックすると、1行を範囲選択することができます。複数行を選択する場合は上下の方向にドラッグします。

■ 列単位で選択するには

選択する列の上側にマウスポインターを移動し、マウスポインターの形状が ↓ に変わったときにクリックすると、1列を範囲選択することができます。複数列を選択する場合は左右の方向にドラッグします。

■ セル単位で選択するには

選択するセルの内側の左端をポイントし、マウスポインターの形状が ➤ に変わったときにクリックすると、1つのセルを選択することができます。複数のセルを選択する場合はマウスポインターの形状が ➤ のとき、またはセル内をポイントして Ⅰ に変わったときにドラッグします。

■ 表全体を選択するには

表をポイントし、表の左上に表示される ⊞ (表の移動ハンドル) をクリックして表全体を選択することができます。カーソルを表内に移動して [レイアウト] タブの [表] グループにある

[選択] ボタンをクリックし、[表の選択] をクリックして表全体を選択することもできます。

申し込み用紙				
部署名		社員番号		
氏名				
希望するセミナー日程				
(第二希望まで記入)				
備考				

■ 選択を解除するには

行、列、セル、表全体の選択を解除するには、選択範囲以外の場所をクリックします。

行や列の挿入と削除

挿入した表に行や列を追加または削除することができます。

操作☞ 行を挿入する

表の3行目の上に行を挿入しましょう。

Step 1 挿入する行を選択します

❶3行目のいずれかのセルをクリック
します。

Step 2 行を挿入します。

❶[レイアウト] タブをクリックしま
す。

❷[上に行を挿入] ボタンをクリック
します。

❸3行目に行が挿入されたことを確認
します。

行と列の挿入ボタンについて

[レイアウト] タブにある [行と列] グループの各ボタンを利用して、表に行や列を挿入することができます。

ボタン	機能	ボタン	機能
⊞ 上に行を挿入	選択した行の上の位置に行が挿入されます。	⊞ 下に行を挿入	選択した行の下の位置に行が挿入されます。
⊞ 左に列を挿入	選択した列の左の位置に列が挿入されます。	⊞ 右に列を挿入	選択した列の右の位置に列が挿入されます。

💡 ヒント **[セルの挿入] ボタンを使った挿入**

[セルの挿入] ボタンを使用すると、行や列の他にセルの挿入もできます。手順は次のとおりです。

1. セル内にカーソルを移動します。
2. [レイアウト] タブをクリックし、[行と列] グループ右下の [セルの挿入] ボタンをクリックします。
3. [表の行/列/セルの挿入] ダイアログボックスが表示されたら、目的の操作をクリックして [OK] をクリックします。

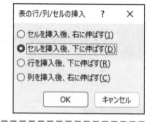

💡 ヒント **行と列の挿入ガイドについて**

行や列の境目にマウスポインターを合わせるとガイドが表示されます。クリックすると、ガイドが表示された位置に行や列を挿入することができます。

⊞申し込み用紙↵			
部署名↵	↵	社員番号↵	↵
氏名↵	↵	↵	↵
希望するセミナー日程↵	↵	↵	↵
(第二希望まで記入)↵	↵	↵	↵
備考↵	↵	↵	↵

⊞申し込み用紙↵			
部署名↵	↵	社員番号↵	↵
氏名↵	↵	↵	↵
↵	↵	↵	↵
希望するセミナー日程↵	↵	↵	↵
(第二希望まで記入)↵	↵	↵	↵
備考↵	↵	↵	↵

操作☞ 行を削除する

3行目を削除しましょう。

Step 1 行を削除します。

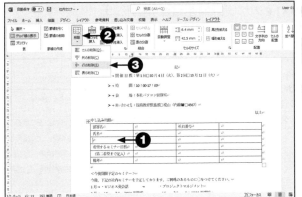

❶3行目のセルをクリックします。

❷[レイアウト] タブの [削除] ボタ
ンをクリックします。

❸[行の削除] をクリックします。

Step 2 行が削除されたことを確認します。

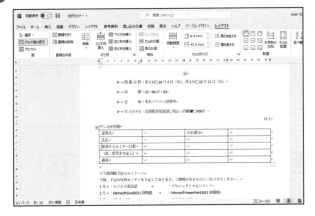

💡 ヒント **[削除] ボタンについて**

[レイアウト] タブにある [削除] ボタンをクリックすると次のボタンが表示され、表のセル、列、行、および表自
体を削除することができます。

ボタン	機能
セルの削除(<u>D</u>)...	選択したセルを削除します。
列の削除(<u>C</u>)	選択した列を削除します。
行の削除(<u>R</u>)	選択した行を削除します。
表の削除(<u>T</u>)	選択した表を削除します。

右クリックによる行、列、セルの挿入と削除について

行、列、セルを右クリックして表示されるメニューからも、行、列、セルの挿入や削除が行えます。

■ 行、列、セルの挿入

1. セルを右クリックします。
2. ショートカットメニューの [挿入] から行や列を挿入する位置をクリックします。[セルの挿入] をクリックした場合は [表の行/列/セルの挿入] ダイアログボックスで目的の操作を選択します。

■ 行、列、セルの削除

1. 行、列またはセルを右クリックします。
2. ショートカットメニューの [表の行/列/セルの削除] をクリックし、[表の行/列/セルの削除] ダイアログボックスで削除方法を選択します。

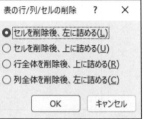

列の幅と行の高さの変更

列の幅や行の高さを調整して、セルのサイズをそれぞれの項目に記入してもらう分量に適したものにしたり、入力されている文字列の幅に合わせて見栄えをよくしたりします。

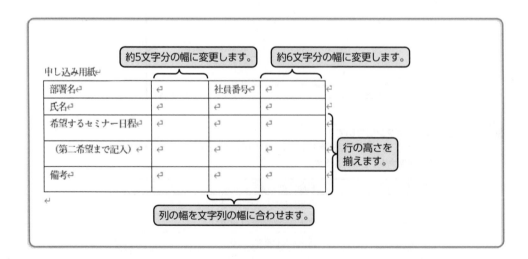

操作👉 列の幅を変更する

2列目を約5文字分の幅に、4列目を約6文字分の幅に変更し、3列目は入力されている文字列の幅に合わせましょう。

Step 1 2列目の幅を変更します。

❶2列目の右側の罫線をポイントします。

❷マウスポインターの形状が╫に変わったら、水平ルーラーの18の位置まで左方向へドラッグします。

Step 2 同様に4列目の幅を変更します。

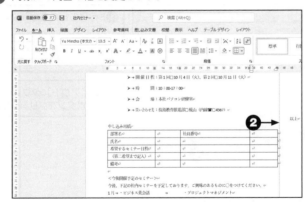

❶4列目の右側の罫線をポイントします。

❷マウスポインターの形状が╫に変わったら、水平ルーラーの44の位置まで左方向へドラッグします。

💡 ヒント

列の幅を数値で指定するには
幅を変更したい列を列単位で選択し、[レイアウト] タブの [列の幅の設定] ボックスで数値を指定します。

Step 3 3列目の幅を文字列に合わせます。

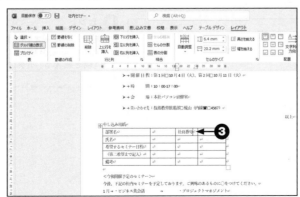

❶3列目の右側の罫線をポイントします。

❷マウスポインターの形状が╫に変わったら、ダブルクリックします。

❸文字列に合わせて3列目の列の幅が調整されたことを確認します。

操作🖐 **行の高さを変更する**

5行目の行の高さを3行分に変更してから、3〜5行目の行の高さを揃えましょう。

Step 1 5行目の行の高さを変更します。

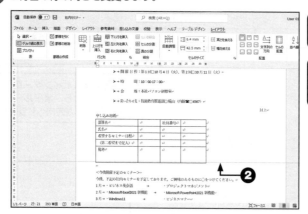

❶5行目のセルの下側の罫線をポイントします。

❷マウスポインターの形状が÷に変わったら、約2行分下にドラッグします。

Step 2 行の高さを揃えます。

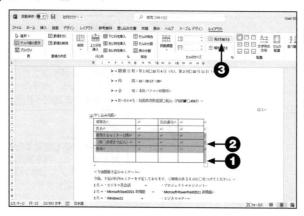

❶5行目の行の高さが変更されたことを確認します。

❷3〜5行目を選択します。

❸[レイアウト] タブの [高さを揃える] ボタンをクリックします。

Step 3 3〜5行目の行の高さが揃ったことを確認します。

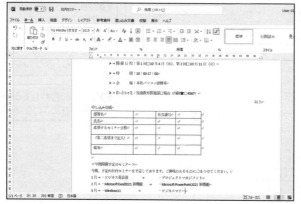

💡 **ヒント**
列の幅を均等に揃えるには
対象の列を範囲選択し、[レイアウト] タブの [幅を揃える] ボタンをクリックします。

セルの結合と分割

複数のセルを1つのセルとして結合したり、1つのセルを複数のセルに分割したりすることにより、さまざまな構造の表を作成することができます。

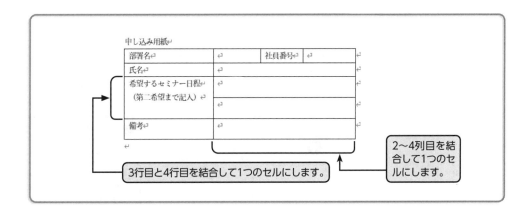

3行目と4行目を結合して1つのセルにします。

2～4列目を結合して1つのセルにします。

操作 ☞ セルを結合する

2～5行目の2～4列目のセルを結合し、1列目の3行目と4行目のセルを結合しましょう。

Step 1 2行目の2～4列目のセルを範囲選択します。

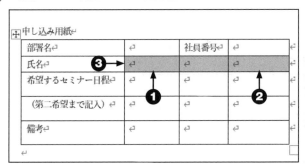

❶2行目の2列目のセルをポイントします。

❷マウスポインターの形状がⅠに変わったら、4列目まで右方向にドラッグします。

❸2～4列目のセルが灰色にハイライトされ、選択されたことを確認します。

Step 2 選択したセルを結合します。

❶[レイアウト] タブが選択されていることを確認します。

❷[セルの結合] ボタンをクリックします。

 ヒント

セルの結合ボタン
[セルの結合] ボタンは複数セルを範囲選択していない状態のときは利用できません。

Step 3 同様に3～5行目の2～4列目のセルを結合します。

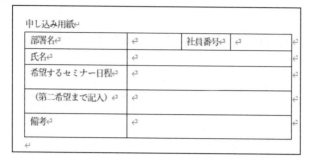

Step 4 3行目と4行目の1列目のセルを結合します。

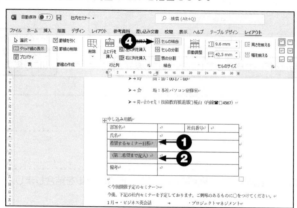

❶3行目1列目のセルをポイントします。

❷マウスポインターの形状が I に変わったら、4行目まで下方向にドラッグします。

❸3、4行目のセルが灰色にハイライトされ、選択されたことを確認します。

❹[セルの結合] ボタンをクリックします。

Step 5 セルが結合されたことを確認します。

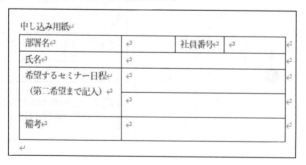

💡 **ヒント** **セルを分割するには**

1つのセルを複数のセルに分割するには、分割したいセルを選択して [レイアウト] タブの [セルの分割] ボタンをクリックします。[セルの分割] ダイアログボックスが表示されるので、分割する列数や行数を指定して [OK] をクリックします。指定した列数、行数にセルが分割されます。

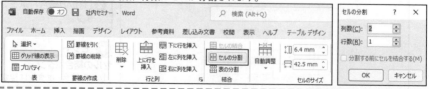

表のデザインと配置

作成した表の線の種類や色、セルの背景色などを変更することで、表中の重要な部分を強調することや表を見栄えよく整えることができます。また、セルの中での文字の配置や文書内での表の配置を変更することができます。

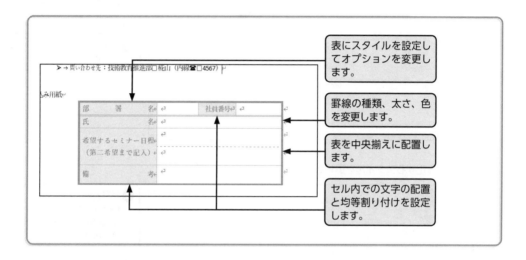

表にスタイルを設定してオプションを変更します。

罫線の種類、太さ、色を変更します。

表を中央揃えに配置します。

セル内での文字の配置と均等割り付けを設定します。

表のスタイルの利用

Wordでは、あらかじめ多数の表のスタイルが用意されています。表にスタイルを適用することで、表の線の色や種類、セルの色などのデザインを簡単に設定することができます。また、新しい表のスタイルに名前を付けて登録し、繰り返し利用することもできます。

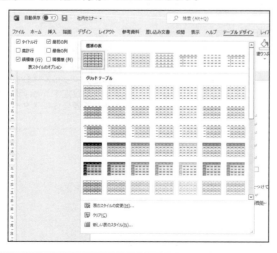

操作 ☞ 表にスタイルを設定する

表にスタイル「グリッド (表) 6 カラフル-アクセント 2」を設定しましょう。

Step 1 表を選択し、表のスタイルの一覧を表示します。

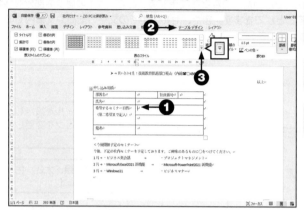

❶表内をクリックし、表内にカーソルが移動したことを確認します。

❷[テーブルデザイン] タブをクリックします。

❸[表のスタイル] グループの [その他] ボタンをクリックします。

Step 2 設定するスタイルを選択します。

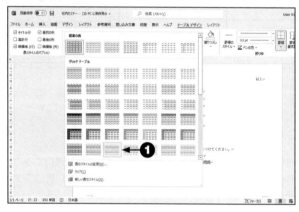

❶[グリッドテーブル] の [グリッド (表) 6 カラフル-アクセント2] (上から6番目、左から3番目) をクリックします。

💡 **ヒント**

スタイルのプレビュー
表のスタイルの一覧にあるスタイルをポイントすると、表がポイントしているスタイルで表示され、結果を確認することができます。クリックして選択するまでスタイルは適用されません。

Step 3 表にスタイルが設定されたことを確認します。

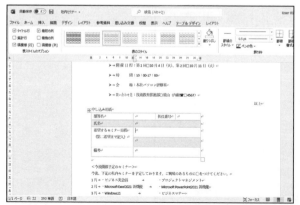

💡 **ヒント**

表の範囲と自動認識
表内にカーソルを移動した状態で表のスタイルを設定すると、表の範囲が自動認識されて表全体にスタイルが設定されます。

操作 表のスタイルのオプションを変更する

行単位の塗りつぶしを解除し、列単位で塗りつぶしが設定されるようにスタイルのオプションを変更しましょう。

Step 1 タイトル行（1行目）のデザインを解除します。

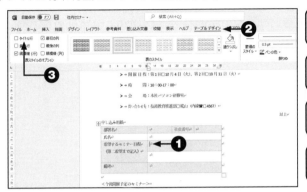

❶表内にカーソルがあることを確認します。

❷[テーブルデザイン] タブが選択されていることを確認します。

❸[タイトル行] のチェックボックスをオフにします。

❹タイトル行（1行目）のスタイルが解除されたことを確認します。

Step 2 同様に、最初の列（1列目）と縞模様（行）のデザインを解除します。

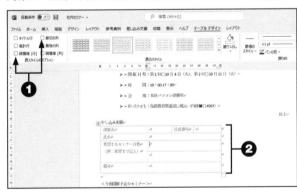

❶[最初の列] と [縞模様（行）] のチェックボックスをオフにします。

❷最初の列（1列目）のテキストの太字スタイルと行単位の塗りつぶしの設定が解除されたことを確認します。

Step 3 [縞模様（列）] のデザインを設定します。

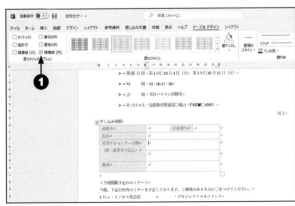

❶[縞模様（列）] のチェックボックスをオンにします。

❷列単位の塗りつぶしが設定されたことを確認します。

ヒント
表スタイルのオプション

[表スタイルのオプション] グループの各チェックボックスを調整後、[表のスタイル] グループの [その他] ボタンをクリックすると、設定したオプションが適用されたスタイル一覧からスタイルを適用することができます。

文字の配置

セルの高さや幅に合わせて、セルの中で文字列をバランスよく配置することができます。

[レイアウト] タブの [配置] グループのボタンを使って、次のようにセル内で文字列の配置を変更できます。

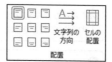

■ 上揃え（左）（既定値）

■ 中央揃え

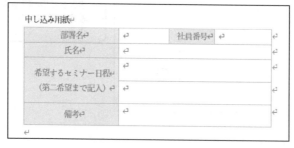

■ 中央揃え（右）

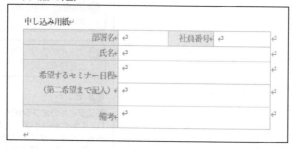

操作🖝 文字の配置を変更する

1列目と3列目の文字列がセルの縦横の中央に表示されるように配置し、1列目のセルの中で文字列を均等割り付けしましょう。

Step 1 文字列の配置を変更するセルを選択します。

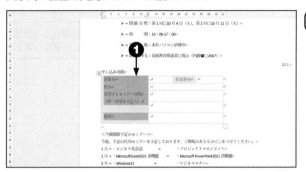

❶すべての行の1列目を選択します。

Step 2 文字列をセルの中央に配置します。

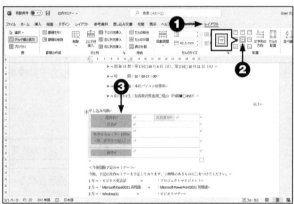

❶[レイアウト] タブをクリックします。

❷[中央揃え] ボタンをクリックします。

❸文字列がセルの中央に配置されたことを確認します。

Step 3 1行目3列目の文字列をセルの中央に配置します。

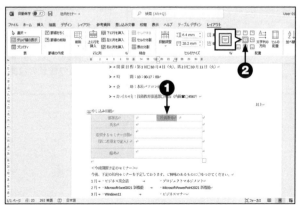

❶1行目3列目のセル内をクリックします。

❷[中央揃え] ボタンをクリックします。

❸文字列がセルの中央に配置されたことを確認します。

Step 4 1列目の文字列をセル内で均等割り付けします。

① すべての行の1列目を選択します。

② [ホーム] タブをクリックします。

③ [均等割り付け] ボタンをクリックします。

④ 文字列がセル内で均等割り付けされたことを確認します。

罫線の種類の変更

表にスタイルを設定した後でも、罫線のスタイルを変更することや新しい罫線を引くことができます。

操作 ☞ 罫線の種類を変更する

表の外枠を3ポイントの太線、1行目の下罫線を二重線、2列目3行目のセルの下罫線を点線にしましょう。罫線の色はすべて「オレンジ、アクセント2」にします。

Step 1 表を選択します。

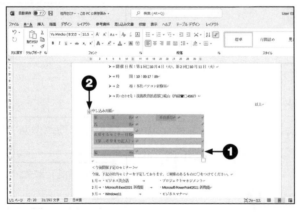

① 表をポイントします。

② 左上に表示される ⊞ をクリックします。

③ 表全体が選択されたことを確認します。

💡 **ヒント**

表の移動ハンドル
⊞ (表の移動ハンドル) をドラッグすると、表を文書内の任意の位置に移動することができます。

Step 2 線の太さを変更します。

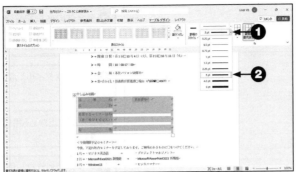

❶[テーブルデザイン] タブの [ペンの太さ] ボックスをクリックします。

❷[3pt] をクリックします。

Step 3 線の色として「オレンジ、アクセント2」を設定します。

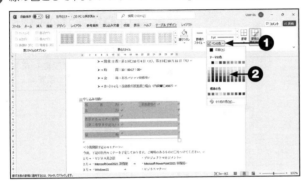

❶[ペンの色] ボタンをクリックします。

❷[オレンジ、アクセント2] をクリックします。

Step 4 外枠の太さを変更します。

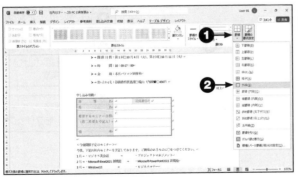

❶[テーブルデザイン] タブの [罫線] ボタンの▼をクリックします。

❷[外枠] をクリックします。

Step 5 二重線を設定します。

① 表全体の選択を解除して表内をクリックし、表内にカーソルが移動したことを確認します。

② [ペンのスタイル] ボックスをクリックします。

③ 二重線（上から8番目）を選択します。

④ マウスポインターの形状が ✐ に変わったことを確認します。

Step 6 1行目の下罫線を二重線にします。

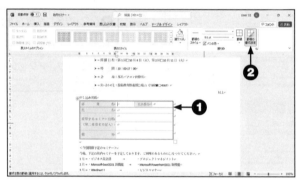

① 1行目の下の罫線をドラッグします。

② [罫線の書式設定] ボタンをクリックしてオフにします。または**ESC**キーを押します。

Step 7 [罫線] ボタンで3行2列目の下罫線を点線にします。

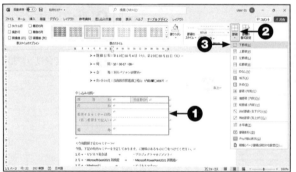

① 3行2列目のセルをクリックします。

② [ペンのスタイル] ボックスをクリックし、点線（上から5番目）をクリックします。

③ [罫線] ボタンの▼をクリックし、[下罫線] をクリックします。

💡 **ヒント** **罫線を引く操作を終了するには**

ペンのスタイル、太さ、色のいずれかを選択すると、マウスポインターの形状が変わって [罫線の書式設定] ボタンがオンになります。**Esc**キーを押すか [罫線の書式設定] ボタンをクリックすると、マウスポインターの形状が元に戻り [罫線の書式設定] ボタンがオフになります。

💡 ヒント　[線種とページ罫線と網かけの設定]ダイアログボックスを使用した罫線の設定

[テーブルデザイン] タブにある [罫線] ボタンの▼をクリックし、[線種とページ罫線と網かけの設定] をクリックすると、[線種とページ罫線と網かけの設定] ダイアログボックスが表示されます。[罫線] タブでは選択している表の罫線の設定をまとめて行うことができます。

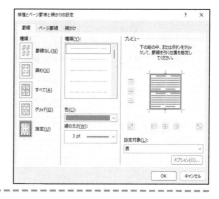

💡 ヒント　段落に罫線を引くには

表の罫線を引くときと同じような操作で、文章の段落に罫線を引くことができます。手順は次のとおりです。
1. 罫線を引きたい段落を選択します。
2. [ホーム] タブの [罫線] ボタンの▼をクリックし、罫線を引く場所を選択します。[線種とページ罫線と網かけの設定] を選択すると、罫線の種類や色を変更することができます。

💡 ヒント　ページ罫線

ページ罫線を設定すると、ページの周りに罫線を引いて文書を華やかな印象にすることができます。設定方法は次のとおりです。
1. [ホーム] タブの [罫線] ボタンの▼をクリックし、[線種とページ罫線と網かけの設定] をクリックします。
2. [ページ罫線] タブをクリックします。
3. [種類] の一覧から [囲む] をクリックし、線の種類、色、太さを選択するか、[絵柄] ボックスで絵柄を選択します。
4. プレビューで確認し [OK] をクリックします。

ヒント ページ罫線の削除

[線種とページ罫線と網かけの設定] ダイアログボックスの [ページ罫線] タブの [種類] の一覧から [罫線なし] をクリックすると、ページ罫線を削除できます。

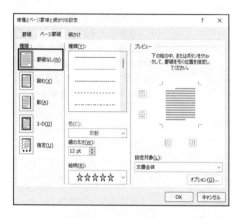

重要 ページ罫線の設定範囲について

ページ罫線は通常文書全体に表示されます。設定対象を変更したい場合は、[ページ罫線] タブの [設定対象] の▼をクリックし、設定対象を選択します。

表の配置

文書内でバランスよく表を配置することができます。

操作 表の配置を変更する

表を中央揃えに配置しましょう。

Step 1 表を中央に配置します。

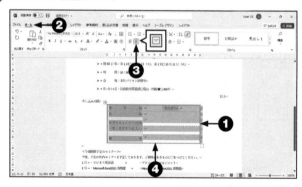

❶表全体を選択します。

❷[ホーム] タブをクリックします。

❸[中央揃え] ボタンをクリックします。

❹表が中央に配置されたことを確認します。

Step 2 🖫 [上書き保存] ボタンをクリックして文書を上書き保存します。

この章の確認

- ☐ 表を作成できますか？
- ☐ 表に文字列を入力できますか？
- ☐ 行や列の挿入と削除ができますか？
- ☐ 行の高さや列の幅を変更できますか？
- ☐ セルの結合や分割ができますか？
- ☐ 表にスタイルを設定できますか？
- ☐ 表スタイルのオプションを変更できますか？
- ☐ セル内の文字列の配置を変更できますか？
- ☐ 罫線の種類を変更できますか？
- ☐ 表の配置を変更できますか？

復習問題　問題 3-1

文書に表を挿入し、サイズと配置を変更しましょう。

1. ［復習問題］フォルダーから、ファイル「復習3-1　歓迎会」を開きましょう。

2. 17行目の位置に1行2列の表を挿入し、表に次のように文字を入力しましょう。

HPアドレス	http://www.ippeiXXXX.com

3. 表の1列目の幅を30mm、2列目の幅を60mmに変更しましょう。

4. 表を中央揃えにしましょう。

5. ［保存用］フォルダーに、「復習3-1　歓迎会」という名前でファイルを保存しましょう。

6. ファイル「復習3-1　歓迎会」を閉じましょう。

完成例

2022 年 10 月 3 日

関係者各位

総務部□ 本田

歓迎会のお知らせ

10 月の人事異動で、3 名が総務部に異動してきました。新しい仲間との親交を深めるため、下記のように歓迎会を開催したいと存じます。

つきましては、下記フォームにご記入いただき <u>10 月 7 日（金）</u>までに、本田（内線□ 4587）にご提出いただきたくお願いします。

記

日　時	→	2022 年 10 月 14 日（金）
場　所	→	居酒屋「いっぺい」（みさき銀行となりのビル□ 1 階）
ＴＥＬ	→	☎03-1234-5678
参加費	→	5,000 円

HP アドレス	http://www.ippeixxxx.com

以上

＜10 月に異動してきた方々＞

吉田秀雄（新潟支社より異動）

斉藤明人（大阪支社より異動）

森崎一郎（名古屋支社より異動）

切り取り線

氏名

参加・不参加

文書に表を挿入し、サイズやスタイル、文字の配置を変更しましょう。

1. ［復習問題］フォルダーから、ファイル「復習3-2　社員旅行」を開きましょう。

2. 16行目の位置に3行3列の表を挿入し、次のように文字を入力しましょう。

集合方法	料金	集合場所および時間
バス	10,000円（昼食、夕食、朝食付き）	本社1階玄関前に8時集合
現地集合	7,000円（夕食、朝食付き）	17時までにホテルチェックイン

3. 挿入した「料金および集合時間」の表の1列目を20mm、2列目を70mm、3列目を60mmに変更しましょう。

4. 21行目の位置に3行4列の表を挿入し、次のように文字を入力しましょう。

部署名		社員番号	
氏名			
参加方法	バス・現地集合		

5. 挿入した「参加申込書」の表の2行目の2列目から4列目と、3行目の2列目から4列目を結合しましょう。

6. 「料金および集合時間」の表にスタイル「一覧（表）3-アクセント4」を適用し、［タイトル行］チェックボックス以外をオフにしましょう。

7. 「参加申込書」の表にスタイル「グリッド（表）4-アクセント4」を適用し、［縞模様（列）］チェックボックスをオンにし、それ以外のチェックボックスをオフにしましょう。

8. 「参加申込書」の表のすべてのセルの文字列がセルの中心に表示されるように配置を変更しましょう。

9. ［保存用］フォルダーに、「復習3-2　社員旅行」という名前でファイルを保存しましょう。

10. ファイル「復習3-2　社員旅行」を閉じましょう。

完成例

福利厚生課

2022 年 10 月 3 日

社員各位

社員旅行のご案内

　今年も恒例の社員旅行の時期となりました。下記の通り社員旅行を実施いたします。今年は、現地集合とバスの参加が選べます。皆さま、是非ともご参加ください。

日程

◆　日　　時：2022 年 11 月 12 日（土）〜13 日（日）
◆　宿　泊　先：🏔箱根レイクサイド・ビレッジホテル（TEL☎ 0120-2222-3333）
◆　担　当　者：三枝（福利厚生課 内線☎ 1234）

料金および集合時間

集合方法	料金	集合場所および時間
バス	10,000 円（昼食、夕食、朝食付き）	本社 1 階玄関前に 8 時集合
現地集合	7,000 円（夕食、朝食付き）	17 時までにホテルチェックイン

参加申込書

部署名		社員番号		
氏名				
参加方法		バス・現地集合		

第4章

グラフィックスの利用

グラフィックス利用の効果

写真やイラスト、図形、装飾された文字などを用いると、文章の内容をわかりやすく説明したり重要な部分を強調したりすることができます。これらの要素をグラフィックスといいます。グラフィックスを利用することで、文書にインパクトを与え、視覚効果を得られます。

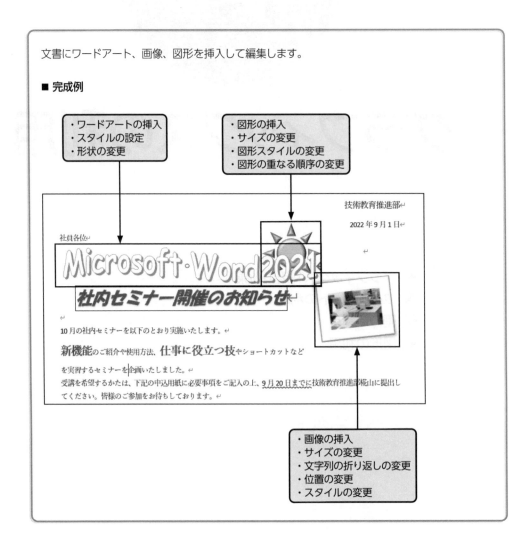

ワードアートの利用

タイトルなどの強調したい文字列に「ワードアート」を使用することで、文字の色やサイズ、書体だけでなく、さまざまな特殊効果を与えることができます。ここでは、ワードアートを挿入および編集する方法について学習します。

ワードアートを挿入してスタイルや形状を変更します。

■ 完成例

技術教育推進部↵

2022 年 9 月 1 日↵

社員各位↵

Microsoft・Word2021

のお知らせ↵

社内セミナー開催

10 月の社内セミナーを以下のとおり実施いたします。↵

新機能のご紹介や使用方法、**仕事に役立つ技**やショートカットなどを実習するセミナーを企画いたしました

- ・ワードアートの挿入
- ・スタイルの設定
- ・形状の変更

用語 ワードアート
あらかじめ用意されたスタイルから選択して、文字にさまざまなデザイン効果を与える機能です。インパクトのある文字を文書に挿入することができます。

ワードアートの挿入

文書にワードアートを挿入するには、入力済みの文字列をワードアートに変換する方法と、新規に文字列を入力してワードアートを作成する方法があります。ここでは、入力済みの文字列をワードアートに変換する方法について学習します。

操作📩 ワードアートを挿入する

4行目の「Microsoft Word2021」をワードアートに変換しましょう。

Step 1 ［保存用］フォルダーにある文書「社内セミナー」を開きます。本章から学習を開始する場合は、［Office2021テキスト］フォルダーにある文書「4章_社内セミナー」を開きます。

Step 2 ワードアートに変換する文字列を選択します。

❶4行目の「Microsoft Word2021」を選択します。段落記号は含まないようにします。

💡 ヒント
文字列の選択
ここでは改行を残すために段落記号を範囲選択に含めないようにしています。

Step 3 挿入するワードアートのスタイルを選択します。

❶［挿入］タブをクリックします。

❷［ワードアートの挿入］ボタンをクリックします。

❸［塗りつぶし：白；輪郭：オレンジ、アクセントカラー2；影（ぼかしなし）：オレンジ、アクセントカラー2］（上から3番目、右から2番目）をクリックします。

Step 4 設定されたワードアートを確認します。

💡 ヒント
文字の効果と体裁
［ホーム］タブの［文字の効果と体裁］ボタンからも同じワードアートのスタイルを設定することができます。ただし、フォントのサイズは自動で変更されません。

💡 ヒント
ワードアートのテキストを修正するには
ワードアート内の修正したい場所をクリックし、カーソルが表示された状態で直接修正します。

文字列を新規に入力してワードアートを挿入するには

先にワードアートのスタイルを選択してから文字を入力することもできます。次の手順で操作します。

1. ワードアートを挿入したい位置にカーソルを移動します。
2. [挿入] タブの [ワードアートの挿入] ボタンをクリックし、挿入したいスタイルをクリックします。
3. 「ここに文字を入力」と表示された場所に文字列を入力します。

ワードアートの編集

挿入したワードアートは、形状を変更したり、グラデーションや影、3-D効果などの特殊効果を設定したりすることで、よりイメージどおりのインパクトのある文字にできます。

文書にワードアートを挿入すると、リボンはワードアートを編集するためのボタンが集められた [図形の書式] タブに自動的に切り替えられます。

ワードアート以外の編集作業中に、再度 [図形の書式] タブを表示するには、文書に挿入された ワードアートをクリックします。

操作☞ ワードアートの形状を変更する

ワードアートの形状を「波：下向き」に変更しましょう。

Step 1 ワードアートを変形します。

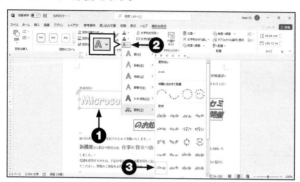

① 「Microsoft Word2021」のワードアートが選択されていることを確認します。

② [図形の書式] タブの [文字の効果] ボタンをクリックします。

③ [変形] をポイントし、[形状] の [波：下向き] をクリックします。

Step 2 ワードアートが変形されたことを確認します。

💡 **ヒント** **ワードアートのスタイルを変更するには**

ワードアートの挿入後にスタイルを変更するには、ワードアート内をクリックし、[図形の書式] タブの [クイックスタイル] ボタンをクリックしてスタイルを選択します。

ヒント　ワードアートの文字の効果について

ワードアートの文字の効果には、「変形」の他に「影」、「反射」、「光彩」、「面取り」、「3-D回転」があります。また、各効果のオプションで細かい設定が可能です。

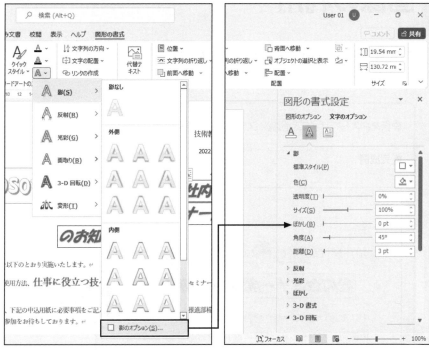

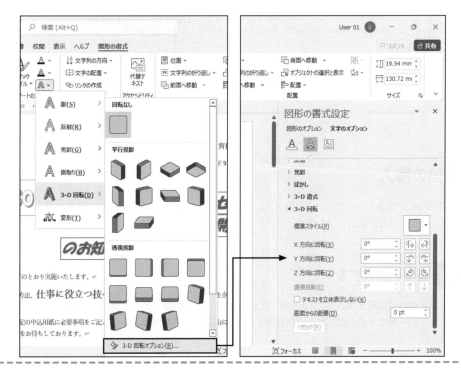

画像の利用

ここでは、画像（イラスト）を挿入および編集する方法について学習します。

画像を挿入してサイズや配置、スタイルを変更します。

■ 完成例

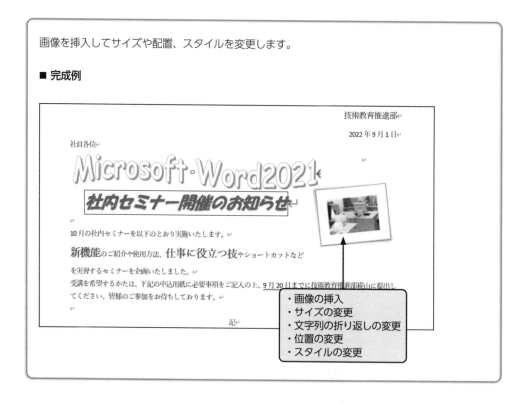

画像の挿入

文書の内容に関連するイラストや写真などの画像を挿入すると、文書にアクセントを与えたり、華やかにしたりすることができます。

操作 👉 **画像を挿入する**

[Office2021テキスト] フォルダーに保存されている画像ファイル「研修室」を6行目の「10月の社内セミナーを以下のとおり実施いたします。」の上に挿入しましょう。

Step 1 [図の挿入] ダイアログボックスを開きます。

❶ 6行目の「10月の社内セミナーを以下のとおり実施いたします。」の上の行をクリックします。

❷ [挿入] タブをクリックします。

❸ [画像] ボタンをクリックします。

❹ [このデバイス…] をクリックします。

Step 2 開くファイルが保存されているフォルダーを指定します。

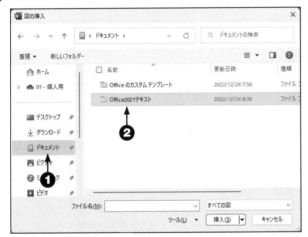

❶ [ドキュメント] をクリックします。

❷ [Office2021テキスト] をダブルクリックします。

Step 3 挿入するファイルを指定します。

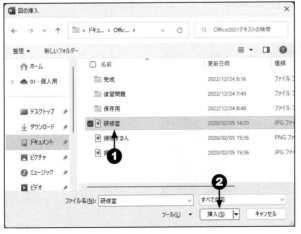

❶ 挿入する画像をクリックします。

❷ [挿入] をクリックします。

Step 4 画像が文書内に挿入されたことを確認します。

画像の編集

挿入した画像には、明るさやコントラストを変更する、周囲をぼかす、フレームで囲う、影を付けるなど、さまざまな効果を設定することができます。また、文書内での配置を変更することができます。

文書に画像を挿入すると、リボンは画像を編集するためのボタンが集められた [図の形式] タブに自動的に切り替えられます。

画像以外の編集作業中に、再度 [図の形式] タブを表示するには、文書に挿入された画像をクリックします。

■ グラフィックスの選択と解除
グラフィックスを選択するには、グラフィックスをクリックします。選択されているグラフィックスの周囲にはハンドルが表示されます。グラフィックスの選択を解除するには、選択されているグラフィックス以外の部分をクリックします。

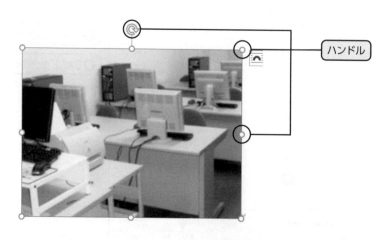

ハンドル

■ グラフィックスの移動とコピー

グラフィックスを移動するには、グラフィックスをポイントし、マウスポインターの形状が に変わったら目的の位置までドラッグします。**Shift**キーを押しながらドラッグすると、グラフィックスを水平または垂直方向のみに移動することができます。ただし、後述する文字列の折り返しの種類によっては移動できません。

Ctrlキーを押しながらドラッグすると、移動ではなくコピーになります。

■ グラフィックスの拡大/縮小

グラフィックスの拡大/縮小を行うには、グラフィックスを選択してからハンドルをポイントし、マウスポインターの形状が ⟷ ↕ ⬉ ⬈ のいずれかに変わったら目的の大きさになるまでドラッグします。

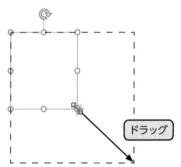

■ グラフィックスの回転

グラフィックスを回転させるには、グラフィックスを選択したときに上部に表示されるハンドルをドラッグします。図形の中心点を軸にして、ドラッグする方向に回転させることができます。

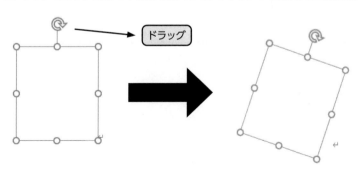

操作☞ 画像のサイズを変更する

画像のサイズを小さく（約3cmの幅に）調整しましょう。

Step 1 画像のサイズ変更ハンドルをポイントします。

❶画像が選択されていることを確認します。

❷画像の右下のハンドルをポイントします。

❸マウスポインターの形状が⤢に変わったことを確認します。

Step 2 画像のサイズを小さくします。

❶左上の方向にドラッグします。

❷画像のサイズが変更されたことを確認します。

💡 ヒント　**サイズを正確に変更するには**

［図の形式］タブにある［図形の高さ］ボックスや［図形の幅］ボックスを利用して、図形のサイズをmm単位で変更することもできます。既定では縦横比が固定になっているため、どちらかのサイズを変更するともう一方のサイズも自動的に調整されます。

‖ 22.9 mm ⌃⌄　　　◳ 30.96 mm ⌃⌄

図形の高さ　　　　図形の幅

操作☞ 画像の文字列の折り返しの種類を変更する

画像の文字列の折り返しの種類を「四角形」に変更しましょう。

Step 1 画像の文字列の折り返しの種類を選択します。

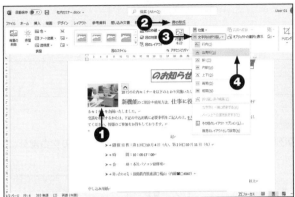

❶画像が選択されていることを確認します。

❷[図の形式] タブが選択されていることを確認します。

❸[文字列の折り返し] ボタンをクリックします。

❹[四角形] をクリックします。

Step 2 画像の周囲の文字列が折り返していることを確認します。

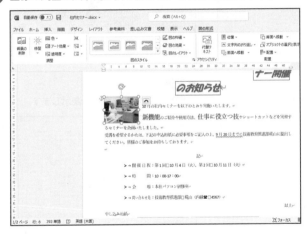

💡 **ヒント** **レイアウトオプション**
画像の右に表示されるレイアウトオプションのボタンをクリックして文字列の折り返しの種類を設定することもできます。

■ 行内
文字と同様にカーソルのある位置に図形が挿入されます。

■ 四角形
図形の周囲のボックスの線に沿って文字列を折り返します。

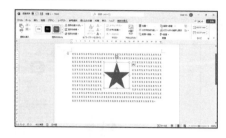

■ 狭く
図形の形状に沿って文字列を折り返します。

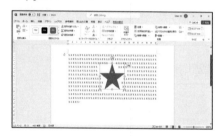

■ 内部
図形の周囲および内部の空白部分に文字列を折り返します。

■ 上下
図形の上下で文字列を折り返します。

■ 背面
図形の前面に文字列を表示します。

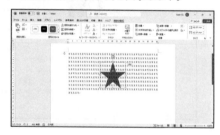

■ 前面
図形の背面に文字列を表示します。

■ 折り返し点の編集
折り返す位置を編集できます。

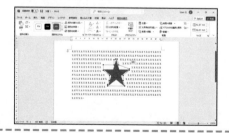

操作 🖙 画像を移動する

画像を5行目の「社内セミナー開催のお知らせ」の右に移動しましょう。

Step 1 画像をポイントします。

❶画像をポイントします。

❷マウスポインターの形状が 🔆 に変わったことを確認します。

Step 2 画像を移動します。

❶5行目「社内セミナー開催のお知らせ」の右の位置までドラッグします。

💡 **ヒント**

配置ガイド
文書内の画像や図形を移動すると、文書の余白や中央などに合わせて緑色の配置ガイドが表示されます。

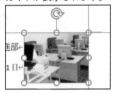

Step 3 画像が移動したことを確認します。

💡 **ヒント**

方向キーによる移動
文字列の折り返しが「行内」以外に設定されている場合、画像を選択した状態で↑キー、↓キー、→キー、←キーを押すと矢印の方向に少しずつ移動することができます。

画像の位置

画像を選択し、[図の形式] タブの [配置] ボタンをクリックして [左揃え] や [右揃え] を選択することで、配置を変更することができます。また、[図の形式] タブの [位置] ボタンをクリックして画像をページのどの位置に表示するかを選択することもできます。

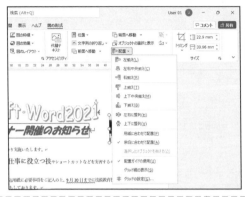 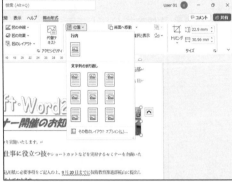

操作 **画像のスタイルを変更する**

画像のスタイルを「回転、白」に変更しましょう。

Step 1 スタイルの一覧を表示します。

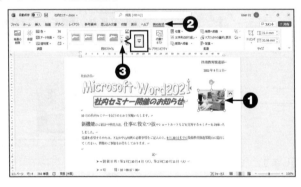

❶画像が選択されていることを確認します。

❷[図の形式] タブが選択されていることを確認します。

❸[図のスタイル] グループの [その他] ボタンをクリックします。

Step 2 画像のスタイルを選択します。

❶図のスタイルの一覧から [回転、白] (上から4番目、左から2番目) をクリックします。

ヒント
スタイルの一覧
Wordのウィンドウサイズによって、スタイルの一覧の行数、列数は異なります。

Step 3 画像のスタイルが変更されたことを確認します。

Step 3 画像のスタイルが変更されたことを確認します。

Step 3 画像のスタイルが変更されたことを確認します。

> 💡 **ヒント**
> **ワードアートが隠れた場合**
> 画像を回転させたことによりワードアート
> の一部に重なってしまった場合は、画像の
> サイズや位置を調整してください。

💡 **ヒント**　**オンライン画像の挿入**

Officeからインターネットを経由して画像を挿入することもできます。インターネットに接続した状態で［挿入］タブの［画像］ボタンをクリックし、［オンライン画像］をクリックすると、［オンライン画像］ウィンドウが表示され、キーワードを入力してインターネット上の画像を検索することができます。ただし、その画像が利用可能かどうか、可能な場合は画像にどのようなライセンスが適用されているかを確認して、それに準拠した形で使う必要があります。なお、MicrosoftアカウントでOfficeにサインインしている場合は、［オンライン画像］ウィンドウからOneDriveに保存されている画像を挿入することができます。

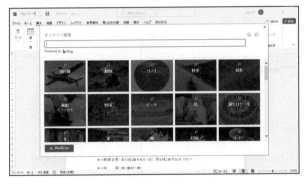

💡 **ヒント**　**図の背景を削除する**

図の背景を削除することができます。操作方法は次のとおりです。
1. 挿入した図を選択します。
2. ［図の形式］タブの［背景の削除］ボタンをクリックします。
3. ［背景の削除］タブのボタンで保持または削除する領域を鉛筆ツールを使用して設定します。
4. 調整が終わったら［変更を保持］ボタンをクリックします。

図形の利用

円や四角形などの基本図形、矢印やフローチャート用の図形、星や吹き出しなどの特殊図形など、用途に応じてさまざまな図形を文書に挿入することができます。また、挿入した図形には、線や塗りつぶしの色、グラデーション、影、3-Dなど、さまざまな特殊効果を設定することができます。

Wordで使用できる図形には、線 (直線、曲線、矢印など)、四角形、基本図形 (多角形、円、立方体など)、ブロック矢印、数式図形、フローチャート (流れ図に用いられる図形)、星とリボン、吹き出しがあります。これらの図形を組み合わせれば、簡単な地図や図面を描くことも可能です。

■ 完成例

図形の挿入

用途に応じてさまざまな図形を文書内に挿入することができます。ここでは、図形を挿入する方法について学習します。

操作 図形を挿入する

ワードアートの右上に図形「太陽」を挿入しましょう。

Step 1 挿入する図形を選択します。

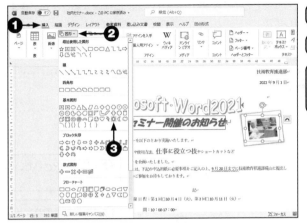

❶［挿入］タブをクリックします。

❷［図形］ボタンをクリックします。

❸［基本図形］の一覧から［太陽］（上から3番目、右から3番目）をクリックします。

Step 2 図形を挿入します。

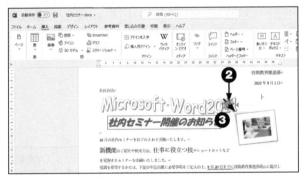

❶マウスポインターの形状が＋に変わったことを確認します。

❷図形を挿入したい位置をポイントします。

❸左上から右下に向かってドラッグします。

Step 3 図形が挿入されたことを確認します。

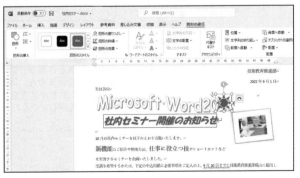

💡 ヒント

図形の削除

図形を削除するには、図形を選択して**Delete**キーを押します。

図形の編集

文書に図形を挿入すると、ワードアートの場合と同様に、リボンは図形を編集するためのボタンが集められた[図形の書式]タブに切り替えられます。
挿入した図形には、さまざまな特殊効果を設定することができます。また、挿入した図形を文章の背面に配置したり、図形内に文章を入力したりすることで、文書の一部を効果的に強調することができます。ここでは、図形を編集する方法について学習します。

操作👈 図形のサイズを変更する

Step 1 図形のサイズを大きくします。

❶図形が選択されていることを確認します。

❷図形の右下のハンドルをポイントします。

❸マウスポインターの形状が↘に変わったことを確認します。

❹右下の方向にドラッグします。

Step 2 図形のサイズが変更されたことを確認し、位置を調整します。

❶図形のサイズが変更されたことを確認します。

❷図形をドラッグして位置を調整します。

💡 **ヒント**

図形の縦横比
図形は画像とは異なり既定で縦横比が固定になっていません。同じ縦横比で図形を挿入またはサイズを変更したい場合は、**Shift**キーを押しながらハンドルをドラッグします。

操作 図形のスタイルを変更する

図形のスタイルを「パステル-オレンジ、アクセント2」に変更しましょう。

Step 1 図形のスタイルを変更します。

① 図形が選択されていることを確認します。

② [図形の書式] タブが選択されていることを確認します。

③ [図形のスタイル] グループの [その他] ボタンをクリックします。

Step 2 図形のスタイルを選択します。

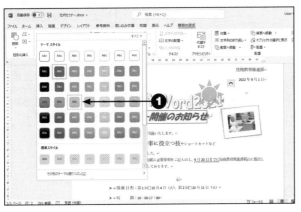

① [パステル-オレンジ、アクセント2]（上から4番目、左から3番目）をクリックします。

Step 3 図形のスタイルが変更されたことを確認します。

操作👉 **図形に面取り効果を設定する**

Step 1 図形に面取り効果「丸」を設定します。

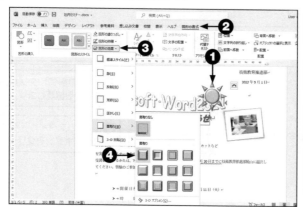

❶図形が選択されていることを確認します。

❷[図形の書式] タブが選択されていることを確認します。

❸[図形の効果] ボタンをクリックします。

❹[面取り] をポイントし、[丸]（[面取り] の上から1番目、左から1番目）をクリックします。

Step 2 面取り効果が設定されたことを確認します。

❶丸みを帯びた立体的な図形に変わったことを確認します。

💡 **ヒント**

図形の効果
図形の効果には、「面取り」の他に「影」、「反射」、「光彩」、「ぼかし」、「3-D回転」があります。また、各効果のオプションで細かい設定が可能です。

操作👉 **図形とワードアートの重なる順番を変更する**

Step 1 図形をワードアートの背面へ移動します。

❶図形が選択されていることを確認します。

❷[図形の書式] タブが選択されていることを確認します。

❸[背面へ移動] ボタンの▼をクリックします。

❹[テキストの背面へ移動] をクリックします。

Step 2 図形がテキストの背面へ移動したことを確認します。

Step 3 🖫 [上書き保存] ボタンをクリックして文書を上書き保存します。

💡 **ヒント** **テキストと図形の重なる順序**

既に文字列が入力されている文書に図形を挿入した場合、後から挿入した図形が文字列の前面に配置されます。図形と文字列の重なる順序を変更するには、対象の図形を選択した状態で [背面へ移動] [背面へ移動] ボタンまたは [前面へ移動] [前面へ移動] ボタンの▼をクリックし、[テキストの背面へ移動] または [テキストの前面へ移動] をクリックします。

- -

💡 **ヒント** **テキストの背景にある図形を選択するには**

図形がテキストの背面に隠れてしまって選択できない場合は、[ホーム] タブの [選択] ボタンをクリックして [オブジェクトの選択] をクリックします。マウスポインターの形状が ▯ に変わり、テキストの背面に隠れた図形を選択できるようになります。元のマウスポインターに戻すには、再び [選択] ボタンをクリックして [オブジェクトの選択] をクリックするか、**Esc**キーを押します。

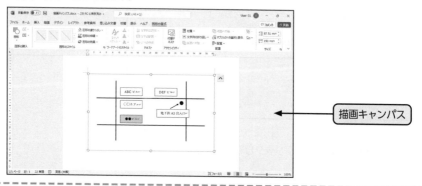 ヒント **複数の図形を1つのオブジェクトとして扱うには**

「描画キャンバス」を使うと、複数の図形を1つのオブジェクトとして扱うことができます。

描画キャンバスは、[挿入] タブの [図形] ボタンをクリックし、[新しい描画キャンバス] をクリックすると、表示されます。この描画キャンバスの中に挿入した図は1つのオブジェクトとして扱われるため、コピーや移動などを同時に行うことができます。

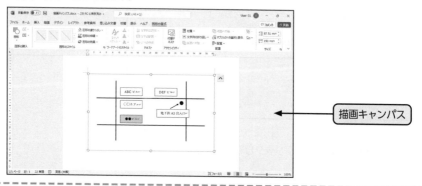

💡 ヒント **テキストボックス**

文書に「テキストボックス」と呼ばれる矩形のオブジェクトを追加すると、文書内の任意の場所にテキストを入力したり、図形のように背景や輪郭、テキストの色を変更するなど、さまざまな効果を設定できるようになります。テキストボックスは次の2つの方法で作成できます。

■ 文書にテキストボックスを挿入する
1. [挿入] タブの [テキストボックス] ボタンをクリックします。
2. 組み込みの一覧から選択するか、[横書きテキストボックスの描画] または [縦書きテキストボックスの描画] を選択します。
3. 組み込みの一覧から選択した場合は、選択したスタイルのテキストボックスが挿入されます。[横書きテキストボックスの描画] または [縦書きテキストボックスの描画] を選択した場合は、テキストボックスを挿入したい位置で斜め方向にドラッグして挿入します。
4. 挿入されたテキストボックスにテキストを入力します。

■ 入力済みの文章をテキストボックスに変換する
1. テキストボックスに変換したい文字列を選択します。
2. [挿入] タブの [テキストボックス] ボタンをクリックします。
3. [横書きテキストボックスの描画] または [縦書きテキストボックスの描画] を選択します。

この章の確認

- ☐ ワードアートを挿入できますか？
- ☐ ワードアートの形状を変更できますか？
- ☐ 画像を挿入できますか？
- ☐ 画像のサイズを変更できますか？
- ☐ 画像の文字列の折り返しの種類を変更できますか？
- ☐ 画像を移動できますか？
- ☐ 画像のスタイルを変更できますか？
- ☐ 図形を挿入できますか？
- ☐ 図形のサイズやスタイルを変更できますか？
- ☐ 図形に効果を設定できますか？
- ☐ 図形の重ね合わせの順番を変更できますか？

復習問題 問題 4-1

文書にワードアート、図形、画像を挿入して編集しましょう。

1. ［復習問題］フォルダーから、ファイル「復習4-1　歓迎会」を開きましょう。

2. 5行目「歓迎会のお知らせ」を「塗りつぶし（グラデーション）：ゴールド、アクセントカラー4；輪郭：ゴールド、アクセントカラー4」のワードアートに変換しましょう。

3. ワードアートに「三角形：上向き」の変形の文字の効果を設定しましょう。

4. ［復習問題］フォルダーから画像ファイル「お祝い」をワードアートの右側に挿入しましょう。

5. 画像を高さと幅が約30mmになるよう小さくしましょう。

6. 画像の文字列の折り返しを「四角形」にしましょう。

7. 画像に「透視投影、影付き、白」のスタイルに設定し、完成例を参考に移動しましょう。

8. 完成例を参考に、26行目の「切り取り線」の左右に「直線」の図形を挿入しましょう。

9. ［保存用］フォルダーに、「復習4-1　歓迎会」という名前でファイルを保存しましょう。

10. ファイル「復習4-1　歓迎会」を閉じましょう。

完成例

2022 年 10 月 3 日

関係者各位

総務部□ 本田

歓迎会のお知らせ

10 月の人事異動で、3 名が総務部に異動してきました。新しい仲間との親交を深めるため、下記のように歓迎会を開催したいと存じます。

つきましては、下記フォームにご記入いただき 10 月 7 日（金）までに、本田（内線□ 4587）にご提出いただきたくお願いします。

記

日　時	→	2022 年 10 月 14 日（金）
場　所	→	居酒屋「いっぺい」（みさき銀行となりのビル□ 1 階）
Ｔ Ｅ Ｌ	→	☎03-1234-5678
参加費	→	5,000 円

HP アドレス	http://www.ippeiXXXX.com

以上

＜10 月に異動してきた方々＞

吉田秀雄（新潟支社より異動）

斉藤明人（大阪支社より異動）

森崎一郎（名古屋支社より異動）

———————————————— 切り取り線 ————————————————

氏名

参加・不参加

復習問題 問題 4-2

文書に画像を挿入して編集しましょう。

1.　[復習問題] フォルダーから、ファイル「復習4-2　社員旅行」を開きましょう。

2.　[復習問題] フォルダーから画像ファイル「森林」を任意の位置に挿入しましょう。

3.　画像の高さを約30mmにしましょう。

4.　画像の文字の折り返しを「四角形」に変更しましょう。

5.　画像に「面取り、反射付き、白」のクイックスタイルを設定しましょう。

6.　完成例を参考に、画像を「日程」の右側に移動しましょう。

7.　[保存用] フォルダーに、「復習4-2　社員旅行」という名前でファイルを保存しましょう。

8.　ファイル「復習4-2　社員旅行」を閉じましょう。

完成例

福利厚生課←
2022 年 10 月 3 日←

社員各位←

←

社員旅行のご案内←

←

　今年も恒例の社員旅行の時期となりました。下記の通り社員旅行を実施いたします。今年は、現地集合とバスの参加が選べます。皆さま、是非ともご参加ください。←

←

日程←

◆→日　　　　時：2022 年 11 月 12 日（土）〜13 日（日）←
◆→宿　泊　　先：🚌箱根レイクサイド・ビレッジホテル←
　　（TEL☎□0120-2222-3333）←
◆→担　当　者：三枝（福利厚生課□内線☎□1234）←
←

料金および集合時間←

集合方法	料金	集合場所および時間
バス←	10,000 円（昼食、夕食、朝食付き）←	本社 1 階玄関前に 8 時集合←
現地集合←	7,000 円（夕食、朝食付き）←	17 時までにホテルチェックイン←

参加申込書←

部署名←	←	社員番号←	←
氏名←			←
参加方法←	バス・現地集合		←

←
←

第5章

文書の印刷

- 印刷プレビューの確認
- 文書の印刷

印刷プレビューの確認

実際に印刷する前に、印刷したときのイメージを確認する画面のことを「印刷プレビュー」といいます。印刷前に文書の内容や印刷したときのイメージを確認することで、印刷ミスを防ぎ、印刷に要する時間や用紙の無駄を省くことができます。

[ファイル] タブの [印刷] を選択すると、印刷に関する設定項目と印刷プレビューが並んで表示され、設定を変更した場合の結果をすぐに確認することができます。印刷プレビューでは余白のマークや編集記号は非表示となり、実際に印刷される内容のみが表示されます。

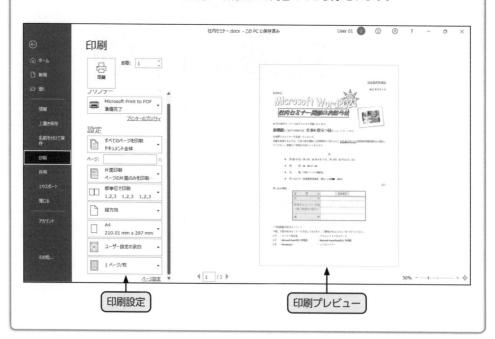

操作👉 印刷イメージを確認する

Step 1 [保存用] フォルダーにある文書「社内セミナー」を開きます。本章から学習を開始する場合は、[Office2021テキスト] フォルダーにある文書「5章_社内セミナー」を開きます。

Step 2 印刷イメージを表示します。

❶[ファイル] タブをクリックします。

❷[印刷] をクリックします。

Step 3 右側に印刷イメージが表示されます。

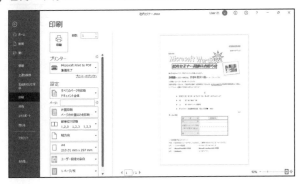

操作👉 印刷イメージを拡大または縮小して確認する

Step 1 拡大された印刷イメージを確認し、印刷イメージを縮小します。

❶ズームスライダーの [拡大] ボタンを数回、クリックします。

❷文字が囲み線からはみ出していることを確認します。

❸ズームスライダーの [縮小] ボタンをクリックします。

Step 2 縮小された印刷イメージを確認します。

💡 **ヒント**

ズームスライダー
ズームスライダーの [拡大] / [縮小] ボタンをクリックすると10％単位で、つまみを左右にドラッグすると細かい単位で表示倍率を変更することができます。右端の [ページに合わせる] ボタンをクリックすると画面に合わせて表示されます。

💡 **ヒント**

複数ページの場合
文書が複数ページにわたる場合、印刷イメージを縮小していくと複数ページが同時に表示されるようになります。

操作 👉 **印刷プレビューを終了して文書を編集する**

Step 1 印刷プレビューを終了します。

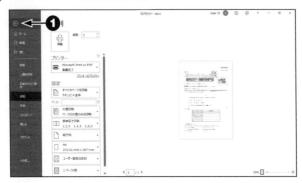

❶ ⊖ をクリックします。

Step 2 文書を修正します。

❶「社内セミナー開催のお知らせ」の後ろに半角スペースを1つ挿入します。

❷ [上書き保存] ボタンをクリックします。

文書の印刷

文書の印刷時には、使用するプリンターや印刷する範囲、部数、拡大/縮小などを指定することができます。

印刷時のオプションは［ファイル］タブの［印刷］で設定します。

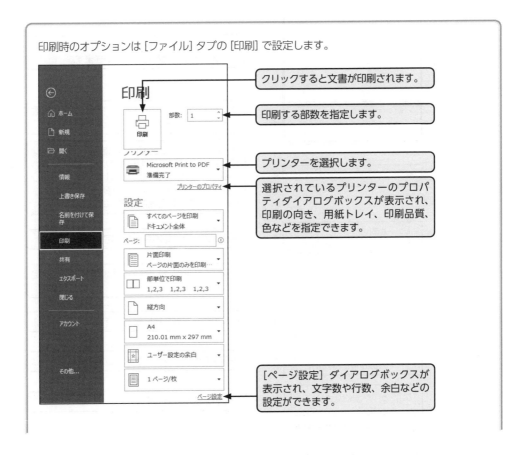

クリックすると文書が印刷されます。

印刷する部数を指定します。

プリンターを選択します。

選択されているプリンターのプロパティダイアログボックスが表示され、印刷の向き、用紙トレイ、印刷品質、色などを指定できます。

［ページ設定］ダイアログボックスが表示され、文字数や行数、余白などの設定ができます。

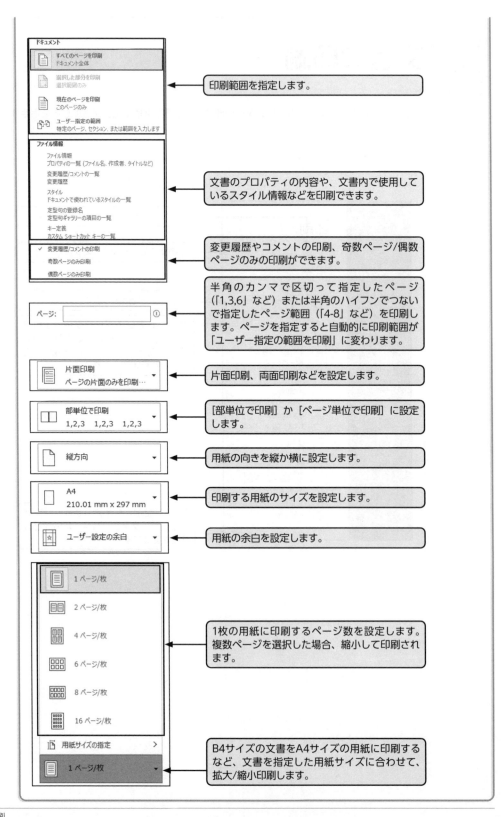

ドキュメント

すべてのページを印刷
ドキュメント全体

選択した部分を印刷
選択範囲のみ

現在のページを印刷
このページのみ

ユーザー指定の範囲
特定のページ、セクション、または範囲を入力します

印刷範囲を指定します。

ファイル情報

ファイル情報
プロパティの一覧 (ファイル名、作成者、タイトルなど)

変更履歴/コメントの一覧
変更履歴

スタイル
ドキュメントで使われているスタイルの一覧

定型句の登録名
定型句ギャラリーの項目の一覧

キー定義
カスタム ショートカット キーの一覧

文書のプロパティの内容や、文書内で使用しているスタイル情報などを印刷できます。

✓ 変更履歴/コメントの印刷

奇数ページのみ印刷

偶数ページのみ印刷

変更履歴やコメントの印刷、奇数ページ/偶数ページのみの印刷ができます。

ページ: ①

半角のカンマで区切って指定したページ (「1,3,6」など) または半角のハイフンでつないで指定したページ範囲 (「4-8」など) を印刷します。ページを指定すると自動的に印刷範囲が「ユーザー指定の範囲を印刷」に変わります。

片面印刷
ページの片面のみを印刷…

片面印刷、両面印刷などを設定します。

部単位で印刷
1,2,3   1,2,3   1,2,3

[部単位で印刷] か [ページ単位で印刷] に設定します。

縦方向

用紙の向きを縦か横に設定します。

A4
210.01 mm x 297 mm

印刷する用紙のサイズを設定します。

ユーザー設定の余白

用紙の余白を設定します。

1 ページ/枚

2 ページ/枚

4 ページ/枚

6 ページ/枚

8 ページ/枚

16 ページ/枚

1枚の用紙に印刷するページ数を設定します。複数ページを選択した場合、縮小して印刷されます。

用紙サイズの指定

1 ページ/枚

B4サイズの文書をA4サイズの用紙に印刷するなど、文書を指定した用紙サイズに合わせて、拡大/縮小印刷します。

操作👉 文書を印刷する

印刷オプションを確認し、文書を印刷してみましょう。

Step 1 印刷画面にします。

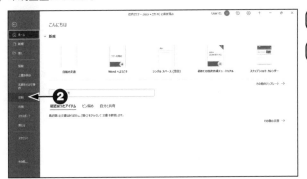

❶[ファイル] タブをクリックします。

❷[印刷] をクリックします。

Step 2 印刷オプションを確認後、印刷します。

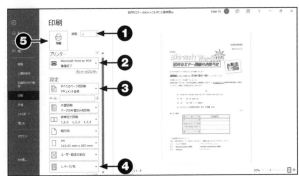

❶[部数] が「1」になっていることを確認します。

❷印刷に使用するプリンターが選択されていることを確認します。

❸「すべてのページを印刷」になっていることを確認します。

❹「1ページ/枚」になっていることを確認します。

❺[印刷] をクリックします。

Step 3 [ファイル] タブをクリックして [閉じる] をクリックし、ファイル「社内セミナー」を閉じます。

💡ヒント クイック印刷

クイックアクセスツールバーに[クイック印刷] ボタンを登録しておくと、クリックしたときに現在設定されている印刷オプションで印刷が実行されます。前回と同じ設定で印刷する場合、すぐに印刷処理を実行することができて便利です。

> ↺ 元に戻す(U) 入力 ∨ ↻ やり直しできません ∨ 🗁 開く 🖶 クイック印刷 A フォントの色 ∨ ⌄

なお、Word 2021ではクイックアクセスツールバーは初期は非表示となっています。リボンの右下角の ∨ （リボンの表示オプションボタン）をクリックし、クイックアクセスツールバーの表示/非表示を簡単に切り替えられます。初期の設定では、表示位置はリボンの下ですが、リボンの上に表示することもできます。

この章の確認

☐ 印刷イメージを確認できますか？

☐ 印刷イメージの拡大や縮小ができますか？

☐ 文書を印刷できますか？

 問題 5-1

文書を印刷プレビューで表示し、オプションを確認して印刷しましょう。

1. [復習問題] フォルダーから、ファイル「復習5-1　社員旅行」を開きましょう。

2. 印刷プレビューを表示しましょう。

3. 印刷プレビューを拡大表示し、元に戻しましょう。

4. 印刷プレビューを終了しましょう。

5. 印刷オプションを確認し、文書を印刷しましょう。

6. ファイル「復習5-1　社員旅行」を閉じましょう。

第**2**部

表計算ソフト
Excel 2021
の利用

第6章

表の作成

表作成の流れ

Excelで表を作成するときは、データを入力してから表の体裁を整えます。表作成の流れを確認しましょう。

Excelで表を作成する一般的な流れは次のとおりです。作成する表や表の目的によっては異なることもあります。

| 新規ブックの作成 | 表を作成するために初めに新規ブックを作成します。 |

↓

| データの入力 | 作成する表のデータを入力します。 |

↓

| 保存 | 作成したデータを保存します。 |

↓

| 数式の作成
（数式を作成する場合） | 合計や、四則演算などの計算式を作成します。 |

| 上書き保存 | 一度保存したデータを更新するために上書き保存します。上書き保存は随時行うようにします。 |

| 表の編集 | 作成した表の体裁を整えます。文字の大きさ、書体、配置、罫線、塗りつぶしの色の設定などを行います。 |

↓

| グラフの作成
（グラフを作成する場合） | 表のデータを基にグラフを作成します。 |

↓

| 印刷 | 表が完成したら、用紙の設定などを行い、印刷を実行します。 |

🛑 重要　作業中の保存操作

Excel 2021 では、何らかのトラブルでExcelが強制終了してしまった場合でも、その内容が失われないように機能が強化されています。しかし、表を作成しているときには、頻繁に上書き保存することをお勧めします。

新しいブックの作成とデータ入力

表を作成するために、まずは新規のブックを作成し、続いてデータを入力します。

効率的に表を作成するためには、ブック作成後にデータを入力する手順や、データの形式を理解しておくことが大切です。

■ データの入力手順

```
1. データを入力するセルをアクティブにする
          ↓
2. データを入力する
（日本語入力モードがオンの場合：変換を確定する）
          ↓
3. データの入力を確定する
```

■ 日本語入力モード

日本語などの文字データを入力するには、日本語入力モードがオンになっている必要があります。Excelの起動時には、日本語入力モードはオフの状態になっています。日本語入力モードのオン/オフの状態はタスクバーで確認できます。

日本語入力-オフ　　　　　　　　日本語入力-オン

文字データを入力する場合は日本語入力モードをオンにし、数値データを入力する場合にはオフにすると、効率良くデータを入力することができます。

日本語入力モードのオン/オフを切り替えるには、**半角/全角**キーを押します。また、タスクバーの入力モードのボタン（Aまたはあ）をクリックしても切り替えられます。

■ データの種類と特徴

Excelのセルに入力できる代表的なデータの種類には、文字、数値、日付の3つがあります。

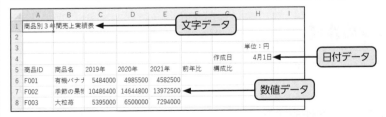

Excelでは、入力したデータを自動的に認識します。データの種類によって以下の特徴があります。

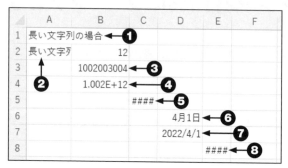

データの種類	特徴、既定の表示形式
文字	・計算対象にならない ・左揃えで表示される ・セル幅を超える場合は右隣のセルにはみ出て表示される（①） ・右隣のセルに値が入力されている場合は途中で切れて表示される（②）
数値	・計算対象になる ・右揃えで表示される ・セル幅より少し長い場合はセルが自動的に広がる（③） ・セル幅よりかなり長い場合は指数表示される（④） ・書式が設定されていて、セル幅に入りきらない場合は####で表示される（⑤）
日付	・計算対象になる ・「4/1」と入力すると日付形式になり、表示は「4月1日」となる（⑥） ・数式バーにはシステム日付から西暦年を付加して表示される ・日付の値はシリアル値で保持されている ・セル幅より少し長い場合はセルが自動的に広がる（⑦） ・セル幅に入りきらない場合は####で表示される（⑧）

用語　シリアル値

Excelでは、日付に「シリアル値」という連番を振って管理しています。シリアル値は、1900年1月1日を「1」として、1日で「1」ずつ増加する値です。時刻は日付の一部として、小数値で管理しています。たとえば、2022年4月1日の13時は、「44562.54166…」という値になります。

新規ブックの作成

表を作成するために、新規に空白のブックを作成しましょう。

操作　空白のブックを作成する

Step 1 Excelを起動して、空白のブックを作成します。

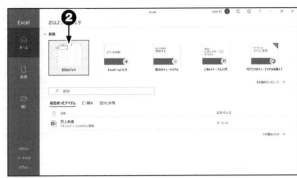

❶Excelを起動します。

❷[空白のブック] をクリックします。

💡 **ヒント**

Excelが起動した状態での空白ブックの作成

すでにExcelが起動した状態で新規に空白のブックを作成するには、[ファイル] タブをクリックし、[新規] をクリックして [空白のブック] をクリックします。

Step 2 空白のブックが作成されます。

❶タイトルバーに「Book1」と表示されていることを確認します。

💡 **ヒント**

ブックの名前

利用環境によっては、ブックの名前が「Book1」にならない場合があります。

データの入力

作成する表のデータを入力しましょう。

操作☞ 文字を入力する

日本語入力モードをオンにして、表のタイトル、項目名、商品名などの日本語の項目を入力しましょう。また、商品IDのような英数字の項目は、日本語入力モードをオフにしてから入力しましょう。

Step 1 日本語入力モードをオンにします。

Step 2 表のタイトルの文字をセルA1に入力します。

❶セルA1をクリックします。

❷「しょうひんべつ」と入力します。

❸波線と予測候補が表示されます。

❹数式バーに「しょうひんべつ」と表示されます。

🔖 **用語**

カーソル
セル内の点滅する縦棒を「カーソル」といいます。キーを押すと、カーソルの位置に文字が入力されます。

- - - - - - - - - - - - - - - - -

Step 3 文字を漢字に変換します。

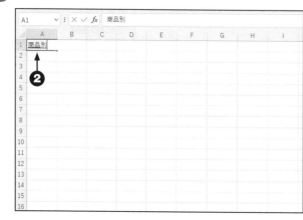

❶文字を変換します。

❷ひらがなが漢字に変換され、文字の下に下線が表示されます（商品と変換されなかったときは、さらに変換します）。

💡 **ヒント**

変換に使用するキー
文字を変換するには、スペースキーか**変換**キーを押します。

- - - - - - - - - - - - - - - - -

💡 **ヒント**

予測候補
表示された入力候補の一覧から、目的の文字列をクリックして入力することもできます。

- - - - - - - - - - - - - - - - -

Step 4 文字を確定します。

❶Enterキーを押します。

❷文字の下の下線が消えます。

Step 5 表のタイトルの文字を続けて入力して変換します。

❶「3ねんかんうりあげじっせきひょう」と入力し、変換します（画面と同じになるように変換します）。

❷文字の下に下線が表示されます。

Step 6 表のタイトルを確定します。

❶ Enterキーを押します。

❷文字の下の下線が消えます。

Step 7 データを確定します。

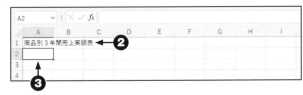

❶もう一度Enterキーを押します。

❷「商品別3年間売上実績表」が左揃えで表示されます。

❸アクティブセルが1つ下のセルA2に移動します。

Step 8 図を参考に、項目名、商品名などを入力します。

	A	B	C	D	E	F	G	H	I
1	商品別3年間売上実績表								
2									
3							単位：円		
4							作成日		
5	商品ID	商品名	2019年			前年比	構成比		
6		有機バナナ							
7		季節の果物詰め合わせ							
8		大粒苺							
9		完熟マンゴー							
10		桐箱入りメロン							
11		完熟有機みかん							
12		合計							
13		平均							

📖 **用語**

オートコンプリート
入力中に、数文字を入力すると、同一列内で既に入力した文字列が入力候補として表示されることがあります。これを「オートコンプリート」といいます。同じデータを入力したい場合は、Enterキーを押してデータを確定します。別のデータを入力したい場合は、入力し続けます。

■ここでの入力のポイント
・英数字は半角で入力します。
・「季節の果物詰め合わせ」を入力後、「桐箱入りメロン」を入力するために「き」と入力すると、自動的に「季節の果物詰め合わせ」が表示されます（オートコンプリート）が、続けて「きり」と入力すると、別のデータを入力できます。
・「完熟マンゴー」を入力後、「完熟有機みかん」を入力するために「か」と入力すると、自動的に「完熟マンゴー」が表示されますが、続けて「かんじゅくゆ」と入力すると、別のデータを入力できます。

Step 9 日本語入力モードをオフにします。

Step 10 商品IDを入力します。

❶セルA6をクリックします。

❷「F001」と入力します。

❸数式バーに「F001」と表示されます。

Step 11 データを確定します。

❶Enterキーを押します。

❷「F001」が左揃えでセル内に表示されます。

❸アクティブセルが1つ下のセルA7に移動します。

💡 ヒント **入力中のデータを確定またはキャンセルするには**

データを入力中は、カーソルが入力位置に表示されます。この状態では、まだデータは確定していません。入力中のデータを確定またはキャンセルにするには、次の操作を行います。

目的	操作
入力中のデータの確定	・**Enter**キーを押す ・数式バーの ☑ [入力] ボタンをクリックする
入力中のデータのキャンセル	・**Esc**キーを押す ・数式バーの ☒ [キャンセル] ボタンをクリックする

操作👉 数値を入力する

日本語入力モードをオフにしたまま、数値データを入力しましょう。

Step 1 数値を入力します。

❶セルC6をクリックします。

❷「5484000」と入力します。

Step 2 数値を確定します。

❶Enterキーを押します。

❷「5484000」が右揃えでセル内に表示されます。

❸アクティブセルが1つ下のセルC7に移動します。

Step 3 図を参考に数値を入力します。

	A	B	C	D	E	F	G	H	I
1	商品別3年間売上実績表								
2									
3								単位:円	
4							作成日		
5	商品ID	商品名	2019年			前年比	構成比		
6	F001	有機バナ	5484000	4985500	4582500				
7		季節の果	10486400	14644800	13972500				
8		大粒苺	5395000	6500000	7294000				
9		完熟マン	8461800	12646000	13620600				
10		桐箱入り	13488000	14368000	12829600				
11		完熟有機	6584000	5824000	5676000				
12		合計							
13		平均							
14									

(名前ボックス: E12)

■ここでの入力のポイント

・桁数の多い数値(セルC7など)を入力すると、列幅が自動的に広がることを確認しながら入力しましょう。

💡 **ヒント** **データを効率的に入力するには**

あらかじめデータを入力したいセルを範囲選択してからデータを入力すると、選択した範囲内でアクティブセルを移動することができ、データを効率的に入力することができます。

■キーによるアクティブセルの移動方向

選択した範囲内でアクティブセルが移動する方向は次の表のとおりです。

キー	アクティブセルの移動方向
Enterキー	1つ下のセル(既定)
Shift+**Enter**キー	1つ上のセル
Tabキー	1つ右のセル(既定)
Shift+**Tab**キー	1つ左のセル

セルを範囲選択し、**Enter**キーを押すと、図のような順番でアクティブセルが移動します。

セルを範囲選択し、**Tab**キーを押すと、図のような順番でアクティブセルが移動します。

💡 **ヒント** **数値を文字データとして入力するには**

数値を文字データとして入力するには、数値の前に「'(シングルクォーテーション)」を入力します。「'(シングルクォーテーション)」の後に入力された数値は文字データとして認識され、左揃えで表示されます。また、あらかじめセルの表示形式を[文字列]に設定しておくと、数値を文字データとして入力できます。セルの表示形式は、[セルの書式設定]ダイアログボックスの[表示形式]タブで設定します。

操作 👉 **日付を入力する**

日本語入力モードをオフにしたまま、日付データを入力しましょう。

Step 1 日付を入力します。

❶ セルH4をクリックします。

❷ 「4/1」と入力します。

Step 2 表示を確認します。

❶ Enterキーを押します。

❷ 日付と認識され、「4月1日」と表示されます。

💡 **ヒント**

日付の初期設定

日付は月日のみを入力すると今年の日付として認識されます。今年以外の日付を入力するには、西暦4桁の後に/(スラッシュ)を入力し、月日を入力します。たとえば、2022年4月1日は「2022/4/1」と入力します。

💡 **ヒント** **日付の表示形式**

「4/1」と入力して確定すると、日付の表示は「4月1日」になります。日付を和暦や西暦4桁を付けて表示するには、[セルの書式設定] ダイアログボックスの [表示形式] タブで設定します。

連続データの入力

年など、文字と数字を組み合わせた規則性のある連続データは、「オートフィル」機能を使用して簡単に入力できます。よく使われる月や曜日なども、Excelに連続データとして登録されているので、オートフィル機能で入力できます。

操作 👉 **連続データを入力する**

「2019年」のデータを使って、横方向にドラッグして「2020年」、「2021年」をオートフィル機能で入力しましょう。また、商品ID「F001」を縦にドラッグして、連続した商品IDを入力しましょう。

Step 1 連続データの基となるセルを選択します。

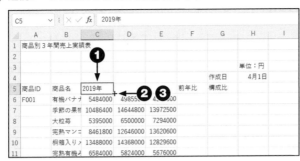

❶セルC5をクリックします。

❷セルの右下隅にあるフィルハンドルをポイントします。

❸マウスポインターの形が **＋** になっていることを確認します。

🔖 用語

フィルハンドル
「フィルハンドル」とは、アクティブセルまたは選択範囲の右下隅に表示される緑色の四角形のことです。

- - - - - - - - - - - - - - - - - -

Step 2 連続データを作成します。

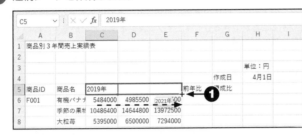

❶セルE5までドラッグします。

Step 3 任意のセルをクリックして範囲選択を解除し、セルD5 〜 E5に年のデータが自動的に入力されたことを確認します。

	A	B	C	D	E	F	G	H	I
A1		fx	商品別3年間売上実績表						
1	商品別3年間売上実績表								
2									
3							単位：円		
4							作成日	4月1日	
5	商品ID	商品名	2019年	2020年	2021年	前年比	構成比		
6	F001	有機バナナ	5484000	4985500	4582500				
7		季節の果物	10486400	14644800	13972500				
8		大粒苺	5395000	6500000	7294000				

Step 4 同様に、セルA6をクリックし、セルA11までフィルハンドルをドラッグして商品IDのデータを入力します。

	A	B	C	D	E	F	G	H	I
A1		fx	商品別3年間売上実績表						
1	商品別3年間売上実績表								
2									
3							単位：円		
4							作成日	4月1日	
5	商品ID	商品名	2019年	2020年	2021年	前年比	構成比		
6	F001	有機バナナ	5484000	4985500	4582500				
7	F002	季節の果物	10486400	14644800	13972500				
8	F003	大粒苺	5395000	6500000	7294000				
9	F004	完熟マンゴ	8461800	12646000	13620600				
10	F005	桐箱入りメ	13488000	14368000	12829600				
11	F006	完熟有機メ	6584000	5824000	5676000				
12		合計							
13		平均							

ヒント ___

[オートフィルオプション] ボタン

[オートフィルオプション] ボタンは、オートフィル機能を使用したときに表示されます。

[オートフィルオプション] ボタンをクリックすると、データをコピーするのか、連続データにするのかなどを選択することができます。

[連続データ] を選択

用語 ___

オプションボタン

[オートフィルオプション] ボタンのように、操作の直後に表示され、その場で必要な設定をしたり、気付きにくい操作オプションを利用したりすることができるしくみをオプションボタンといいます。操作や情報に応じてボタンが表示されるので、必要最小限の選択肢からすばやく処理を選択できます。
オプションボタンには [オートフィルオプション] ボタンのほかに、[貼り付けのオプション] ボタン、[挿入オプション] ボタンなどがあります。

ヒント ___

オートフィル機能で入力できるデータの種類

オートフィル機能では、日付、時刻、日、週、月などの規則性のあるデータや、基になるデータが文字列と数値の組み合わせの場合に、連続データを入力できます。
オートフィル機能を使うと、次のような連続データを自動的に入力することができます。

最初のセルの値	連続データ
月	火、水、木、金、土、日、月…
月曜日	火曜日、水曜日、木曜日、金曜日、土曜日、日曜日、月曜日…
1月	2月、3月、4月、5月、6月…12月、1月、2月…
1月1日	1月2日、1月3日、1月4日…1月31日、2月1日…
9:00	10:00、11:00、12:00…23:00、0:00、1:00…
第1	第2、第3、第4、第5…

あらかじめ連続データを作成したい数値を2つ入力し、数値の範囲を選択してからオートフィル機能を利用すると、「1、2…」、「5、10…」、「100、99…」などの規則性のある数値の連続データを入力できます。

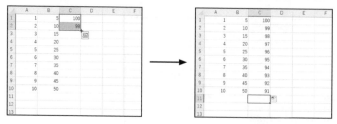

また、ユーザー独自の連続データを作成することもできます。
操作手順は次のとおりです。

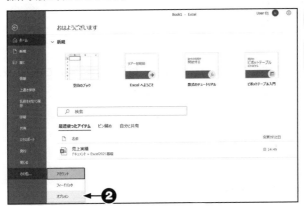

❶［ファイル］タブをクリックします。

❷その他をクリックし［オプション］
をクリックします。

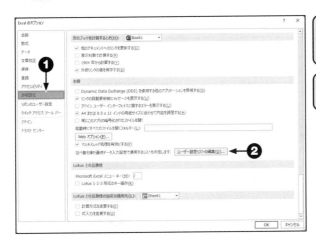

❶［Excelのオプション］ダイアログ
ボックスの［詳細設定］をクリック
します。

❷［全般］の［ユーザー設定リストの
編集］をクリックします。

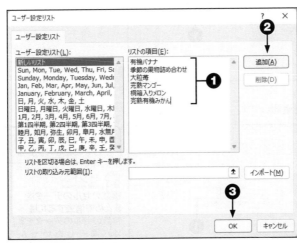

❶［ユーザー設定リスト］ダイアログ
ボックスの［リストの項目］ボック
スに、連続データを**Enter**キーで改
行しながら、1項目ずつ入力します。

❷［追加］をクリックします。

❸［OK］をクリックします。

［OK］をクリックして［Excelのオプション］ダイアログボックスを閉じます。

データの修正

入力したデータは、後から修正することができます。また、修正の内容に応じて適切な操作方法があります。

データの修正には、以下の操作方法があります。

修正内容	操作
データの消去	セルを選択して**Delete**キーを押します。
データの上書き	データが入力されているセルに、書き換えたいデータを直接入力します。
データの一部修正	セル上でダブルクリックして該当部分を修正します。

操作 👉 データを消去する

セルG4の「作成日」を消去しましょう。

Step 1 データを消去します。

❶ セルG4をクリックします。

❷ Deleteキーを押します。

Step 2 データが消去されたことを確認します。

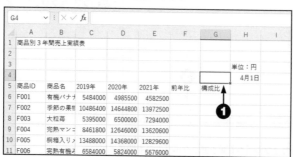

❶ セルG4の「作成日」が消去されていることを確認します。

💡 ヒント

**複数のセルのデータを
まとめて消去するには**

複数のセルのデータをまとめて消去するには、消去したいセルを範囲選択し、**Delete**キーを押します。

操作☞ データを上書きする

セルH4の日付を、「4月11日」に変更しましょう。

Step 1 上書きしたいセルを選択します。

❶セルH4をクリックします。

Step 2 データを上書きします。

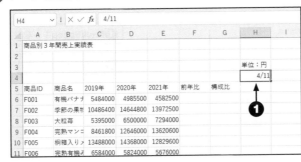

❶「4/11」と入力します。

❷Enterキーを押します。

Step 3 セルH4の値が後から入力したデータに上書きされたことを確認します。

操作☞ データの一部を修正する

セルA1の表のタイトルの「3年間」を「年度別」に変更しましょう。

Step 1 修正したい部分にカーソルを表示します。

❶セルA1をダブルクリックします。

❷セル内にカーソルが表示されます。

❸「間」と「売」の間をクリックします。

💡 **ヒント**

修正部分の指定
セルをダブルクリックしてカーソルを表示した後、←キーまたは→キーを押すと、カーソルを左右に移動できます。

Step 2 修正する文字を削除します。

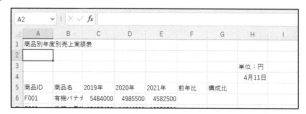

❶BackSpaceキーを3回押します。

❷「3年間」が削除されます。

Step 3 修正する文字を入力します。

A1			:	× ✓ fx	商品別年度別売上実績表				
	A	B	C	D	E	F	G	H	I
1	商品別年度別売上実績表								
2									
3								単位：円	
4		❶						4月11日	
5	商品ID	商品名	2019年	2020年	2021年	前年比	構成比		
6	F001	有機バナナ	5484000	4985500	4582500				

❶「年度別」と入力します。

❷Enterキーを押してデータを確定します。

Step 4 データが修正されたことを確認します。

A2			:	× ✓ fx					
	A	B	C	D	E	F	G	H	I
1	商品別年度別売上実績表								
2									
3								単位：円	
4								4月11日	
5	商品ID	商品名	2019年	2020年	2021年	前年比	構成比		
6	F001	有機バナナ	5484000	4985500	4582500				

💡 ヒント　**データの一部を修正する方法**

データの一部を修正するには、次の2つの方法もあります。

・対象セルをアクティブにし、数式バーをクリックします。

クリックした位置に
カーソルが表示さ
れる

・対象セルをアクティブにし、**F2**キーを押します。

セル内の文字列の
最後にカーソルが
表示される

💡 ヒント　**操作を間違ってしまった場合**

操作を間違ってしまったときのために、Excelには操作を取り消したり、やり直したりするための機能が用意されています。

■ **操作を元に戻すには**

入力、削除、書式設定などの操作を取り消したい場合は、[ホーム] タブの ⤺▾ [元に戻す ○○] ボタン（○○は直前に行った操作によって変わります）をクリックします。クリックするたびに、直前に行った操作を1操作ずつ元に戻すことができます。また、複数の操作を一度に取り消したい場合は、[元に戻す ○○] ボタンの▼をクリックし、一覧から取り消したい操作を選択します。ただし、操作の内容によっては、元に戻すことができない場合もあります。

■ **元に戻した操作をやり直すには**

[元に戻す] ボタンで取り消した操作をやり直すには、[ホーム] タブの ⤼▾ [やり直し ○○] ボタンをクリックします。[元に戻す ○○] ボタンと同様に、[やり直し ○○] ボタンの▼をクリックすると、複数の操作を一度にやり直すことができます。

移動とコピー

セルやセル範囲のデータを移動するには「切り取り」と「貼り付け」を行います。データをコピーするには「コピー」と「貼り付け」を行います。

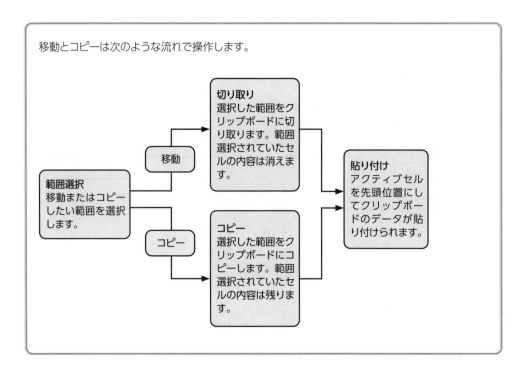

移動とコピーは次のような流れで操作します。

範囲選択
移動またはコピーしたい範囲を選択します。

移動

コピー

切り取り
選択した範囲をクリップボードに切り取ります。範囲選択されていたセルの内容は消えます。

コピー
選択した範囲をクリップボードにコピーします。範囲選択されていたセルの内容は残ります。

貼り付け
アクティブセルを先頭位置にしてクリップボードのデータが貼り付けられます。

🔖 用語　クリップボード

クリップボードは、切り取ったまたはコピーしたデータを一時的に保存する領域です。Officeをはじめとするウインドウ上のさまざまなアプリケーションで利用できるので、アプリケーション間のデータ受け渡しにも使えます。Windowsのクリップボードは、一度に保存できる情報が最新の1つだけです。クリップボードに新しい内容が切り取りまたはコピーされると、前の内容は置き換えられます。
Officeは最大24個まで情報を保存できる独自のクリップボード機能を備えています。[ホーム] タブの [クリップボード] グループの [クリップボード] ボタンをクリックすると、保存されたデータが一覧できる [クリップボード] 作業ウィンドウが開きます。

操作☞ データを移動する

セルH3の「単位：円」とセルH4の日付を、セルG3 ～ G4に移動しましょう。また、セルB12の「合計」とセルB13の「平均」を、セルA12 ～ A13に移動しましょう。

Step 1 移動するセル範囲を切り取ります。

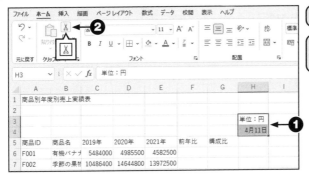

❶セルH3～H4を範囲選択します。

❷[ホーム] タブの [切り取り] ボタンをクリックします。

Step 2 選択したセルが点滅する破線で囲まれます。

❶セルH3～H4が点滅する破線で囲まれていることを確認します。

Step 3 切り取ったセル範囲を貼り付けます。

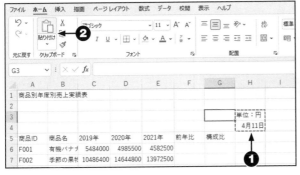

❶セルG3をクリックします。

❷[貼り付け] ボタンをクリックします。

💡 ヒント

切り取りと貼り付け

切り取ったセルは、切り取ったセル範囲を囲む破線が点滅している間に、一度だけ貼り付けることができます。

Step 4 セルG3を基点にデータが移動したことを確認します。

	A	B	C	D	E	F	G	H	I
1	商品別年度別売上実績表								
2									
3							単位：円		
4							4月11日		
5	商品ID	商品名	2019年	2020年	2021年	前年比	構成比		
6	F001	有機バナナ	5484000	4985500	4582500				
7	F002	季節の果物	10486400	14644800	13972500				
8	F003	大粒苺	5395000	6500000	7294000				
9	F004	完熟マンゴ	8461800	12646000	13620600				
10	F005	桐箱入りメ	13488000	14368000	12829600				
11	F006	完熟有機メ	6584000	5824000	5676000				

Step 5 同様に、セルB12 ～ B13をセルA12 ～ A13に移動します。

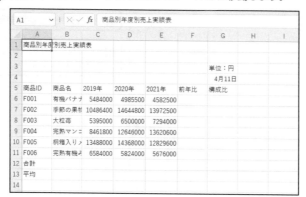

操作 👉 データをコピーして貼り付ける

表全体を右側にコピーしましょう。

Step 1 セル範囲をコピーします。

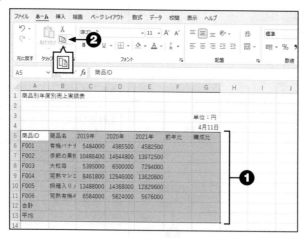

❶セルA5～G13を範囲選択します。

❷[コピー] ボタンをクリックします。

Step 2 選択したセル範囲が、点滅する破線で囲まれます。

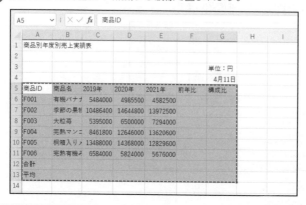

Step 3 コピーしたセル範囲を貼り付けます。

❶セルI5をクリックします。

❷[貼り付け] ボタンをクリックします。

Step 4 範囲選択を解除して、セルI5を基点として表がコピーされたことを確認します。

💡 **ヒント**

点滅する破線を解除するには
コピーまたは切り取りで選択したセル範囲
は、点滅する破線で囲まれます。それを
解除するには、**Esc**キーを押します。

Step 5 セルI5 ～ O13を範囲選択し、**Delete**キーを押してコピーした表を消去します。

💡 **ヒント** **貼り付けのオプション**

[貼り付けのオプション] ボタンは、データを貼り付けたときに表示されます。
[貼り付けのオプション] ボタンをクリックすると、貼り付けオプションのギャラリーが表示さ
れ、書式だけを貼り付けたり、貼り付け元とのリンクを設定したりすることができます (「書式」
とは、文字の表示形式や配置、フォントサイズ、罫線などを指します)。貼り付けオプションの
ギャラリーは、右クリックしたときや [ホーム] タブの [貼り付け] ボタンの▼をクリックしたと
きにも表示されます。
ボタンにマウスをポイントすると、データを貼り付けた後の状態を事前に確認することができ
ます。各ボタンの機能は次のとおりです。

分類	ボタン		分類	ボタン	
貼り付け		貼り付け	値の貼り付け		値
		数式			値と数値の書式
		数式と数値の書式			値と元の書式
		元の書式を保持			書式設定
		罫線なし	その他の貼り付けオプション		リンク貼り付け
		元の列幅を保持			図
		行/列の入れ替え			リンクされた図

ブックの保存

作成したブックを残し、後から使用できるようにしておくために、ファイルとして保存します。

■ **ブックの保存**

ブックをファイルとして保存する場合、次の2つの保存方法を使います。

保存方法	内容
上書き保存	既存のブックへの変更を保存して最新の状態に更新します。新しく作成したブックでこのコマンドを選択すると、[名前を付けて保存] ダイアログボックスが表示されます。
名前を付けて保存	新しく作成したブックに名前を付けて保存します。既存のブックに別の名前を付けて、新しいブックとして保存します。

■ **ファイル名の付け方**

ファイル名には、ファイルの内容を示すような、わかりやすい名前を付けましょう。なお、ファイル名には、次の半角記号は使用できません。

/	スラッシュ	*	アスタリスク	|	縦棒
¥	円記号	?	疑問符	:	コロン
<>	不等号	"	ダブルクォーテーション		

💡 **ヒント**　**拡張子について**

ファイルには、ファイル名の後に拡張子が付きます。拡張子はファイルの種類を識別するためのもので、Excelブックの拡張子は、「.xlsx」です。拡張子は保存時に自動的に付きますが、Windowsの初期設定では表示されないようになっています。

操作☞ 名前を付けて保存する

作成したブックに「売上実績」という名前を付けて保存しましょう。

Step 1 [名前を付けて保存] ダイアログボックスを開きます。

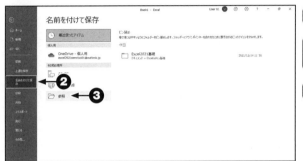

❶[ファイル] タブをクリックします。

❷[名前を付けて保存] をクリックします。

❸[参照] をクリックします。

Step 2 [Office2021テキスト] フォルダーを開きます。

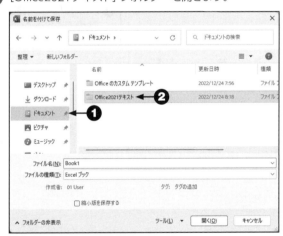

❶[PC] の [ドキュメント] をクリックします。

❷[Office2021テキスト] フォルダーをダブルクリックします。

Step 3 [保存用] フォルダーを開きます。

❶[保存用] フォルダーをダブルクリックします。

Step 4 ファイル名を指定します。

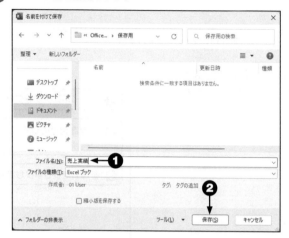

①[ファイル名] ボックスに「売上実績」と入力します。

②[保存] をクリックします。

Step 5 ファイルが保存されたことを確認します。

①タイトルバーに「売上実績 - 保存しました」と表示されていることを確認します。

Step 6 ブック「売上実績」を閉じます。

💡 ヒント　**OneDriveへの保存**

「保存しました」の右の▼をクリックすると、ブックをOneDriveにも保存することができます。OneDriveに保存するには、保存先やファイル名を確認して [アップロード] ボタンをクリックします。OneDriveに保存したファイルは、名前の変更、移動、バージョン履歴へのアクセスができます。

この章の確認

- ☐ 表作成の流れを理解できましたか？
- ☐ データの入力手順を理解できましたか？
- ☐ データの種類とその特徴を理解できましたか？
- ☐ 新規ブックを作成できますか？
- ☐ 文字データを入力することができますか？
- ☐ 数値データを入力することができますか？
- ☐ 日付データを入力することができますか？
- ☐ 連続データを入力することができますか？
- ☐ データを消去することができますか？
- ☐ データを上書き修正することができますか？
- ☐ データの一部を修正することができますか？
- ☐ データを移動することができますか？
- ☐ データをコピーして貼り付けることができますか？
- ☐ ブックを保存することができますか？

復習問題

問題 6-1

新規ブックを作成し、文字データを入力しましょう。

1. 新規ブックを作成しましょう。

2. 図を参考に文字データを入力しましょう。

	A	B	C	D	E	F	G	H	I
1	商品別月別売上集計表								
2									
3									単位：円
4								日付	
5	商品CD	商品名	7月			合計	前月比	構成比	
6	C001	ブレンドコーヒー							
7		炭焼コーヒー							
8		カフェオレ							
9		炭焼アイスコーヒー							
10		アイスカフェオレ							
11	合計								
12	平均								
13									

数値データと日付データを入力しましょう。続いて連続データを作成しましょう。

1. 図を参考に数値データを入力しましょう。

2. 図を参考に日付データを入力しましょう。

3. 商品CDを連続データで作成しましょう。

4. 月を連続データで作成しましょう。

	A	B	C	D	E	F	G	H	I
1	商品別月別売上集計表								
2									
3								単位：円	
4								日付	9月30日
5	商品CD	商品名	7月	8月	9月	合計	前月比	構成比	
6	C001	ブレンドニ	846000	725200	812000				
7	C002	炭焼コーヒ	175600	178800	184000				
8	C003	カフェオレ	131040	153600	181920				
9	C004	炭焼アイス	352800	343800	341550				
10	C005	アイスカフ	327120	433260	370620				
11	合計								
12	平均								
13									

データの消去と修正を行いましょう。

1. セルH4の「日付」を消去しましょう。

2. セルI4の日付を「10月15日」に変更しましょう。

3. セルA1のタイトルを「商品別第2四半期売上集計表」に修正しましょう。

データの移動を行い、ブックに名前を付けて保存しましょう。

1. セルI3〜I4のデータを、セルH3〜H4に移動しましょう。

	A	B	C	D	E	F	G	H	I
1	商品別第2四半期売上集計表								
2									
3								単位：円	
4								10月15日	
5	商品CD	商品名	7月	8月	9月	合計	前月比	構成比	
6	C001	ブレンドニ	846000	725200	812000				
7	C002	炭焼コーヒ	175600	178800	184000				
8	C003	カフェオレ	131040	153600	181920				
9	C004	炭焼アイス	352800	343800	341550				
10	C005	アイスカフ	327120	433260	370620				
11	合計								
12	平均								
13									

2. 作成したブックに、「第2四半期売上実績」という名前を付けて［保存用］フォルダーに保存し、ブックを閉じましょう。

第7章

四則演算と関数

四則演算と関数について

Excelで計算を行うには、セルに数式を入力します。数式は、等号（=、イコール）で始まります。ほかのセルを参照して、四則演算（足し算、引き算、掛け算、割り算）の計算を行ったり、関数を使用して計算を行ったりすることができます。関数とは、Excelであらかじめ定義されている計算式です。

数式を作成するときは、どのような計算を行うことが必要なのかを考えながら作業することが大切です。
四則演算と関数を使い分けて効率よく数式を作成します。

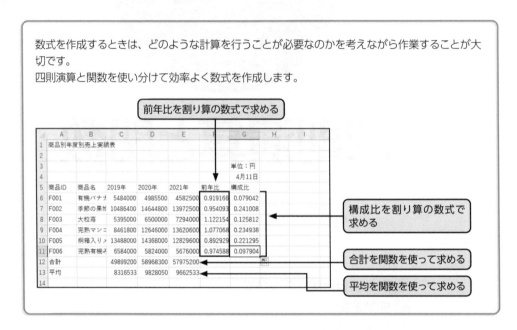

四則演算

Excelで四則演算 (足し算、引き算、掛け算、割り算) の計算をするには、先頭に等号 (=) を入力し、続いて計算対象となる値やセル参照と四則演算子などを使って数式を入力します。

■ 数式とは

数式とは等号 (=) で始まる計算式のことです。数値を使ったりほかのセルを参照したりして、四則演算(足し算、引き算、掛け算、割り算)などの計算を行うことができます。

足し算の例：=100 + 200　→　計算結果：300

セルには、数式の計算結果が表示されます。数式を入力したセルをアクティブにすると、数式バーにセルの数式が表示されます。また、数式バーで数式の修正を行うこともできます。

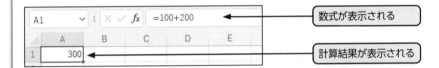

数式が表示される

計算結果が表示される

■ 四則演算子を使った数式

四則演算の計算に使う記号を、「四則演算子」といいます。

演算子	数学の場合	意味
+	+	足し算
−	−	引き算 (数値の前に付けると「マイナス」として認識されます)
*	×	掛け算
/	÷	割り算
^	2^3	べき乗 (使用例：2^3→2^3)

■ セル参照

他のセルに入力された値を、セル番地で指定して数式に使用することを「セル参照」といいます。セル番地とは、列番号と行番号でセルの位置を表したものです。たとえば、「A列1行目」のセルは「A1」、「A列の1行目からC列の3行目まで」のようなセルの範囲は、「A1:C3」と表します。

セル参照を使った足し算の例：=A1 + A2　→　セルA1の値とセルA2の値を足す

セル番地はキーボードから直接入力することもできますが、数式の入力中にセルをマウスでクリックすると、そのセル番地が数式中に入力されます。

■ 数式コピー時のセル参照
数式をコピーすると、コピー先に応じてセルの参照先が変わります。

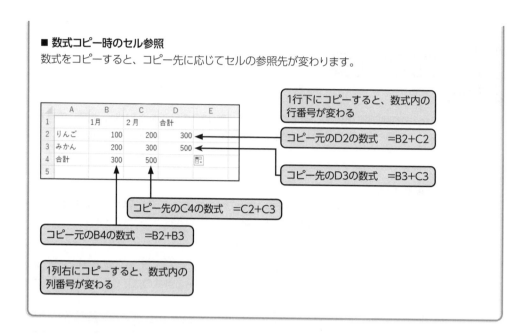

1行下にコピーすると、数式内の行番号が変わる

コピー元のD2の数式　=B2+C2

コピー先のD3の数式　=B3+C3

コピー先のC4の数式　=C2+C3

コピー元のB4の数式　=B2+B3

1列右にコピーすると、数式内の列番号が変わる

四則演算子を使った数式

足し算や引き算などの四則演算をするには、等号 (=) で始まり、四則演算子などを使った数式を入力します。数式を入力するときは、「=」や四則演算子はキーボードから入力しますが、セル参照は、セルをマウスでクリックすることで入力できます。最後に、Enterキーを押して数式を確定します。

操作 数式を入力する

2021年の売上が2020年の売上よりどのくらい伸びているかを表すために、前年比を割り算で求めましょう。

Step 1 [保存用] フォルダーにあるブック「売上実績」を開きます。本章から学習を開始する場合は、[Office 2021テキスト] フォルダーにある「7章　売上実績」を開きます。

Step 2 計算結果を表示させたいセルを選択します。

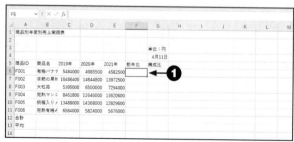

❶セルF6をクリックします。

Step 3 等号を入力します。

❶ キーボードから「=」と入力します。

❷ 数式バーとセルF6に「=」と表示されていることを確認します。

Step 4 計算の対象となるセルを選択します。

❶ セルE6をクリックします。

❷ セルE6が点滅する破線で囲まれます。

💡 ヒント

セルの選択を間違えた場合

計算の対象となるセルの選択を間違えた場合は、正しいセルをクリックし直します。

Step 5 演算子を入力します。

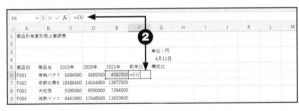

❶「/」を入力します。

❷ 数式バーとセルF6に「=E6/」と表示されていることを確認します。

Step 6 同様に、数式に使う次のセルを選択します。

❶ セルD6をクリックします。

❷ セルD6が点滅する破線で囲まれます。

Step 7 数式を確定します。

❶ Enterキーを押します。

❷ セルF6に計算結果が表示されていることを確認します。

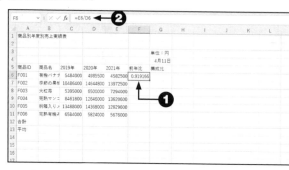

①セルF6をクリックします。

②数式バーに数式が表示されていることを確認します。

💡 **ヒント**

数値と数式の違い

数式を入力すると、セルには計算結果が表示されます。入力されたデータが数値データか数式かは、数式バーで確認することができます。アクティブセルに数式が入力されている場合、数式バーには数式が表示されます。

💡 **ヒント**　**数式の再計算**

セル参照を使って数式を作成している場合、参照先のセルの値を変更すると、計算結果も自動的に修正されます。参照元のセルに新しい数値を入力すると、再計算され、新しい計算結果が表示されます。値を変更するたびに数式を修正する必要はありません。

数式のコピー

セルのコピーと同様に、数式もコピーできます。通常の (相対参照の) 数式をコピーすると、コピー先に応じてセルの参照先が変わります。

💡 **ヒント**　**相対参照**

通常、セル参照で数式を入力すると相対参照となり、数式をコピーするとコピー先に応じてセルの参照先が変わります。詳しくは、本章の「相対参照と絶対参照」を参照してください。

👉 操作 **数式をコピーする**

オートフィル機能を使用して数式をコピーすることができます。セルF6で求めた前年比を、オートフィル機能を使ってセルF11までコピーしましょう。

Step 1 コピーする数式を選択します。

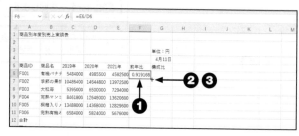

①セルF6が選択されていることを確認します。

②フィルハンドルをポイントします。

③マウスポインターの形が ✚ になっていることを確認します。

Step 2 数式をコピーします。

① セルF11までドラッグします。

Step 3 範囲選択を解除して、セルF7 ～ F11に数式がコピーされていることを確認します。

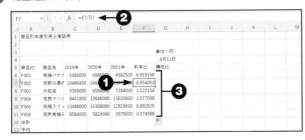

① セルF7をクリックします。

② 数式バーに適切な数式が表示されていることを確認します。

③ セルF7～F11に計算結果が表示されていることを確認します。

💡 **ヒント** **オートフィル以外に数式をコピーする方法**

数式をコピーするには、オートフィルを使うほかに [コピー] ボタンと [貼り付け] ボタンを使う方法もあります。この場合もコピー先に応じてセルの参照先が変わります。

数式をコピーする手順は、次のとおりです。

① 数式を入力したセルを選択し、[コピー] ボタンをクリックします。

② 数式をコピーするセルまたはセル範囲を選択し、[貼り付け] ボタンをクリックします。

③ 数式がコピーされます。

基本的な関数

Excelには、関数という便利な計算式があります。関数を使うと、合計や平均などのよく使う計算から、さまざまな目的に応じた計算まで、長く複雑な数式を短く簡単に作成して計算することができます。

「関数」とは、Excelであらかじめ定義されている計算式です。Excelには、400種類以上の関数が用意されています。多くの関数では、関数のかっこ内に引数 (ひきすう) を入力して、計算の詳細を指定できます。

■ 関数の書式
関数の書式は、等号 (=) の右側に関数名を入力し、引数をかっこ () で囲みます。

=SUM (C6:C11)
　関数名　　引数

※この例にある「SUM関数」の「SUM」とは「合計」という意味の英語です。

■ 引数について
関数では、計算などの処理の対象となる値やセル範囲、文字列などを「引数」として指定します。引数の種類は、使用する関数によって異なります。引数にセル範囲を指定するときは、コロン (:) を使って入力します。範囲をカンマ (,) で区切って入力すると、複数の範囲を指定することができます。マウスを使って引数にセル範囲を指定すると、自動的にコロン (:) やカンマ (,) が入力されます。

■ 四則演算と関数の比較
セル範囲C6 〜 C11の合計を求める場合、四則演算と関数では次のように違いがあります。
四則演算の場合は、足し算のため数式が長くなります。

=C6+C7+C8+C9+C10+C11

SUM関数を使って合計を求める場合は、関数名を指定してかっこ () の中に合計する範囲を指定します。四則演算と比べると、数式を短くすることができます。

=SUM (C6:C11)
　関数名 合計する範囲

■ 合計の計算
合計を求める計算式を、SUM (サム) 関数といいます。SUM関数は、[ホーム] タブの Σ▾ [合計] ボタンを使って、簡単に入力することができます。SUM関数を使うと、合計したい範囲を指定するだけで、簡単に合計を求めることができます。

■ [合計] ボタンから入力できる関数

[合計] ボタンの▼をクリックすると、合計のほかに、平均、数値の個数、最大値、最小値などを求めることもできます。[合計] ボタンは、[ホーム] タブと [数式] タブにあります。[数式] タブでは $\sum$ オート SUM ▾ [オートSUM] ボタンになっています。

合計の計算

表を作成する場合、よく合計を求めることがあります。Excelでは簡単に合計を計算することができます。

....

操作 合計を求める（SUM関数）

....

[合計] ボタンを使って、セルC12に2019年の合計を求めましょう。また、オートフィル機能を使って、2019年の数式をコピーして、2020年、2021年の合計を求めましょう。

Step 1 合計を求めたいセルを選択します。

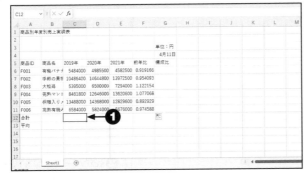

❶セルC12をクリックします。

Step 2 SUM関数の数式を入力します。

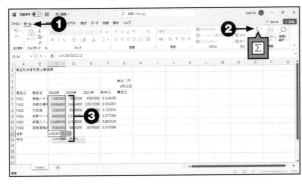

❶[ホーム] タブが表示されていることを確認します。

❷[合計] ボタンをクリックします。

❸セルC6〜C11が破線で囲まれ、セルC12に「=SUM（C6:C11）」と表示されたことを確認します。

Step 3 合計を求めます。

❶もう一度［合計］ボタンをクリックします。

❷セルC12に合計が表示されます。

Step 4 オートフィル機能を使って数式をコピーします。

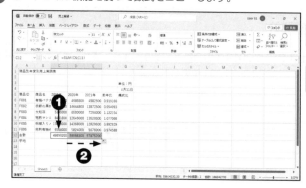

❶セルC12が選択されていることを確認します。

❷フィルハンドルをポイントし、セルE12までドラッグします。

Step 5 範囲選択を解除して、数式がコピーされていることを確認します。

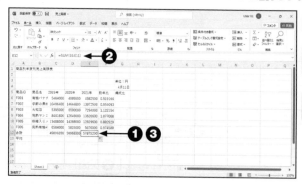

❶セルE12をクリックします。

❷数式バーに適切な数式が表示されていることを確認します。

❸セルE12に計算結果が表示されていることを確認します。

💡 ヒント **［合計］ボタンで自動認識される範囲**

［合計］ボタンは、上か左に隣接し、連続して数値データが入力されているセル範囲を合計の対象として自動認識します。上と左のセルでは、上のセルを優先します。自動認識された範囲を修正したい場合には、合計したいセル範囲をあらためてドラッグします。

一度に合計を求めるには

合計する値と合計を表示したいセルを範囲選択するか、合計を表示したい複数のセル範囲を選択してから、[合計] ボタンをクリックすると、一度の操作ですべての合計を求めることができます。

❶ セルC6〜E11をドラッグします。

❷ [合計] ボタンをクリックします。

❸ セルC12〜E12に計算結果が表示されていることを確認します。

[合計] ボタンのその他の関数

平均、数値の個数、最大値、最小値などのよく使われる関数は、[合計] ボタンを使って簡単に入力できます。

■ **平均　AVERAGE (アベレージ) 関数**

AVERAGE関数は、引数の平均値を計算する関数です。複雑な数式を入力しなくても、引数に数値を指定するだけで平均値を求めることができます。

書式	=AVERAGE(数値1,数値2,...)
引数	数値1,数値2,...には、平均を求める数値またはセルを指定します。引数は1 〜 255個まで指定できます。

操作👉 **平均を求める (AVERAGE関数)**

[合計] ボタンを使って、セルC13に2019年の平均を求めましょう。また、オートフィルの機能を使って、2019年の平均の数式をコピーして、2020年、2021年の平均を求めましょう。

Step 1 平均を求めたいセルを選択します。

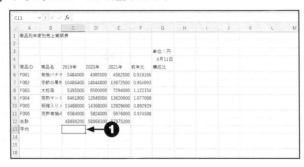

❶セルC13をクリックします。

Step 2 平均を求める関数を選択します。

❶[ホーム] タブが表示されていることを確認します。

❷[合計] ボタンの▼をクリックします。

❸[平均] をクリックします。

Step 3 AVERAGE関数の数式が自動的に入力されます。

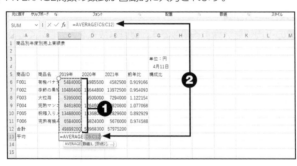

❶セルC6〜C12が破線で囲まれます。

❷セルC13と数式バーに「=AVERAGE (C6:C12)」と表示されます。

Step 4 平均を求める範囲を選択し直します。

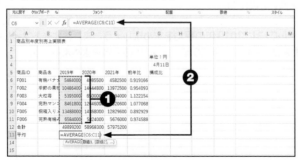

❶セルC6〜C11をドラッグします。

❷セルC13と数式バーに選択した範囲が表示されていることを確認します。

Step 5 Σ[合計]ボタンをクリックし、数式を確定します。

Step 6 セルC13に2019年の平均が求められたことを確認します。

❶数式バーに数式が表示されていることを確認します。

Step 7 オートフィル機能を使って数式をコピーします。

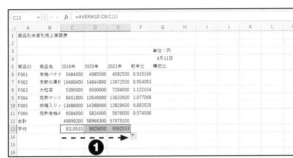

❶オートフィル機能を使ってセルC13の数式をE13までコピーします。

Step 8 範囲選択を解除して、平均が求められたことを確認します。

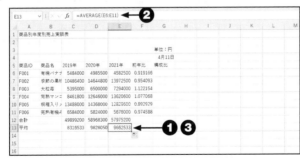

❶セルE13をクリックします。

❷数式バーに適切な数式が表示されていることを確認します。

❸セルE13に計算結果が表示されていることを確認します。

■ 数値の個数　COUNT（カウント）関数

[合計] ボタンの▼をクリックし、[数値の個数] をクリックします。
COUNT関数は、選択範囲の中に数値データがいくつあるか（与えられた引数の中の数値データの個数）を返します。文字データなどが入力されたセルは、対象となりません。

書式	=COUNT（値1,値2,...）
引数	値1,値2,...には、数値データの個数を求めるセル範囲を指定します。引数は1～255個まで指定できます。

■ 最大値　MAX（マックス）関数

[合計] ボタンの▼をクリックし、[最大値] をクリックします。MAX関数は、選択範囲の中の最大値を求める関数です。

書式	=MAX（数値1,数値2,...）
引数	数値1,数値2,...には、最大値を求めるセル範囲を指定します。引数は1～255個まで指定できます。

■ 最小値　MIN（ミニマム）関数

[合計] ボタンの▼をクリックし、[最小値] をクリックします。MIN関数は、選択範囲の中の最小値を求める関数です。

書式	=MIN（数値1,数値2,...）
引数	数値1,数値2,...には、最小値を求めるセル範囲を指定します。引数は1～255個まで指定できます。

■ その他の関数

上記のほかにもさまざまな関数があり、数式バーの [関数の挿入] ボタンや、[数式] タブから挿入できます。[関数の挿入] ボタンをクリックすると [関数の挿入] ダイアログボックスが表示され、関数を探すことができます。

[関数の挿入] ダイアログボックスで関数を選択するか、[数式] タブの [関数ライブラリ] グループにある各関数の分類ボタンから関数を選択すると、[関数の引数] ダイアログボックスが表示され、関数を入力できます。

相対参照と絶対参照

セルを参照した数式をコピーするときに、コピー先に応じてセル番地を変えるか、または変えない
かを指定して数式を作成することができます。

セルを参照する方法には、「相対参照」と「絶対参照」があります。相対参照と絶対参照を組み合
わせて「複合参照」で指定することもできます。

セルを参照した数式をコピーするときに、コピー先に応じてセルの参照先が変わるのが相対参照
で、コピーしてもセルの参照先が変わらないのが絶対参照です。Excelの既定のセル参照は相対
参照です。

数式をコピーしてもセルの参照先を変えたくない場合は、あらかじめコピー元の数式を絶対参照
で作成してからコピーする必要があります。

■ 相対参照
相対参照を使った数式をコピーすると、数式内のセル番地はコピー先のセルを基点にして自動的
に書き換えられます。
次の例では、行ごとの合計を計算しています。セルC3に数式 (=A3+B3) を作成し、オートフィ
ルで下のセルにコピーすると、コピー先のセルの数式の中の行番号は、コピー先のセルを基点に
変更されています。

	A	B	C	D
1				
2	A地区	B地区	合計	
3	100	250	350	
4	300	200	500	
5	500	150	650	

C列のセルの数式

=A3+B3
=A4+B4
=A5+B5

また、相対参照を使った数式が入力されているセル範囲に、セル、行、列の挿入や削除を行うと、
数式内のセル番地が自動的に修正されます。
例えば、上の表において4行目 (の上) に1行挿入すると、5行目、6行目のC列の数式ではセル
番地の行番号が1つずつ修正されています。

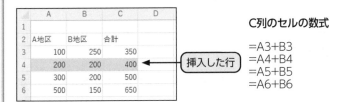

C列のセルの数式

=A3+B3
=A4+B4
=A5+B5
=A6+B6

■ 絶対参照

絶対参照を使った数式では、コピーや移動を行っても、数式の中のセル番地は変更されません。
絶対参照でセル番地を指定するには、セルの列番号と行番号の前に「$」記号を付け、「$A$1」の
ように入力します。

次の例では、合計に対する割合を求めています。このような数式では、割る数は必ずセルB6で
なければなりません。コピーや移動を行ってもセル番地が変更されないように、絶対参照でセル
B6を指定します。

	A	B	C	D
1				
2	品名	個数		
3	A	240	0.333333	
4	B	300	0.416667	
5	C	180	0.25	
6	合計	720		

C列のセルの数式

=B3/$B$6
=B4/$B$6
=B5/$B$6

■ 複合参照

相対参照と絶対参照を組み合わせてセルを参照する方法です。列か行の一方が相対参照で、も
う一方が絶対参照という参照方法で、「$A1」や「A$1」のように入力します。

■ 参照方法の切り替え

セル参照の入力中に**F4**キーを押すと、次の参照方法を繰り返し切り替えることができます。

F4キーを押す回数	表示	参照方法
1回	$A$1	絶対参照
2回	A$1	複合参照　列は相対参照、行は絶対参照
3回	$A1	複合参照　列は絶対参照、行は相対参照
4回	A1	相対参照

相対参照

前年比を求めたのと同様に、既定のセル参照の方法（相対参照）で構成比を求めて相対参照の数式を確認しま
しょう。

操作 ☞ 相対参照で数式を作成する

2021年の有機バナナの構成比を求め、完熟有機みかんまで構成比の数式をコピーすると、正しい計算
結果が得られないことを確認しましょう。

Step 1 数式を作成します。

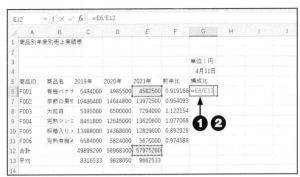

❶ セルG6をクリックします。

❷「=E6/E12」と入力します。

❸ Enterキーを押します。

Step 2 構成比が求められたことを確認します。

❶ セルG6に構成比が表示されていることを確認します。

Step 3 数式をコピーします。

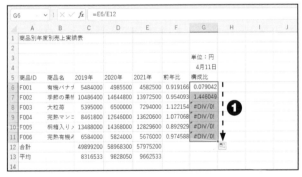

❶ オートフィル機能を使ってセルG6の数式をセルG7〜G11にコピーします。

Step 4 範囲選択を解除して、数式がコピーされたことを確認します。

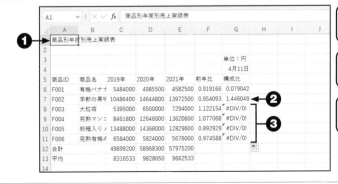

❶ 任意のセルをクリックして選択を解除します。

❷ セルG7に数値が表示されていることを確認します。

❸ セルG8〜G11にエラー値が表示されていることを確認します。

数式をコピーしてもうまく計算できない理由

計算式がエラーになったときは、なぜ正しく計算できないのかを理解することが重要です。

相対参照の数式では、数式をコピーすると、次のように合計金額を表すセルの位置が変わるため、正しく構成比を求めることができません。

セル番地	相対参照の式をコピーした場合の数式
G7	=E7/E13
G8	=E8/E14
G9	=E9/E15
：	：

前年比の計算では、コピー先に応じてセルの参照先が変わったため、正しい計算結果が得られましたが、構成比の場合は、相対参照の数式をコピーすると、セルE12の2021年の合計で割るべき数式が、セルE13（平均）やセルE14（空白）などに修正されているために、正しく計算できなくなっています。

エラー値「#DIV/0!」

Excelは数式中の空白を0とみなすため、0で割った場合には除算が成立しません。そのため「#DIV/0!」というエラー値が表示されます。たとえば、セルG8の数式を例にすると、=7294000/0という数式になり、7294000を0で除算するので、除算が成立せずに「#DIV/0!」というエラー値が表示されます。

▦ [エラーチェックオプション] ボタン

数式にエラーが発生したセルの左上には緑色の三角が表示されます。このセルをクリックすると [エラーチェックオプション] ボタンが表示されます。このボタンをポイントすると表示される▼をクリックすると、使用できるエラーチェックのオプションが表示されます。

絶対参照

絶対参照を使用して構成比を求めましょう。

操作 ☞ 絶対参照で数式を作成する

セルG6 ～ G11に、2021年の合計に対する構成比を絶対参照で求めましょう。

Step 1 セルG6 ～ G11を範囲選択し、**Delete**キーを押して数式を消去します。

Step 2 数式を作成します。

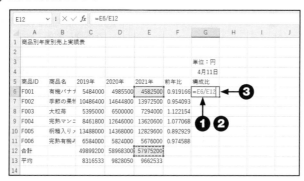

❶ セルG6をクリックします。

❷ 「=E6/E12」と入力します。

❸ 絶対参照にしたいセルE12の後ろに
カーソルが表示されていることを確認します。

Step 3 相対参照を絶対参照に変更します。

❶ F4キーを押します。

❷ 参照方法が絶対参照に変更され
「=E6/ $E$12」と表示されます。

❸ Enterキーを押します。

Step 4 構成比が求められたことを確認します。

❶ セルG6に構成比が表示されている
ことを確認します。

Step 5 数式をコピーします。

❶ オートフィル機能を使ってセルG6
の数式をセルG7〜G11にコピーします。

Step 6 数式がコピーされたことを確認します。

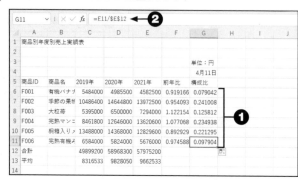

❶ 正しい構成比が表示されていることを確認します。

❷ G7～G11の任意のセルをクリックし、割る数がセルE12で固定されていることを確認します。

Step 7 ブックを [保存用] フォルダーに保存して閉じます。

📶 この章の確認

☐ 四則演算と関数の使い分けを理解できましたか？

☐ 四則演算を使った数式を作成できますか？

☐ 数式をコピーすることができますか？

☐ 合計の関数を使って計算することができますか？

☐ [合計] ボタンを使って平均を求めることができますか？

☐ 相対参照で数式を作成した場合の長所、短所を理解できましたか？

☐ 絶対参照で数式を作成することができますか？

 問題 7-1

9月と8月の売上を比較するために前月比を求め、数式をコピーしましょう。

1. [復習問題] フォルダーに保存されているブック「復習7 商品別第2四半期売上実績」を開きましょう。

2. セルG6に9月と8月を比較する前月比を求めましょう。

3. セルG6の数式をセルG7〜G10にコピーしましょう。

 問題 7-2

合計と平均を求めましょう。

1. セルF6〜F10、セルC11〜F11に合計を求めましょう。

2. セルC12〜F12に平均を求めましょう。

 問題 7-3

合計の構成比を求めましょう。

1. セルH6〜H10に総合計（セルF11）に対する、各商品の構成比を求めましょう。数式を作成し、オートフィルを活用して数式をコピーしましょう。

2. ブックを [保存用] フォルダーに保存して、ブックを閉じましょう。

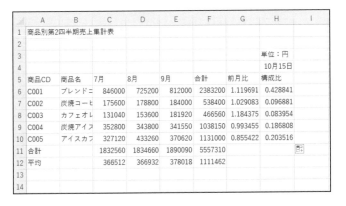

	A	B	C	D	E	F	G	H	I
1	商品別第2四半期売上集計表								
2									
3								単位：円	
4								10月15日	
5	商品CD	商品名	7月	8月	9月	合計	前月比	構成比	
6	C001	ブレンドニ	846000	725200	812000	2383200	1.119691	0.428841	
7	C002	炭焼コーヒ	175600	178800	184000	538400	1.029083	0.096881	
8	C003	カフェオレ	131040	153600	181920	466560	1.184375	0.083954	
9	C004	炭焼アイス	352800	343800	341550	1038150	0.993455	0.186808	
10	C005	アイスカフ	327120	433260	370620	1131000	0.855422	0.203516	
11	合計		1832560	1834660	1890090	5557310			
12	平均		366512	366932	378018	1111462			
13									
14									

第8章

表の編集

表の編集について

データを入力しただけでは、データが途中で切れて表示されてしまったり、適切な書式が設定されていないため見づらかったりします。データの内容を正確に伝えることができる、見栄えの良い表にするためには、表の編集が必要です。

入力したデータを、見やすく整えるにはどうすればよいかを考えながら表の編集を行うことが大切です。

■ 編集前

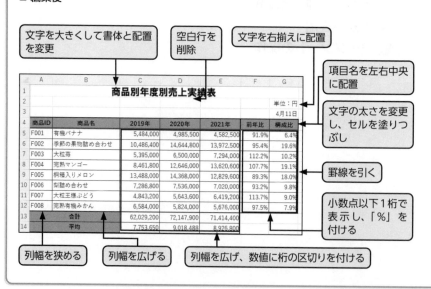

■ 編集後

文字を大きくして書体と配置を変更

空白行を削除

文字を右揃えに配置

項目名を左右中央に配置

文字の太さを変更し、セルを塗りつぶし

罫線を引く

小数点以下1桁で表示し、「%」を付ける

列幅を狭める

列幅を広げる

列幅を広げ、数値に桁の区切りを付ける

列の幅と行の高さの設定

新規のブックでは、列の幅がすべて同じです。セルに長い文字列を入力しても列の幅は変わらないので全部が表示されないことがあります。行の高さはフォントのサイズに合わせて広がりますが、行と行の間が詰まっていて見にくく感じる場合があります。見やすい表にするために、入力されているデータに適した列の幅や行の高さに変更することが必要です。

■ 列幅の調整方法
列幅を調整して、見やすい表にします。

操作	内容
列幅を手動調整	任意の値に列幅を広げたり狭めたりできます。
列幅を自動調整	いちばん長いデータに列幅を揃えます。
複数列の幅を調整	複数列の幅をまとめて同じ幅にできます。

■ 列幅を調整するポイント
列幅をどのように調整したらよいかを考えながら作業することが大切です。

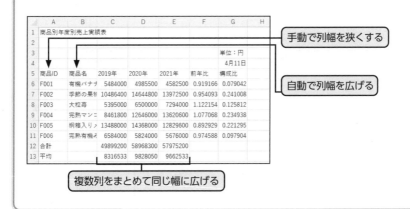

手動で列幅を狭くする

自動で列幅を広げる

複数列をまとめて同じ幅に広げる

🔵 用語　**フォント**
文字の書体のことを「フォント」といいます。

操作☞ 列幅を手動で調整する

商品IDをセル内にバランス良く配置するために、ドラッグ操作で商品IDの列幅を少し狭くしましょう。

Step 1 [保存用] フォルダーにあるブック「売上実績」を開きます。本章から学習を開始する場合は、[Office 2021テキスト] フォルダーにある「8章 売上実績」を開きます。

Step 2 商品IDの列幅を狭くします。

❶ 列番号Aの右側の境界線をポイントします。

❷ マウスポインターの形が ✚ になっていることを確認します。

❸ 幅が「6.50」になるまで左へドラッグします。

💡 **ヒント**

列幅の数値について
列幅の数値は、標準フォントの半角で何字分かを表しています。標準の列幅は8.38字分です。

Step 3 商品IDの列の幅が少し狭くなったことを確認します。

💡 **ヒント**

列幅を数値で指定
目的の列を右クリックし、ショートカットメニューの[列の幅]を選択すると、列の幅を数値で指定できます。

操作 ☞ 列幅を自動で調整する

商品名をすべて表示するために、商品名の列幅を自動調整しましょう。

Step 1 商品名の列幅を自動調整します。

❶列番号Bの右側の境界線をポイント
します。

❷マウスポインターの形が ✛ になっ
ていることを確認します。

❸ダブルクリックします。

Step 2 商品名の列幅が自動調整されて広がったことを確認します。

💡 ヒント 列幅の自動調整について

列幅の自動調整を行うと、列幅は選択した列にある最も長い文字列に合わせて調整されます。表のタイトル部分
など、長い文字列が入力されているセルを含めずに列幅の自動調整を行う場合は、以下の手順で操作します。

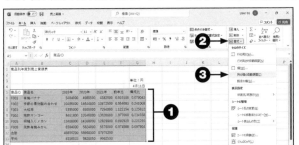

❶タイトルを含めずに表全体を範囲選
択します。

❷[ホーム] タブの [書式] ボタンを
クリックします。

❸一覧から [列の幅の自動調整] をク
リックします。

操作 **複数の列の幅を調整する**

2019年から2021年の列の幅を、桁数に余裕をもたせるために少し広げ同じ幅にしましょう。

Step 1 同じ幅にしたい複数の列を選択します。

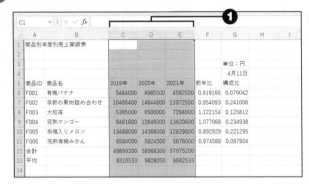

❶列番号C～Eをドラッグします。

Step 2 列幅を調整します。

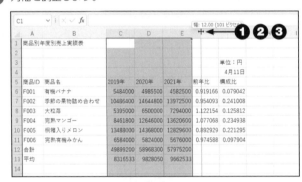

❶選択したいずれかの列番号の右側の境界線をポイントします。

❷マウスポインターの形が ✛ になっていることを確認します。

❸幅が［12.00］になるまで右へドラッグします。

Step 3 範囲選択を解除して、2019年から2021年が同じ列幅で広がったことを確認します。

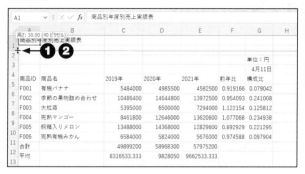

ヒント

行の高さを調整するには

行の高さは、文字（フォントサイズ）を大きくすると自動的に調整されますが、手動で行の高さを調整することもできます。

❶行番号の下側の境界線をポイントします。

❷マウスポインターの形が ✛ の状態でドラッグします。

手動で行の高さを変更した場合、自動調整されなくなります。たとえば、手動で行の高さを調整した後に文字を大きくすると、文字が欠けて表示されることがあります。その場合は、行の高さを自動調整すると文字を表示できます。

❶行番号の下側の境界線上をポイントします。

❷マウスポインターの形が ✛ の状態でダブルクリックします。

ヒント

[書式]ボタンを使って調整するには

列幅と行の高さの調整は、[書式]ボタンでも調整できます。幅や高さを調整したい列または行を選択してから、[ホーム]タブの[書式]ボタンをクリックし、表示された一覧から目的の項目をクリックします。

行や列の挿入と削除

作成した表の途中にデータを追加したり削除したりするためには、行や列を挿入または削除します。

■ 行の挿入と削除の手順

ここでは表の途中にデータを追加し、不要な空白行を削除するため、以下の手順で操作します。

・行を挿入
・データを追加
・行を削除

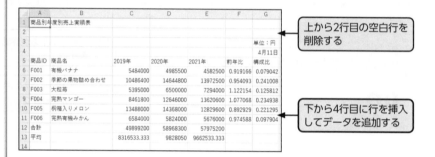

上から2行目の空白行を削除する

下から4行目に行を挿入してデータを追加する

■ 列の挿入と削除

行の挿入や削除と同様の手順で、列の挿入や削除を行うことができます。

操作 ☞ **行を挿入する**

表の下から4行目にデータを追加するために、行を挿入しましょう。

Step 1 11行目に空白行を挿入します。

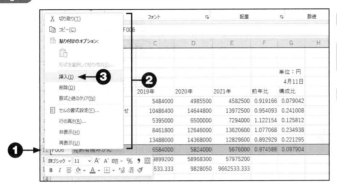

① 行番号11を右クリックします。

② ショートカットメニューが表示されます。

③ [挿入] をクリックします。

Step 2 範囲選択を解除して、行が挿入されたことを確認します。

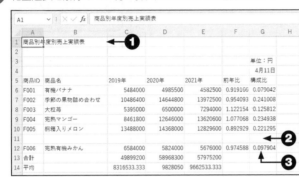

① 任意のセルをクリックして選択を解除します。

② 11行目に新しい行が挿入されていることを確認します。

③ 元の11行目のデータが1行下に移動していることを確認します。

操作 👉 データを追加する

商品ID「F006」の「梨詰め合わせ」のデータが抜けていたため、下から4行目に以下のデータを追加しましょう。また次の行の商品IDを修正しましょう。

商品ID	商品名	2019年	2020年	2021年
F006	梨詰め合わせ	7286800	7536000	7020000

Step 1 商品IDを入力します。

① オートフィル機能を使ってセルA11に「F006」と入力し、セルA12を「F007」に修正します。

Step 2 商品名を入力します。

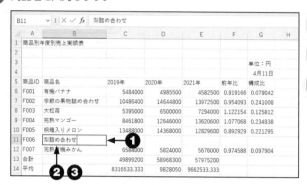

① セルB11をクリックします。

② 「梨詰め合わせ」と入力します。

③ **Tab**キーを押します。

Step 3 2019年の値を入力します。

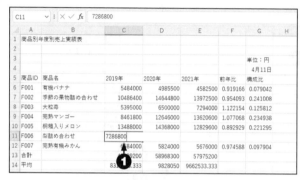

① セルC11に「7286800」と入力します。

② **Tab**キーを押します。

Step 4 2020年の値を入力します。

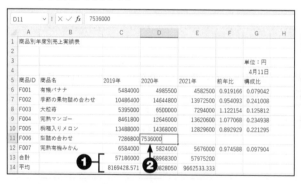

① セルC13の2019年の合計、セルC14の2019年の平均の値が再計算されていることを確認します。

② セルD11に「7536000」と入力します。

③ **Tab**キーを押します。

Step 5 2021年の値を入力します。

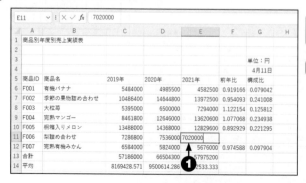

① セルE11に「7020000」と入力します。

② **Enter**キーを押します。

Step 6 前年比と構成比の数式がコピーされます。

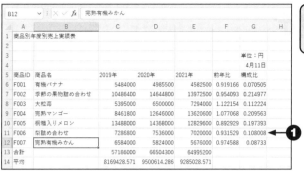

❶セルF11に前年比、セルG11に構成比の数式がコピーされていることを確認します。

操作☞ 行を削除する

上から2行目の空白行を削除しましょう。

Step 1 2行目の空白行を削除します。

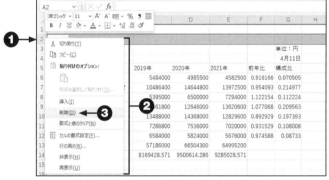

❶行番号2を右クリックします。

❷ショートカットメニューが表示されます。

❸[削除]をクリックします。

Step 2 範囲選択を解除して、空白行が削除されたことを確認します。

❶任意のセルをクリックして選択を解除します。

❷2行目が削除されていることを確認します。

❸元の3行目以降にあったデータと数式が1行上に移動していることを確認します。

書式の設定

わかりやすい表にするために、セルの書式設定を行います。

表を見やすくするために、セルに次の書式を設定できます。
- 罫線
- セル内の文字の配置
- セルの結合
- セルの塗りつぶし
- 文字の書式
- 表示形式

■ セルの書式設定のポイント

データの内容をより正確に伝えられる表を作成するためには、どのような書式を設定すればよいかを意識しながら作業することが大切です。

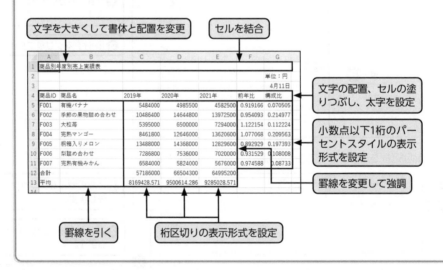

罫線の設定

表に罫線を引くと、表が見やすくなり、項目名とデータを明確に区別することができます。ワークシートの枠線（灰色の線）は通常印刷されませんが、罫線を引くことで、印刷した場合も表が見やすくなります。

罫線を引きたいセル範囲を選択してから、[ホーム] タブの [囲▼] [罫線] ボタンの一覧から罫線の
種類を指定すると、罫線を引くことができます。

■ 罫線の設定のポイント

表全体に罫線を引く場合、後から引いた罫線が優先されるため、表全体に格子線を引いてから、
外枠や二重線などを引くと効率的です。

操作☞ 罫線を引く

表を見やすくするために、表全体に格子の罫線、データのまとまりごとに太い外枠を引き、項目名と
データを区別するために項目名のセルの下に二重罫線を引きましょう。

Step 1 罫線を引く範囲を選択します。

❶ セルA4～G11をドラッグします。

Step 2 表に格子の罫線を引きます。

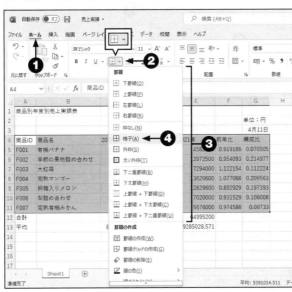

❶ [ホーム] タブが選択されているこ
とを確認します。

❷ [罫線] ボタンの▼をクリックしま
す。

❸ 罫線スタイルの一覧が表示されま
す。

❹ [格子] をクリックします。

Step 3 同様に、セルA12〜E13に格子の罫線を引きます。

Step 4 セルA4〜G11の外枠に太い罫線を引きます。

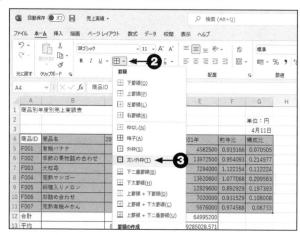

① セルA4〜G11をドラッグします。

② [罫線] ボタンの▼をクリックします。

③ [太い外枠] をクリックします。

💡 ヒント

[罫線]ボタンの表示
[罫線] ボタンには、直前に選択した罫線スタイルが表示されます。[罫線] ボタン（▼ではなく左側）をクリックすると、ボタンに表示されているスタイルの罫線を引くことができます。

Step 5 同様に、セルA4〜E13に外枠の太い罫線を引きます。

Step 6 項目名とデータを区切る二重罫線を引きます。

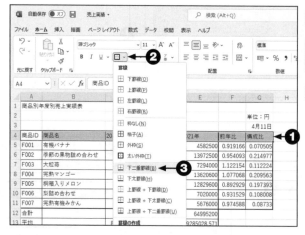

① セルA4〜G4をドラッグします。

② [罫線] ボタンの▼をクリックします。

③ [下二重罫線] をクリックします。

Step 7 範囲選択を解除して、表に罫線が引かれたことを確認します。

💡 ヒント

罫線を削除するには
罫線を削除したい範囲を選択し、[罫線] ボタンの▼をクリックします。罫線スタイルの一覧の [枠なし]をクリックします。

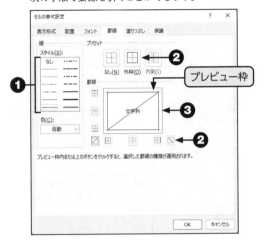

💡 ヒント 　**[セルの書式設定] ダイアログボックスで罫線を引くには**

[セルの書式設定] ダイアログボックスの [罫線] タブを使うと、線の種類や色を変更したり、斜線を引くなどより細かい設定ができます。

[セルの書式設定] ダイアログボックスを開くには、[ホーム] タブの [罫線] ボタンの▼をクリックし、一覧の [その他の罫線] をクリックします。

次の手順で罫線を引くことができます。

❶ [線] の [スタイル] ボックスで罫線の種類を選択します。

❷ [プリセット] または [罫線] でボタンをクリックして、罫線を引く場所を指定します。

❸ プレビュー枠内をクリックして、罫線を引いたり削除したりすることもできます。

セル内の文字の配置

既定では、入力した文字は左揃え、数値と日付は右揃えになります。項目名などはセルの中央にデータを配置すると、見やすくなります。

表を見やすくするために、セル内の文字の配置を変更できます。
・セル内の文字を中央に配置
・セル内の文字を右に揃えて配置

■ セル内の文字の配置のポイント

わかりやすい表を作成するためには、どのような配置にすればよいかを考えながら設定することが大切です。

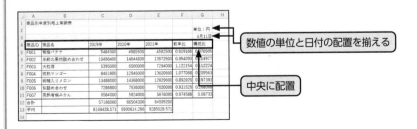

操作 **セル内の文字の配置を変更する**

項目名をデータと対応させて見やすくするために、セルの中央に配置しましょう。また、数値の単位を表す「単位：円」を日付の配置と揃えるために、セルの右端に配置しましょう。

Step 1 項目名の配置を変更します。

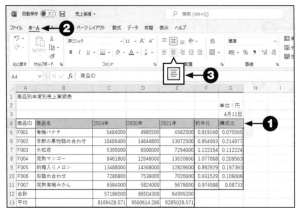

❶ セルA4〜G4をドラッグします。

❷ [ホーム] タブが選択されていることを確認します。

❸ [中央揃え] ボタンをクリックします。

💡 ヒント

[中央揃え] ボタンの色
文字の配置を設定すると、ボタンの色が変わります。

Step 2 数値の単位の配置を変更します。

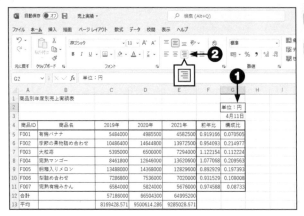

❶ セルG2をクリックします。

❷ [右揃え] ボタンをクリックします。

Step 3 範囲選択を解除して、セル内の文字の配置が変わったことを確認します。

💡 ヒント

セルの配置を解除するには
配置を解除したいセル範囲を選択し、もう一度 ☰ [中央揃え] ボタンまたは ☰ [右揃え] ボタンをクリックします。

セルの結合

上下、左右、上下左右に隣り合う複数のセルを結合して、1つのセルとして扱うことができます。これを「セルの結合」といいます。
[セルを結合して中央揃え] ボタンで結合したセルは、セル内の文字の配置が [中央揃え] になります。[セルを結合して中央揃え] ボタンの▼をクリックし、[セルの結合] をクリックして結合したセルは、標準状態 (文字列は左揃え、日付と数値は右揃え) になります。セルを結合したあとに ☰ [左揃え] ボタンや ☰ [右揃え] ボタンを使えば、セル内の文字の配置を変更できます。

操作👉 セルを結合する

セルを結合して、タイトルや「合計」と「平均」の文字を中央に配置しましょう。

Step 1 タイトルの配置を変更します。

❶ セルA1〜G1をドラッグします。

❷ [セルを結合して中央揃え] ボタンをクリックします。

Step 2 同様に、セルA12 〜 B12 (合計)、セルA13 〜 B13 (平均) を結合します。

Step 3 範囲選択を解除して、結合したセルの中央に文字が表示されたことを確認します。

💡 ヒント

セルの結合を解除するには
結合を解除したいセルを選択し、もう一度 [セルを結合して中央揃え] ボタンをクリックします。

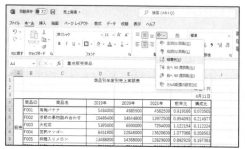 

セルを結合して縦長のセルにした場合などは、それにあわせて文字列を表示したい場合があります。 [方向] ボタンを使うと、セル内の文字を回転したり縦書きにしたりできます。

セルの塗りつぶし

項目名などを別のデータと区別するために、セルに色を付けることができます。

> 塗りつぶしの色には、「テーマの色」と「標準の色」が用意されています。
> テーマとは、色、フォント、線、塗りつぶし効果がまとめて定義されたものです。
> テーマの色を設定した場合、ほかのテーマやテーマの配色に変更すると、自動的に色が変わります。標準の色を設定した場合は、ほかのテーマやテーマの配色を変更しても色は変わりません。
> 塗りつぶしの色を、どのように設定したらよいかを考えながら作業することが大切です。

操作 セルに色を付ける

項目名、「合計」、「平均」をほかのデータと区別しやすくするために、セルの塗りつぶしをテーマの色を使って設定しましょう。

Step 1 塗りつぶしの色を付けたいセルを範囲選択します。

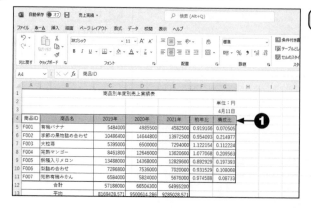

❶セルA4～G4をドラッグします。

Step 2 塗りつぶす色を選択します。

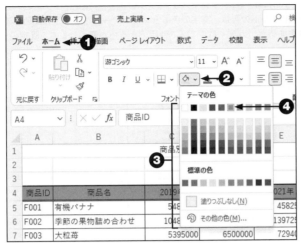

❶ [ホーム] タブが選択されていることを確認します。

❷ [塗りつぶしの色] ボタンの▼をクリックします。

❸ 塗りつぶしの色パレットが表示されます。

❹ [テーマの色] の1行目の右から5番目の [オレンジ、アクセント2] をクリックします。

ヒント
色の名前を確認するには
確認したい色をポイントして、1〜2秒待つとポップヒントが表示され、色の名前を確認できます。

Step 3 同様に、セルA12〜A13に [オレンジ、アクセント2] のテーマの色を設定します。

Step 4 範囲選択を解除して、セルにテーマの色が設定されたことを確認します。

ヒント
セルの塗りつぶしの色を解除するには
[塗りつぶしの色] ボタンの▼をクリックし、一覧の [塗りつぶしなし] をクリックします。

ヒント　**リアルタイムプレビュー**
セルの塗りつぶしの色を設定するときなど、マウスポインターを重ねるだけで瞬時に結果を確認することができます。これを「リアルタイムプレビュー」といいます。リアルタイムプレビューはさまざまな書式設定で利用できます。これにより、実際に設定する前にいろいろな書式を簡単に試すことができます。

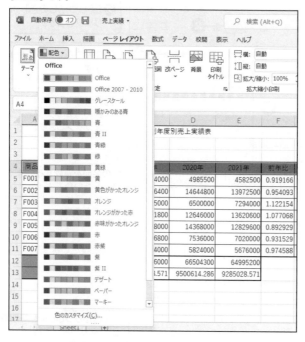

テーマの配色の変更

テーマのうち配色だけを変更するには、[ページレイアウト] タブの [配色] ボタンをクリックして一覧から配色を選択します。カラーパレットの色は、文字の色も含めて、テーマやテーマの配色と連動しています。テーマやテーマの配色を変更すると、カラーパレットで使用できる色が変わります。既定のテーマの配色は [Office] です。

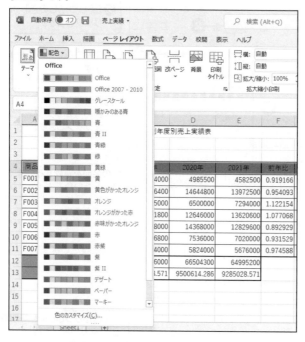

[セルのスタイル] でセルを塗りつぶす

[ホーム] タブの [セルのスタイル] ボタンをクリックし、[テーマのセルスタイル] から選択して、セルの塗りつぶしを設定することもできます。

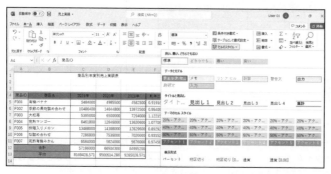

文字の書式設定

文字の書体のことを「フォント」といいます。特定の箇所を目立たせたり、他と区別したりするために、フォントの種類やサイズを変更したり、太字にするなどの書式設定を行います。

フォントの種類やサイズを変更すると、表をより見やすくすることができます。

操作	内容
フォントの種類の変更	フォントを変更すると、文字を強調して目立たせたり、他のデータと区別することができます。
フォントサイズの変更	フォントサイズを大きくして重要な内容を強調したり、フォントサイズを小さくして補足的な説明を表すことができます。
文字を太字に設定	タイトルや項目名などを太字に設定すると、ほかのデータと区別しやすくすることができます。

■ Excel 2021の既定のフォントとフォントサイズ

Excel 2021の既定のフォントとフォントサイズは游ゴシック、11ポイントです。フォントなどを変更した後、元に戻したい場合はこのフォントとフォントサイズを選択します。

操作 **フォントを変更する**

表のタイトルを強調するために、フォントを「HGP創英角ゴシックUB」に変更しましょう。

Step 1 フォントを変更するセルを選択します。

❶セルA1をクリックします。

Step 2 フォントを選択します。

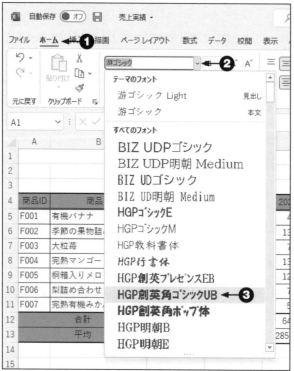

❶ [ホーム] タブが選択されていることを確認します。

❷ [フォント] ボックスの▼をクリックします。

❸ [HGP創英角ゴシックUB] をクリックします。

ヒント

Excelの既定のフォントに戻すには
[フォント] ボックスの▼をクリックし、[游ゴシック] をクリックします。

Step 3 文字がHGP創英角ゴシックUBに変更されます。

❶ [フォント] ボックスに「HGP創英角ゴシックUB」と表示されていることを確認します。

❷ 表のタイトルのフォントが変わっていることを確認します。

ヒント **フォントの種類と名称**

フォントの種類には、日本語フォントと英文フォントがあります。日本語フォントには、ゴシック体や明朝体などがあり、英文フォントには、セリフやサンセリフなどがあります。[フォント] ボックスの一覧には、フォント名が実際のフォントで表示されるので、イメージを確認しながらフォントを設定することができます。

MS Pゴシック

MS P明朝

🔦 ヒント　テーマのフォント

テーマのフォントには、見出し用のフォントと、本文用のフォントの組み合わせが設定されています。タイトルや表の項目などには見出しのフォント、内容やデータには本文のフォントを使うと適切な設定ができます。テーマのフォントを変更するには、[ページレイアウト] タブの [フォント▾] [フォント] ボタンをクリックし、一覧から設定したいテーマのフォントを選択します。既定のテーマのフォントは [Office] です。

操作👉 フォントサイズを変更する

表のタイトルをより見やすくするために、フォントサイズを大きくしましょう。

Step 1 セルA1が選択されていることを確認します。

	A	B	C	D	E	F	G	H
1			商品別年度別売上実績表					
2						単位：円		
3							4月11日	
4	商品ID	商品名	2019年	2020年	2021年	前年比	構成比	
5	F001	有機バナナ	5484000	4985500	4582500	0.919166	0.070505	
6	F002	季節の果物詰め合わせ	10486400	14644800	13972500	0.954093	0.214977	
7	F003	大粒苺	5395000	6500000	7294000	1.122154	0.112224	
8	F004	完熟マンゴー	8461800	12646000	13620600	1.077068	0.209563	
9	F005	桐箱入りメロン	13488000	14368000	12829600	0.892929	0.197393	
10	F006	梨詰め合わせ	7286800	7536000	7020000	0.931529	0.108008	
11	F007	完熟有機みかん	6584000	5824000	5676000	0.974588	0.08733	
12		合計	57186000	66504300	64995200			
13		平均	8169428.571	9500614.286	9285028.571			

Step 2 フォントサイズを変更します。

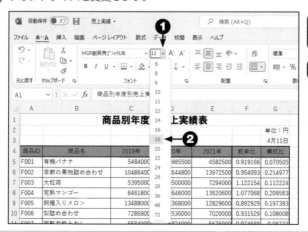

❶[フォントサイズ] ボックスの▼をクリックします。

❷[18] をクリックします。

Step 3 文字のフォントサイズが変更されたことを確認します。

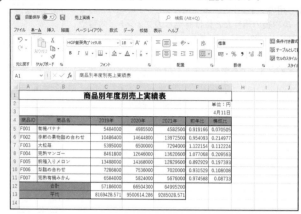

ヒント

Excelの既定のフォントサイズに戻すには
[フォントサイズ] ボックスの▼をクリックし、[11] をクリックします。

ヒント

フォントサイズの数値指定
[フォントサイズ] ボックスに表示されないサイズを設定したい場合は、[フォントサイズ] ボックス内をクリックし、直接数値を入力して**Enter**キーを押します。

ヒント

フォントサイズの拡大と縮小
[ホーム] タブの A [フォントサイズの拡大] ボタンと A [フォントサイズの縮小] ボタンを使うと、クリックするたびにフォントサイズの一覧に表示されるサイズを、1段階ずつ上げたり下げたりできます。

操作 文字列を太字にする

項目名、「合計」、「平均」をより強調するために、太字にしましょう。

Step 1 項目名、「合計」、「平均」を太字にします。

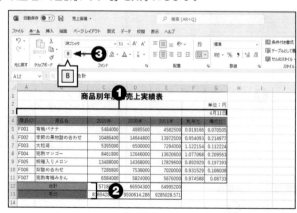

❶ セルA4〜G4をドラッグします。

❷ **Ctrl**キーを押したまま、セルA12〜A13をドラッグします。

❸ [太字] ボタンをクリックします。

Step 2 範囲選択を解除して、項目名、「合計」、「平均」が太字に変更されたことを確認します。

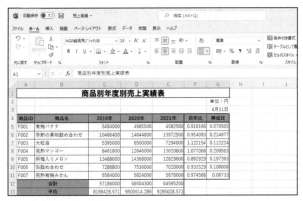

💡 ヒント

太字を解除するには

セルを選択した状態で、もう一度 B [太字] ボタンをクリックします。

💡 ヒント **斜体や下線を設定/解除するには**

文字を斜体（イタリック）にしたり、文字に下線を付けたりすることができます。文字を斜体にするには [ホーム] タブの [フォント] の *I* [斜体] ボタンをクリックします。文字に下線を付けるには U ▾ [下線] ボタンをクリックします。斜体や下線を解除するには、書式を設定したセルを選択し、もう一度 [斜体] ボタンまたは [下線] ボタンをクリックします。

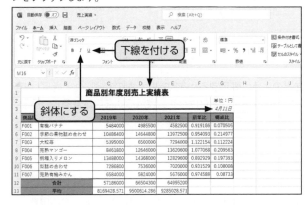

💡 ヒント **[フォント]グループで設定できる書式**

[ホーム] タブの [フォント] グループで設定できる書式には、ここまでで紹介した以外にも次のような書式があります。

A ▾ [フォントの色] ボタンを使うと、文字の色を変更できます。文字を範囲選択し、[フォントの色] ボタンの▼をクリックし、任意の色を設定します。文字の色を元に戻すには、[フォントの色] ボタンの一覧から [自動] をクリックします。

ア [ふりがなの表示/非表示] ボタンを使うと、Excelで入力した文字データにふりがなを表示することができます。ふりがなは、Excelに入力したときの変換前の読み情報が使われます。[ふりがなの表示/非表示] ボタンの▼をクリックすると、ふりがなを編集したり、[ふりがなの設定] ダイアログボックスを開いてふりがなの文字の種類や配置などの詳細を設定できます。

ヒント [書式のコピー /貼り付け] ボタン

設定済みの書式をほかのセルにも適用したい場合は、[ホーム] タブの [書式のコピー /貼り付け] ボタンを使うと、書式だけをコピーして貼り付けることができます。

❶書式が設定されているセルをクリックします。

❷[書式のコピー/貼り付け] ボタンをクリックします。

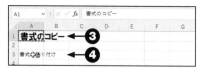

❸選択したセルが破線で囲まれます。

❹マウスポインターの形が ✛ になるので、コピーした書式を貼り付けたいセルをクリックまたはドラッグします。

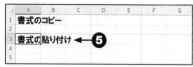

❺書式だけが貼り付けられます。

表示形式の設定

「表示形式」は、数値や日付などをどのように表示するかを設定したものです。たとえば、桁数が大きい整数には、読み取りやすくするためにカンマ (,) 区切りを付けます。表示形式を設定すると、画面上の表示や印刷時に、設定した形式になりますが、データ自体は変更されません。

■ よく使う表示形式

[ホーム] タブの [数値] グループには、特によく使われる表示形式があらかじめ用意されています。

ボタン	機能	セルの値	設定前の画面表示	設定後の画面表示
通貨表示形式	数値が通貨記号とカンマを付けて表示されます。	5484000	5484000	¥5,484,000
% パーセントスタイル	セルの値を100倍した結果がパーセント記号付きで表示されます。	0.25	0.25	25%
, 桁区切りスタイル	数値がカンマを付けて整数で表示されます。	5484000	5484000	5,484,000
小数点以下の表示桁数を増やす	小数点以下の桁数を増やして表示されます。	3.3333333	3.333333	3.3333333
小数点以下の表示桁数を減らす	小数点以下の桁数を減らして表示されます。	3.3333333	3.333333	3.33333

■ データと表示形式の関係

桁区切りのカンマなどはキーボードで入力するのではなく、表示形式で設定します。表示形式を設定しても、データは元の数値のままで表示状態だけが変わるため、数式などに数値として利用することができます。

データにはカンマが含まれていない

画面表示や印刷時にはカンマが付いて表示される

操作 👉 **数値に桁区切りのカンマ (,) を付ける**

数値を読み取りやすくするために、数値に桁区切りのカンマを付けましょう。

Step 1 数値の表示形式を設定します。

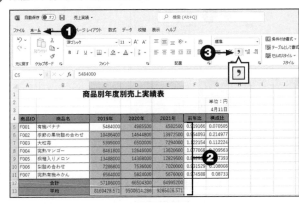

❶ [ホーム] タブが選択されていることを確認します。

❷ セルC5〜E13をドラッグします。

❸ [桁区切りスタイル] ボタンをクリックします。

Step 2 範囲選択を解除して、数値に桁区切りのカンマ (,) が付いたことを確認します。

💡 **ヒント**

桁区切りのカンマ (,) を解除するには
桁区切りのカンマ (,) を付けた範囲を選択し、[数値] の 標準 [数値の書式] ボックスの▼をクリックし [標準] をクリックします。

操作 👉 **数値を%で表示する**

前年比、構成比を小数点以下1桁の%表示（パーセントスタイル）にしましょう。

Step 1 %表示にします。

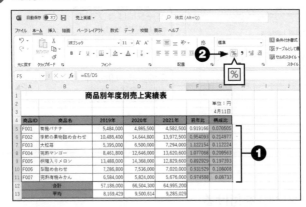

❶ セルF5〜G11をドラッグします。

❷ [パーセントスタイル] ボタンをクリックします。

Step 2 小数点以下の表示桁数を増やします。

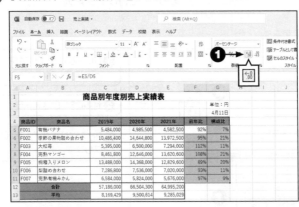

❶ [小数点以下の表示桁数を増やす] ボタンをクリックします。

Step 3 範囲選択を解除して、小数点以下1桁の%表示になったことを確認します。

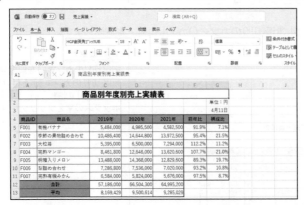

ヒント　その他の表示形式

[数値の書式] ボックスを使うと、一般的によく使われる表示形式を設定できます。

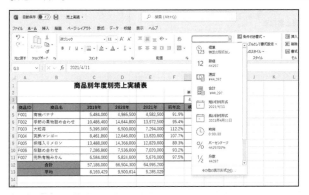

[数値の書式] ボックスの▼をクリックし [その他の表示形式] をクリックするか、[数値] グループの [表示形式] ボタンをクリックすると、[セルの書式設定] ダイアログボックスの [表示形式] タブが表示され、さまざまな表示形式を詳細に設定できます。ここでは日付の表示形式の設定方法を例に説明します。

[分類] ボックスの一覧で [日付] を選択する

設定したい表示形式を [種類] ボックスで選択する

書式の自動設定

さまざまな書式が設定されている表に行や列を挿入すると、挿入した行や列にも自動的に書式が設定されます。また、数式が入力されている場合は、自動的に数式がコピーされます。

操作 ☞ データを追加して書式の自動設定を確認する

商品ID「F007」の「大粒王様ぶどう」のデータが抜けていたため、下から2行目に行を挿入して次のデータを追加しましょう。また最終行の商品IDも修正しましょう。

商品ID	商品名	2019年	2020年	2021年
F007	大粒王様ぶどう	4843200	5643600	6419200

Step 1 11行目に空白行を挿入します。

A11										
	A	B	C	D	E	F	G	H	I	J
1			商品別年度別売上実績表							
2							単位:円			
3							4月11日			
4	商品ID	商品名	2019年	2020年	2021年	前年比	構成比			
5	F001	有機バナナ	5,484,000	4,985,500	4,582,500	91.9%	7.1%			
6	F002	季節の果物詰め合わせ	10,486,400	14,644,800	13,972,500	95.4%	21.5%			
7	F003	大粒苺	5,395,000	6,500,000	7,294,000	112.2%	11.2%			
8	F004	完熟マンゴー	8,461,800	12,646,000	13,620,600	107.7%	21.0%			
9	F005	桐箱入りメロン	13,488,000	14,368,000	12,829,600	89.3%	19.7%			
10	F006	型詰め合わせ	7,286,800	7,536,000	7,020,000	93.2%	10.8%			
11										
12	F007	完熟有機みかん	6,584,000	5,824,000	5,676,000	97.5%	8.7%			
13		合計	57,186,000	66,504,300	64,995,200					
14		平均	8,169,429	9,500,614	9,285,029					
15										

Step 2 商品IDを入力します。

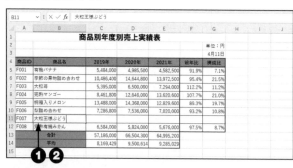

① セルA11に「F007」と入力し、オートフィル機能を使ってセルA12を「F008」に修正します。

Step 3 商品名を入力します。

① セルB11をクリックします。

② 「大粒王様ぶどう」と入力します。

③ Tabキーを押します。

Step 4 2019年の値を入力します。

① セルC11に「4843200」と入力します。

② Tabキーを押します。

Step 5 2020年の値を入力します。

❶ セルC11の数値に桁区切りのカンマ（,）が付いて表示されていることを確認します。

❷ セルD11に「5643600」と入力します。

❸ Tabキーを押します。

Step 6 2021年の値を入力します。

❶ セルE11に「6419200」と入力します。

❷ Enterキーを押します。

Step 7 書式が自動設定され、セルF11 ～ G11に数式がコピーされたことを確認します。

❶ セルF11に前年比、セルG11に構成比の数式がコピーされ、小数点以下1桁の％表示になっていることを確認します。

❷ 合計と平均の値が11行目の値を含めたものに再計算されていることを確認します。

Step 8 ブックを [保存用] フォルダーに保存します。

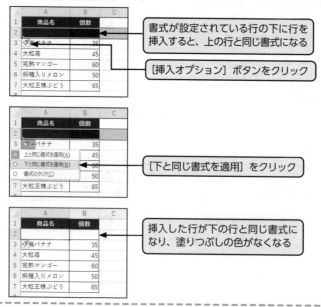

ヒント ☑[挿入オプション]ボタン

行や列を挿入すると、挿入した行の上、あるいは、挿入した列の左側の書式が設定されます。[挿入オプション]
ボタンは、書式が設定されている行、列、セルの前に行、列、セルを挿入したときに表示されます。
[挿入オプション]ボタンをクリックすると、上下または左右のどちらかの書式に合わせるのか、または書式なし
で挿入するのかを選択できます。

書式が設定されている行の下に行を
挿入すると、上の行と同じ書式になる

[挿入オプション]ボタンをクリック

[下と同じ書式を適用]をクリック

挿入した行が下の行と同じ書式に
なり、塗りつぶしの色がなくなる

ヒント 書式なしコピー(フィル)

[オートフィルオプション]ボタンの▼をクリックし、[書式なしコピー(フィル)]をクリックすると、値や数式だ
けをコピーすることができます。

ワークシートの操作

Excelは、セルが集まった「ワークシート」で作業を行います。ワークシートは単に「シート」と呼ぶこともあります。新規に空白のブックを作成すると1枚のシートが開きますが、ブックには複数のシートを含めることができるので、関連する表や類似した表を1つのブック（ファイル）で扱うことができます。

これから以下のシートの操作を行います。

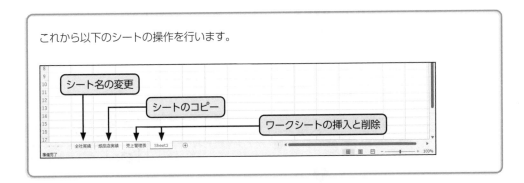

シート名の変更

新規に作成したブックには「Sheet1」という名前の付いたワークシートが作成されています。シート名はワークシートの下部の「シート見出し」に表示されます。このシート名は変更できます。あとで複数シートを扱う場合に備えて、内容に応じた適切なシート名に変更します。

> シートには内容がわかるような名前を付けましょう。シート名には、全角文字、半角文字、スペースが使用できます。名前を空にすることや「履歴」という名前を付けることはできません。
> ただし、シート名には、コロン（:）、円記号（¥）、スラッシュ（/）、疑問符（?）、アスタリスク（*）、角かっこ（[]）といった半角記号は使用できません。また、先頭と末尾をアポストロフィ（'）にすることはできません。
> シート名に使用できる文字数は、スペースを含めて31文字以内（全角、半角ともに）です。

操作☞ シート名を変更する

これまで操作していたシートが、全社の売上実績のシートだとわかるように、シート名を「全社実績」
に変更しましょう。

Step 1 シート名を変更します。

❶シート見出し「Sheet1」をダブル
クリックします。

❷シート名が反転します。

Step 2 新しいシート名を入力します。

❶「全社実績」と入力します。

❷Enterキーを押してシート名を確定
します。

Step 3 シート名が「全社実績」に変更されたことを確認します。

ワークシートのコピーと移動

表の作成が終わったワークシートと類似のワークシートを作るときは、再度同じ作業をするより、ワークシー
トをコピーする方が効率的です。また、シートを移動することにより、ワークシートの並び順を変更すること
ができます。なお、複数のシートがある場合、シート見出しをクリックすると表示されるシートが切り替わり
ます。

操作☞ ワークシートをコピーする

個別の店舗の実績表を作成するために、「全社実績」シートをコピーしましょう。また、コピーしたシー
トの名前を「銀座店実績」に変更し、表の数値データを消去しましょう。

Step 1 ワークシートをコピーします。

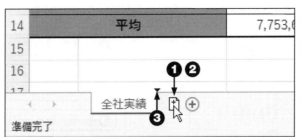

❶シート見出し「全社実績」をポイントし、**Ctrl**キーを押したままシート見出し「全社実績」の右側までドラッグします。

❷ドラッグ中は、ワークシートのコピーを表す が表示されます。

❸コピー先が▼で表示されます。

❹マウスのボタンを離し、**Ctrl**キーを離します。

Step 2 ワークシートが右隣にコピーされます。

❶自動的にシート名が「全社実績(2)」と付けられます。

💡 **ヒント**

ワークシートを移動するには

ワークシートを移動するときは、移動するシート見出しをクリックし、**Ctrl**キーを押さずにそのまま移動先までドラッグします。

Step 3 シート「全社実績(2)」のシート名を「銀座店実績」に変更します。

Step 4 表の数値データを消去します。

❶セルC5〜E12を範囲選択します。

❷**Delete**キーを押します。

ヒント **シート見出しの色を変更するには**

シート見出しには、色を付けることができます。シート見出しに色を付けると、シートを色ごとに分類したり、特定のシートを目立たせたりして、よりわかりやすくシートを管理できます。

❶シート見出しを右クリックします。

❷ショートカットメニューの［シート見出しの色］をポイントします。

❸任意の色をクリックします。

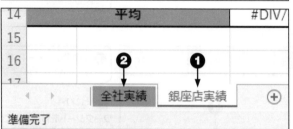

❶別のシートをクリックします。

❷シート見出しの色が変わっていることを確認します。

ワークシートの挿入と削除

新規に空白のワークシートを挿入したり、不要なワークシートを削除したりできます。新規にワークシートを挿入すると現在表示しているシートの右隣に挿入され、シート名は「Sheet2」「Sheet3」というように自動的に付けられます。

操作 **ワークシートを挿入する**

形式の異なる売上管理表を作成するために、新規にワークシートを2枚追加して、1枚目のシート名を「売上管理表」に変更しましょう。

Step 1 ワークシートを挿入します。

❶「銀座店実績」の右にある［新しいシート］ボタンをクリックします。

Step 2 新しいシートが挿入されます。

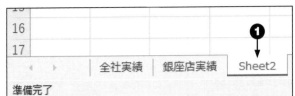

①「銀座店実績」の右側に新しいシート「Sheet2」が追加されたことを確認します。

💡 **ヒント**

挿入されるシート名
利用環境によっては、挿入されるシート名が「Sheet2」にならない場合があります。

Step 3 「Sheet2」のシート名を「売上管理表」に変更します。

Step 4 同様に、新しいワークシート「Sheet3」をもう1枚挿入します。

操作 ワークシートを削除する

不要なシート「Sheet3」を削除しましょう。

Step 1 ワークシートを削除します。

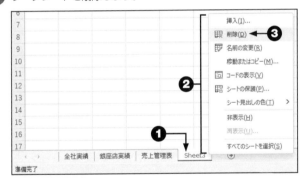

①シート見出し「Sheet3」を右クリックします。

②ショートカットメニューが表示されます。

③[削除] をクリックします。

Step 2 ワークシートが削除されます。

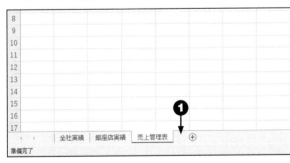

①シート「Sheet3」が削除されたことを確認します。

Step 3 🖫 [上書き保存] ボタンをクリックしてブックを上書き保存し、ブックを閉じます。

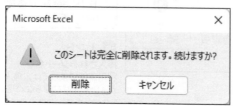

ヒント **データが入力されているシートを削除するには**

データが入力されている編集中のシートを削除すると、削除の確認メッセージが表示されます。シートを完全に削除するには、[削除] をクリックします。

削除したシートは元に戻すことができないので、操作する際には十分に注意してください。

ヒント **複数シートの選択**

Shiftキーを押しながらシート見出しをクリックすると、連続したシートを複数選択できます。**Ctrl**キーを押しながらシート見出しをクリックすると、連続していないシートを複数選択できます。

この章の確認

- ☐ 表の編集について理解できましたか？
- ☐ 列幅を手動で調整することができますか？
- ☐ 列幅を自動で調整することができますか？
- ☐ 複数の列幅を調整することができますか？
- ☐ 行を挿入することができますか？
- ☐ 行を削除することができますか？
- ☐ 書式の設定について理解できましたか？
- ☐ 罫線を引くことができますか？
- ☐ セル内の文字の配置を変更することができますか？
- ☐ セルを結合することができますか？
- ☐ セルに色を付けることができますか？
- ☐ フォントを変更することができますか？
- ☐ フォントサイズを変更することができますか？
- ☐ 文字列を太字にすることができますか？
- ☐ 数値に桁区切りのカンマ（,）を付けることができますか？
- ☐ 数値を%で表示することができますか？
- ☐ データを追加し、書式の自動設定を確認することができますか？
- ☐ シート名を変更することができますか？
- ☐ ワークシートをコピーすることができますか？
- ☐ ワークシートを挿入することができますか？
- ☐ ワークシートを削除することできますか？

Word

Excel

PowerPoint

復習問題 **問題 8-1**

表の列幅を変更し、表に1行追加してデータを入力しましょう。

1. ［復習問題］フォルダーに保存されているブック「復習8　商品別第2四半期売上実績」を開きましょう。

2. A列の列幅を「7.00」にしましょう。

3. B列の幅を自動調整しましょう。

4. C～F列の幅を「9.50」にしましょう。

5. アイスカフェオレ（10行目）と合計（11行目）の間に、行を1行挿入しましょう。

6. オートフィルの機能を使ってセルA11に「C006」を入力しましょう。

7. 挿入した行の各セルに、次のデータを入力しましょう。

B11	C11	D11	E11
キャラメルオレ	0	168200	485460

8. 2行目の空白行を削除しましょう。

問題 8-2

表に罫線を引きましょう。

1. セルA4〜H10とセルA11〜F12に「格子」の罫線を引きましょう。

2. セルA4〜H10とセルA4〜F12を「太い外枠」で囲みましょう。

3. セルA4〜H4の下に「下二重罫線」を引きましょう。

問題 8-3

セル内の文字の配置、フォントとフォントサイズ、文字の書式を変更しましょう。

1. セルA4〜H4の文字をセル内の中央に配置しましょう。

2. セルH2の文字を右端に配置しましょう。

3. セルA1〜H1を結合し、セルA1の「商品別第2四半期売上集計表」を結合したセルの中央に配置しましょう。

4. セルA11〜B11、セルA12〜B12をそれぞれ結合し、文字列をそれぞれのセルの中央に配置しましょう。

5. セルA4〜H4とセルA11〜A12に［緑、アクセント6］の色を設定しましょう。

6. セルA1の「商品別第2四半期売上集計表」のフォントを［HGPゴシックE］、フォントサイズを［18］に変更しましょう。

7. セルA4〜H4とセルA11〜A12の文字を太字にしましょう。

8. セルC5〜F12に桁区切りのカンマを設定しましょう。

9. セルG5〜H10を小数点以下1桁の％表示に設定しましょう。

問題 8-4

表に1行追加して、データを入力しましょう。

1. アイスカフェオレ（9行目）とキャラメルオレ（10行目）の間に、行を1行挿入しましょう。

2. オートフィルの機能を使って、セルA10に「C006」と入力し、セルA11を「C007」に修正しましょう。

3. 挿入した行の各セルに、次のデータを入力しましょう。

B10	C10	D10	E10
アイスキャラメルオレ	671450	767650	0

4. B列の幅を自動調整しましょう。

	A	B	C	D	E	F	G	H
1			商品別第2四半期売上集計表					
2								単位：円
3								10月15日
4	商品CD	商品名	7月	8月	9月	合計	前月比	構成比
5	C001	ブレンドコーヒー	846,000	725,200	812,000	2,383,200	112.0%	31.2%
6	C002	炭焼コーヒー	175,600	178,800	184,000	538,400	102.9%	7.0%
7	C003	カフェオレ	131,040	153,600	181,920	466,560	118.4%	6.1%
8	C004	炭焼アイスコーヒー	352,800	343,800	341,550	1,038,150	99.3%	13.6%
9	C005	アイスカフェオレ	327,120	433,260	370,620	1,131,000	85.5%	14.8%
10	C006	アイスキャラメルオレ	671,450	767,650	0	1,439,100	0.0%	18.8%
11	C007	キャラメルオレ	0	168,200	485,460	653,660	288.6%	8.5%
12		合計	2,504,010	2,770,510	2,375,550	7,650,070		
13		平均	357,716	395,787	339,364	1,092,867		
14								

Word

Excel

PowerPoint

シート名の変更やシートの挿入や削除など、シートの操作を確認しましょう。

1. 「Sheet1」のシート名を「売上集計表」に変更しましょう。

2. シート「売上集計表」をコピーし、シート名を「第3四半期」に変更しましょう。

3. シート「第3四半期」の表のセルC5〜E11の数値データを消去し、セルA1を「商品別第3四半期売上集計表」に修正しましょう。

4. シート「第3四半期」の表のセルC4に「10月」と入力し、オートフィルの機能を使ってセルD4〜E4にコピーしましょう。

	A	B	C	D	E	F	G	H
1			**商品別第3四半期売上集計表**					
2								単位：円
3								10月15日
4	商品CD	商品名	10月	11月	12月	合計	前月比	構成比
5	C001	ブレンドコーヒー				0	#DIV/0!	#DIV/0!
6	C002	炭焼コーヒー				0	#DIV/0!	#DIV/0!
7	C003	カフェオレ				0	#DIV/0!	#DIV/0!
8	C004	炭焼アイスコーヒー				0	#DIV/0!	#DIV/0!
9	C005	アイスカフェオレ				0	#DIV/0!	#DIV/0!
10	C006	アイスキャラメルオレ				0	#DIV/0!	#DIV/0!
11	C007	キャラメルオレ				0	#DIV/0!	#DIV/0!
12	合計		0	0	0	0		
13	平均		#DIV/0!	#DIV/0!	#DIV/0!	0		
14								

5. ワークシートを2枚挿入して、1枚目のシート名を「売上管理」に変更しましょう。

6. 2枚目のシート「Sheet3」を削除しましょう。

7. ブックを［保存用］フォルダーに保存して閉じましょう。

第9章

グラフ

- グラフの種類と用途
- グラフの作成
- グラフの編集

グラフの種類と用途

表のデータをわかりやすく見せるためには、グラフを作成すると効果的です。Excelでは、表の
データを基にグラフを簡単に作成することができます。Excel 2021では、データに応じた最適な
グラフの候補が提示されるため、候補から選択するだけで、より簡単にグラフを作成することがで
きます。最適なグラフの種類を選ぶことができるよう、グラフの用途を理解することが大切です。

Excelには、一般的によく使うグラフが標準グラフとして登録されています。そのほかに、自分
で作成したグラフの種類を登録することもできます。
データの種類に適したグラフは、そのデータをわかりやすく表現するだけではなく、データ全体
の傾向を把握して分析するときにも役立ちます。

■ おすすめグラフ

[挿入] タブの ![] [おすすめグラフ] ボタンを使ってグラフを作成すると、選択したデータに応じ
てグラフの候補が提示されます。

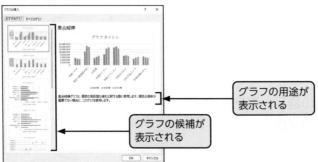

グラフの用途が
表示される

グラフの候補が
表示される

提示されたグラフの候補をクリックすると、グラフのサンプルと用途が表示され、最適なグラフ
を簡単に作成することができます。

■ 代表的なグラフの種類と用途

Excelに用意されているグラフの中から代表的なグラフを紹介します。グラフは、[挿入] タブの
グラフの種類の各ボタンを使って作成することもできます。

グラフの種類	ボタン	用途
縦棒/横棒		縦棒グラフと横棒グラフは、項目間の比較に使用します。縦棒グラフは、データの推移なども表現できます。横棒グラフは、項目間の比較が強調されます。グラフの期間を表す場合や、項目の文字列が長い場合に使用すると、よりわかりやすく表現できます。 縦棒グラフと横棒グラフには、平面（2-D）と立体（3-D）のグラフがあり、積み上げグラフも作成できます。 積み上げグラフは、各項目と全体の関係を示します。
折れ線/面		折れ線グラフと面グラフは、データの時間的な変化や、各項目の全体的な傾向を表す場合に使用します。 折れ線グラフと面グラフには、平面（2-D）と立体（3-D）のグラフがあり、積み上げグラフも作成できます。

円または ドーナツ		円グラフ、ドーナツグラフは項目の全体に対する割合を表す場合に使用します。円グラフには平面（2-D）と立体（3-D）の2種類があり、平面のグラフには補助円グラフ付きや補助縦棒付きもあります。

■ グラフの種類を選択するポイント

表のデータをわかりやすく見せるために、どのようなグラフを作成すると効果的かをよく考えて、目的に合わせたグラフを作成することが重要です。

項目ごとの数や量を比較して見せたいときは棒グラフを作成します。

データの時間的な変化や、それぞれの項目の全体的な傾向を見せたいときは折れ線グラフを作成します。

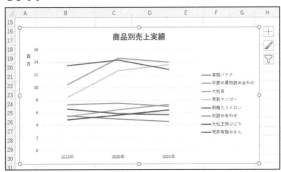

全体に対する割合、比率などを見せたいときは円グラフを作成します。

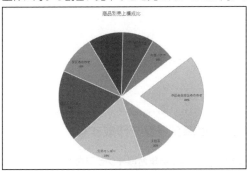

グラフの作成

グラフを作成するには、基となるデータを選択してから、[挿入] タブでグラフの種類を選びます。

■ グラフ作成のポイント
グラフを作成するには、まず、基になるデータを選択します。選択の際は、グラフの項目名として使用するセルと、数値データとして使用するセルを含めて範囲選択します。次に、[挿入] タブでグラフの種類を選択すると、グラフが作成できます。

■ グラフと基のデータとの関係
グラフと表のデータの間にはリンクが設定され、表のデータを変更するとグラフの内容も自動的に変更されます。

■ グラフの選択
グラフの余白部分をクリックするとグラフ全体 (グラフエリア) が選択され、外枠の四隅と上下左右の中央にサイズ変更ハンドルが表示されます。グラフの内部をクリックすると、グラフ全体ではなくグラフの各要素が選択されます。

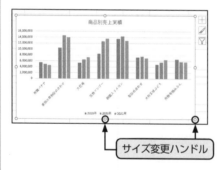

サイズ変更ハンドル

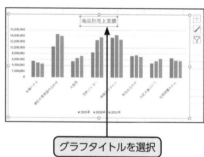

グラフタイトルを選択

棒グラフの作成

3年間の商品の売上を比較するために、縦棒グラフを作成しましょう。また、グラフを適切な場所に移動し、見やすい大きさにサイズを調整しましょう。

操作 ☞ おすすめグラフを使用して集合縦棒グラフを作成する

おすすめグラフを使用して、商品の売上を比較する集合縦棒グラフを作成しましょう。

Step 1 [Office2021テキスト] フォルダーにあるブック「商品別売上実績」を開きます。

Step 2 「全社実績」シートで、グラフにするデータの範囲を選択します。

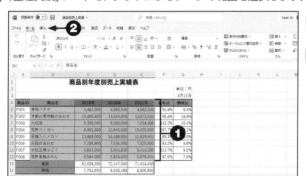

❶ セルB4～E12をドラッグします。

❷ [挿入] タブをクリックします。

Step 3 [グラフの挿入] ダイアログボックスを開きます。

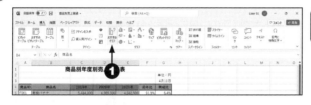

❶ [おすすめグラフ] ボタンをクリックします。

Step 4 集合縦棒グラフを選択します。

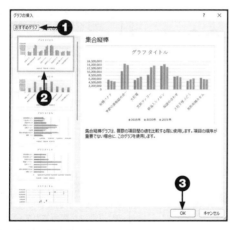

❶ [おすすめグラフ] が選択されていることを確認します。

❷ [集合縦棒] が選択されていることを確認します。

❸ [OK] をクリックします。

💡 ヒント

おすすめグラフの種類

グラフの種類は、選択したデータに応じて、自動的にお薦めのグラフの種類が提示されます。提示されたグラフの種類をクリックして切り替えると、でき上がりのイメージを確認することができます。

Step 5 グラフが作成されます。

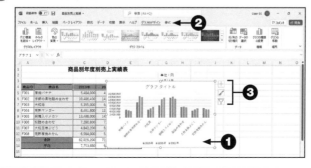

❶ 棒グラフが作成されたことを確認します。

❷ [グラフのデザイン] タブと [書式] タブが表示されたことを確認します。

❸ グラフの右上に3つのボタンが表示されたことを確認します。

グラフ操作専用のボタン

グラフを作成すると、右上に3つのボタンが表示されます。これらのボタンを使用すると、グラフ要素の追加やグラフの表示のカスタマイズなどの操作をすばやく行うことができます。

グラフ機能専用のタブ

グラフを選択すると、[グラフのデザイン]タブと[書式]タブが表示されます。このように、必要な場合にだけ表示される特定機能専用のタブがあります。

グラフを削除するには

グラフを削除するには、グラフを選択した状態で**Delete**キーを押します。

操作 👉 グラフの移動とサイズの変更をする

グラフを挿入すると、既定の大きさで画面の中央に配置されます。グラフを適切と思われる場所に移動し、見やすい大きさにサイズを調整しましょう。

Step 1 グラフを移動します。

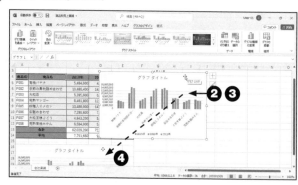

❶ 3行目がいちばん上になるまで下にスクロールします。

❷ グラフエリアと表示される位置をクリックして、グラフを選択します。

❸ マウスポインターの形が ✣ になっていることを確認します。

❹ グラフの左上隅がセルA16になるようにドラッグします。

Step 2 グラフが表の下に移動したことを確認します。

グラフ化されているセル範囲

グラフエリアおよびグラフのプロットエリア(グラフが表示されている領域)を選択すると、表中のグラフ化されているセル範囲が色の付いた線で囲まれて表示されます。

Step 3 グラフの外枠をポイントします。

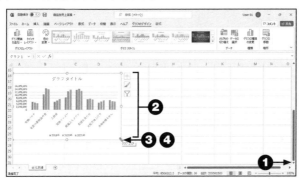

❶ 15行目がいちばん上になるまで下
にスクロールします。

❷ グラフが選択されていることを確認
します。

❸ グラフの外枠右下のサイズ変更ハ
ンドルをポイントします。

❹ マウスポインターの形が ↖ になっ
ていることを確認します。

Step 4 グラフのサイズを変更します。

❶ セルG30までドラッグします。

💡 ヒント

ドラッグ中のマウスポインターの形
グラフのサイズを変更するとき、グラフの
外枠をドラッグしている間はマウスポイン
ターの形が ＋ に変わります。

Step 5 グラフが大きくなったことを確認します。

❶ グラフの各要素の大きさが、自動的
に拡大されていることを確認します。

💡 ヒント

グラフのサイズ変更
グラフの四隅をセルの境界線に合わせる
には、**Alt**キーを押しながらサイズ変更ハ
ンドルをドラッグします。

Step 6 グラフ以外の任意の場所をクリックし、グラフの選択を解除します。

💡 ヒント　　**グラフのサイズ変更**
グラフ全体のサイズを変更するには、サイズ変更ハンドルをポイントし、マウスポインターの形が ↖ ↗ ↕ ↔ の
いずれかに変わったら、矢印の方向へドラッグします。

円グラフの作成

商品全体の売上合計に対する、各商品の売上比率をわかりやすく見せるために、円グラフを作成します。

操作 ☛ 円グラフを作成する

2021年の商品の売上構成をわかりやすく見せるために、円グラフを作成し、縦棒グラフの下に移動しましょう。

Step 1 グラフにするデータの範囲を選択します。

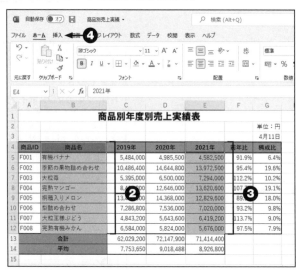

❶表が表示されるまで上にスクロールします。

❷セルB4～B12をドラッグします。

❸Ctrlキーを押しながら、セルE4～E12をドラッグします。

❹[挿入] タブをクリックします。

Step 2 グラフの種類と形式を選択します。

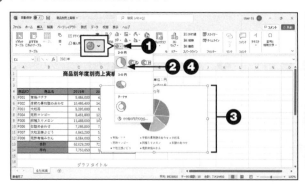

❶[円またはドーナツグラフの挿入] ボタンをクリックします。

❷[2-D 円] の一番左にある [円] をポイントします。

❸グラフのイメージが表示されたことを確認します。

❹[円] をクリックします。

Step 3 操作しやすいように画面を縮小します。

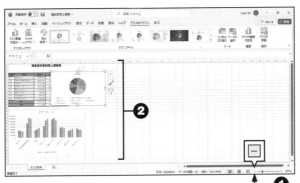

❶縮小ボタンを数回クリックして画面の表示倍率を50%に縮小します。

❷画面が縮小されます。

Step 4 グラフを移動します。

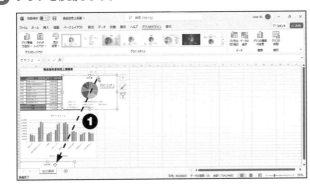

❶グラフの左上隅がセルA32になるようにドラッグします。

Step 5 グラフが縦棒グラフの下に移動したことを確認します。

❶任意のセルをクリックして、グラフの選択を解除します。

Step 6 ⊞ 拡大ボタンを数回クリックして画面の表示倍率を100%に拡大します。

グラフの編集

より効果的なグラフにするために、グラフのデザインや書式などを編集します。

グラフを編集するには、まず、そのグラフを選択します。グラフを選択すると、グラフの右上に、グラフを編集するための3つのボタンが表示されます。また、リボンにグラフを編集するための2つのタブが表示されます。

■ グラフ専用のボタン

グラフを選択すると、グラフの右上に、グラフを編集するための [グラフ要素]、[グラフスタイル]、[グラフフィルター] の3つのボタンが表示されます。

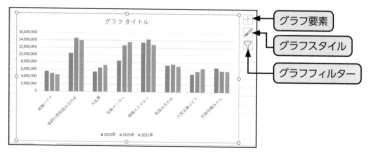

⊞ [グラフ要素] ボタンを使うと、グラフタイトルなどのグラフ要素の追加や削除、および変更を行うことができます。

✐ [グラフスタイル] ボタンを使うと、グラフのスタイルと配置を設定することができます。

▽ [グラフフィルター] ボタンを使うと、グラフにどの要素と名前を表示するかを編集することができます。

■ グラフ専用のタブ

グラフを選択すると表示される2つのタブを使って、グラフのデザインや書式の変更を行うことができます。[グラフのデザイン] [書式] の2つのタブがあります。

[グラフのデザイン] タブでは、グラフのレイアウトや種類、スタイルなどを変更することができます。

[書式] タブでは、図形のスタイルや配置などを変更することができます。

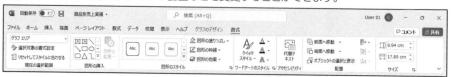

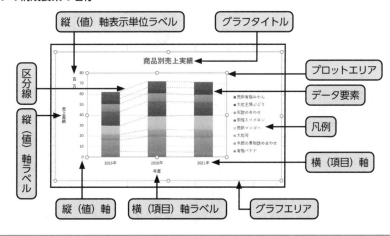

■ グラフの構成要素

グラフに配置されている要素には、それぞれ名前が付いています。グラフの内部をポイントすると各要素の名前が表示され、クリックすると選択されます。また、[書式] タブにある、[グラフ要素] ボックスの▼のボタンをクリックして選択することもできます。それぞれの要素の書式は、[書式] タブの [選択対象の書式設定] ボタンで変更します。

■ グラフの構成要素の名称

縦（値）軸表示単位ラベル グラフタイトル

プロットエリア

データ要素

凡例

横（項目）軸

区分線

縦（値）軸ラベル

商品別売上実績

縦（値）軸 横（項目）軸ラベル グラフエリア

棒グラフの編集

棒グラフに適切なタイトルを付け、軸の表示単位を追加しましょう。

操作 👉 グラフタイトルを変更する

棒グラフのグラフタイトルを「商品別売上実績」に変更しましょう。

Step 1 グラフタイトルを選択します。

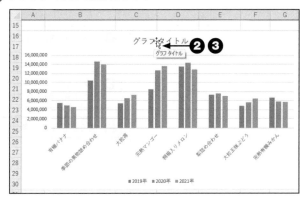

❶ 縦棒グラフ全体が表示されるまでスクロールします。

❷ グラフタイトルをポイントします。

❸ マウスポインターの形が ✛ の状態でクリックします。

Step 2 グラフタイトルの文字を消去します。

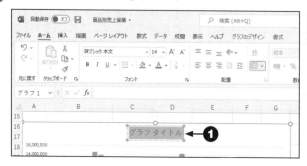

❶文字「グラフタイトル」をドラッグしてDeleteキーを押します。

Step 3 グラフタイトルを入力します。

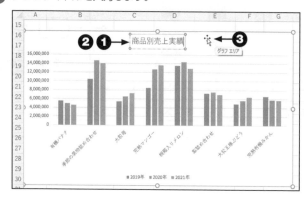

❶グラフのタイトル「グラフタイトル」が消去されたことを確認します。

❷「商品別売上実績」と入力します。

❸グラフエリアをクリックして、タイトルを確定します。

💡 ヒント **グラフタイトルを削除するには**

グラフタイトルを削除するには、グラフタイトルを選択した状態でDeleteキーを押すか、［グラフ要素］ボタンをクリックし、一覧の［グラフタイトル］チェックボックスをオフにします。

操作👉 **縦（値）軸の単位を変更する**

縦（値）軸の単位を「百万」に変更し、ラベルを縦書きにしましょう。

Step 1 ［軸の書式設定］作業ウィンドウを開きます。

❶グラフが選択されていることを確認します。

❷マウスポインターの形が ⬚ の状態で縦（値）軸を右クリックします。

❸［軸の書式設定］をクリックします。

Step 2 表示単位を変更します。

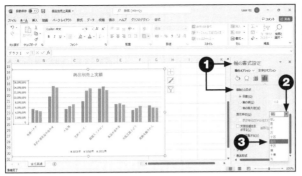

❶[軸の書式設定] 作業ウィンドウが開き、[軸のオプション] が表示されていることを確認します。

❷[表示単位] ボックスの▼をクリックします。

❸一覧の [百万] をクリックします。

Step 3 表示単位ラベル表示します。

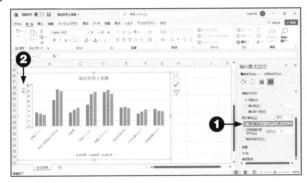

❶[表示単位のラベルをグラフに表示する] チェックボックスがオンになっていることを確認します。

❷表示単位ラベルの [百万] をクリックします。

Step 4 表示単位ラベルの配置を変更します。

❶[百万] が四角で囲まれたことを確認します。

❷[ラベルオプション] の [サイズとプロパティ] をクリックし、[配置] に切り替わったことを確認します。

❸[文字列の方向] ボックスの▼をクリックします。

❹一覧の [縦書き（半角文字含む）] をクリックします。

❺作業ウィンドウの閉じるボタンをクリックします。

💡 ヒント
グラフ要素の書式設定作業ウィンドウの表示
グラフ要素の書式設定作業ウィンドウは、選択したグラフ要素に応じて、自動的に切り替わります。

Step 5 表示単位ラベルが追加され、縦書きで配置されていることを確認します。

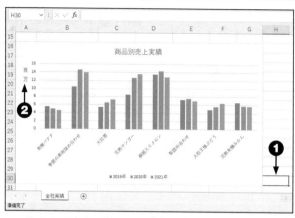

❶グラフ以外の場所をクリックしてグラフの選択を解除します。

❷［百万］が縦書きで表示されていることを確認します。

💡 ヒント

よく使うグラフの編集方法

ここで操作を行ったもののほかに、よく使うグラフの編集方法を紹介します。

■ グラフの構成要素のフォントサイズの変更

フォントサイズを変更すると、グラフのバランスを整えて見やすくしたり、強調したい箇所を目立たせたりできます。グラフの構成要素のフォントサイズを変更するには、変更したい構成要素をクリックして四角で囲まれていることを確認します。［ホーム］タブの［フォントサイズ］ボックスの▼をクリックしてフォントサイズを変更します。

■ 軸の配置の変更

軸の配置を変更すると、項目名や数値をわかりやすく表示することなどができます。
軸の配置の変更手順は、以下のとおりです。

1. 縦（値）軸または横（項目）軸をクリックし、⊞［グラフ要素］ボタンをクリックします。
2. ［軸］チェックボックスをポイントし右向きの三角のボタンをクリックし、［その他のオプション］をクリックして［軸の書式設定］作業ウィンドウの［軸のオプション］画面を開きます。
3. ［文字のオプション］をクリックし、▦［テキストボックス］ボタンをクリックして、［文字列の方向］ボックスの▼をクリックして一覧から任意の配置を選択します。

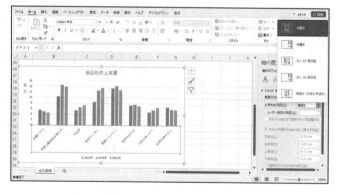

■ 軸ラベルの追加

軸ラベルを追加すると、縦軸と横軸が何の値を表示しているのかがわかりやすくなります。

軸ラベルの追加手順は、以下のとおりです。

1. グラフを選択し、 ⊞ ［グラフ要素］ボタンをクリックします。
2. ［軸ラベル］チェックボックスをポイントし右向き三角のボタンをクリックし、［第1横軸］または［第1縦軸］
   チェックボックスをオンにして軸ラベルを追加します。
3. 軸ラベルの文字を入力します。

円グラフの編集

円グラフに適切なタイトルを付け、項目名とパーセンテージをグラフ内に表示しましょう。また、いちばん構成比率の多い商品を強調するためにグラフを回転させ、その商品のスタイルを変えてグラフから切り出しましょう。

操作 **グラフタイトルを変更する**

円グラフのグラフタイトルを「商品別売上構成比」に変更しましょう。

Step 1 グラフタイトルを消去します。

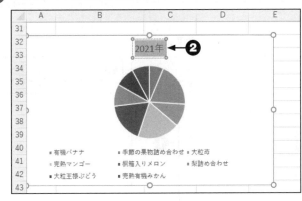

❶円グラフが表示されるまで下にスクロールします。

❷グラフタイトルの文字「2021年」を消去します。

Step 2 グラフタイトルを入力します。

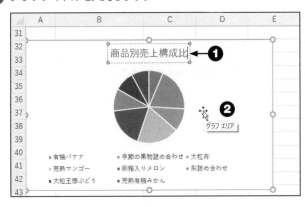

❶「商品別売上構成比」と入力します。

❷タイトルを確定します。

操作 👉 **グラフのレイアウトを変更する**

円グラフのレイアウトを変更して、グラフ内に項目名とパーセンテージを表示しましょう。

Step 1 円グラフのレイアウトを変更します。

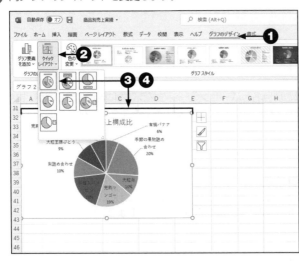

❶[グラフのデザイン] タブをクリックします。

❷[クイックレイアウト] ボタンをクリックします。

❸[レイアウト1] をポイントし、レイアウトのイメージが表示されていることを確認します。

❹[レイアウト1] をクリックします。

💡 **ヒント**

グラフのレイアウトの名前を確認するには
グラフのレイアウトをポイントして、1～2秒待つとポップヒントが表示され、グラフのレイアウトの名前を確認することができます。

Step 2 円グラフのレイアウトが変更されたことを確認します。

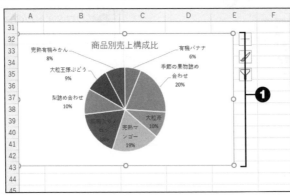

❶項目名とパーセンテージが表示されたことを確認します。

💡 **ヒント** **[グラフのレイアウト] グループでの設定について**

グラフに対して、凡例やデータラベルの表示などが定義されたグラフのレイアウトを適用することができます。グラフのレイアウトを変更すると、グラフの構成要素のレイアウトや表示/非表示を一度に設定することができます。

操作🖝 円グラフを回転させる

円グラフを30度回転させて、いちばん構成比の大きい、「季節の果物詰め合わせ」を右側の中央に配置しましょう。

Step 1 [データ系列の書式設定] 作業ウィンドウを開きます。

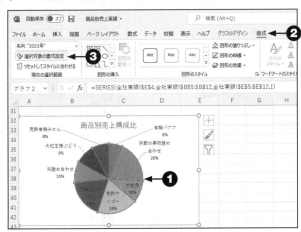

❶円グラフの円の部分（データ系列）をクリックします。

❷[書式] タブをクリックします。

❸[選択対象の書式設定] ボタンをクリックします。

Step 2 円グラフを回転させます。

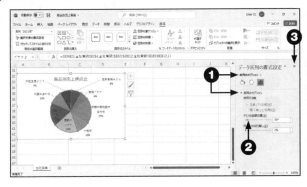

❶[系列のオプション] が表示されていることを確認します。

❷[グラフの基線位置] のスライダーを「30°」になるまでドラッグします。

❸閉じるボタンをクリックします。

💡 ヒント
グラフの基線位置を数値で指定するには
グラフの基線位置のテキストボックスに直接数値を入力します。「°」は自動的に付きます。

Step 3 円グラフが回転したことを確認します。

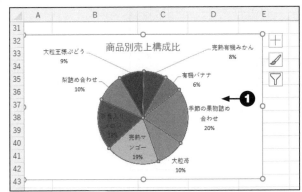

❶円グラフが回転し、「季節の果物詰め合わせ」の位置が右側の中央に配置されたことを確認します。

💡 ヒント
グラフの回転を戻すには
[データ系列の書式設定] 作業ウィンドウを開いて、[系列のオプション] を表示し、[グラフの基線位置] を「0°」にします。

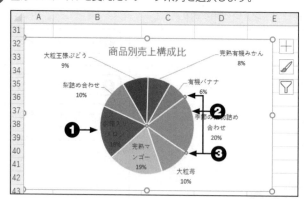

操作👉 **1つのデータ系列の図形のスタイルを変更する**

データ系列「季節の果物詰め合わせ」の図形のスタイルを変更しましょう。

Step 1 図形のスタイルを変えたいデータ系列を選択します。

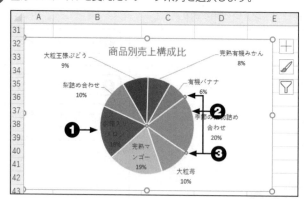

❶ 円グラフのデータ系列全体が選択
されていることを確認します。

❷「季節の果物詰め合わせ」のデータ
系列をクリックします。

❸「季節の果物詰め合わせ」のデータ
系列だけにハンドルが表示された
ことを確認します。

Step 2 データ系列の図形のスタイルを変更します。

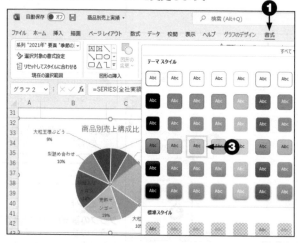

❶ [書式] タブが選択されていること
を確認します。

❷ [図形のスタイル] の ▽ [その他]
ボタンをクリックします。

❸ [パステル-オレンジ、アクセント2]
をクリックします。

💡 **ヒント**

図形のスタイル
図形のスタイルを使用すると、図形の塗り
つぶしや枠線、フォントの色などを一度に
まとめて設定することができます。

Step 3 データ系列「季節の果物詰め合わせ」の図形のスタイルが変更されたことを確認します。

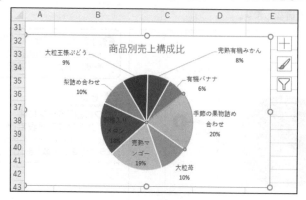

操作☞ 1つのデータ系列を切り出す

「季節の果物詰め合わせ」を切り出して強調しましょう。

Step 1 [データ要素の書式設定] 作業ウィンドウを開きます。

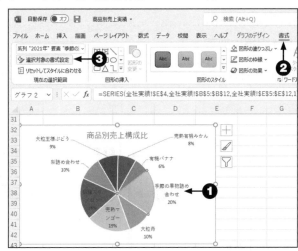

❶「季節の果物詰め合わせ」のデータ系列だけが選択されていることを確認します。

❷ [書式] タブが選択されていることを確認します。

❸ [選択対象の書式設定] ボタンをクリックします。

Step 2 1つのデータ系列を切り出します。

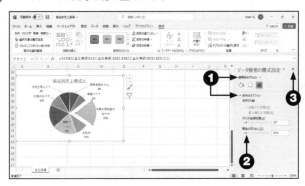

❶ [系列のオプション] が表示されていることを確認します。

❷ [要素の切り出し] のスライダーを「30%」になるまでドラッグします。

❸ 閉じるボタンをクリックします。

Step 3 1つのデータ系列が切り出されたことを確認します。

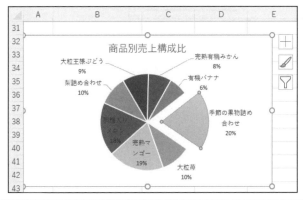

💡 ヒント

1つのデータ系列をドラッグで切り離すには
[データ要素の書式設定] ウィンドウを使わずに切り離すこともできます。データ系列を1つだけ選択してから、切り離したい位置までドラッグします。

💡 ヒント

データ系列の切り出しを戻すには
[データ要素の書式設定] 作業ウィンドウを開いて、[系列のオプション] を表示し、[要素の切り出し] を「0%」にします。

グラフの種類の変更

作成したグラフの種類は、後から変更することができます。商品別の集合縦棒グラフを年度別の積み上げ縦棒グラフに変更し、区分線を付けましょう。さらにグラフのスタイルや凡例の位置を変更して見やすいグラフに整えましょう。

操作🖙 **グラフの種類を積み上げ縦棒に変更する**

商品別の集合縦棒グラフの種類を変更し、データの行/列を切り替えて、年度別の積み上げ縦棒グラフに変更しましょう。

Step 1 集合縦棒グラフを選択します。

❶集合縦棒グラフが表示されるまで上にスクロールします。

❷集合縦棒グラフを選択します。

Step 2 [グラフの種類の変更] ダイアログボックスを開きます。

❶[グラフのデザイン] タブをクリックします。

❷[グラフの種類の変更] ボタンをクリックします。

Step 3 グラフの種類を変更します。

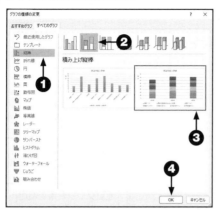

❶[縦棒]が選択されていることを確認します。

❷左から2列目の[積み上げ縦棒]をクリックします。

❸右側の年度別の積み上げ縦棒グラフをクリックします。

❹[OK]をクリックします。

Step 4 グラフの種類が変更されたことを確認します。

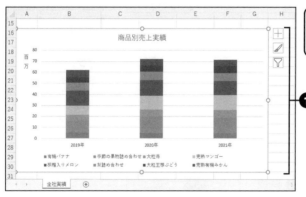

❶グラフの種類が年度別の積み上げ縦棒に変更されたことを確認します。

💡 **ヒント** **グラフの行/列を切り替えるには**

すでにグラフを作成していて、後からデータの行/列を切り替える場合は、[グラフのデザイン]タブにある[行/列の切り替え]ボタンをクリックします。

操作☞ 積み上げ縦棒グラフに区分線を付ける

積み上げ縦棒グラフに区分線を付けて、商品ごとの推移をわかりやすくしましょう。

Step 1 積み上げ縦棒グラフに区分線を付けます。

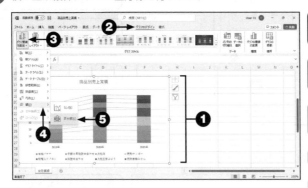

❶ 積み上げ縦棒グラフが選択されていることを確認します。

❷ [グラフのデザイン] タブが選択されていることを確認します。

❸ [グラフ要素を追加] ボタンをクリックします。

❹ [線] をポイントします。

❺ [区分線] をクリックします。

Step 2 積み上げ縦棒グラフに区分線が付いたことを確認します。

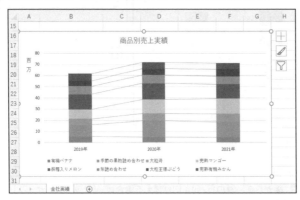

💡 ヒント

区分線を解除するには
[グラフのデザイン] タブの [グラフ要素を追加] ボタンをクリックし、[線] の [なし] をクリックします。

- - - - - - - - - - - - - - - - -

操作☞ グラフスタイルを変更する

Step 1 グラフスタイルを変更します。

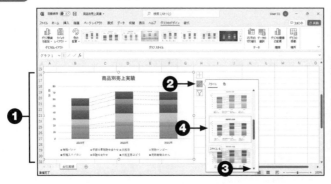

❶ グラフが選択されていることを確認します。

❷ [グラフスタイル] ボタンをクリックします。

❸ 下にスクロールします。

❹ [スタイル6] をクリックします。

操作☞ 凡例の位置を変更する

凡例の位置を右側に変更しましょう。

Step 1 凡例の位置を変更します。

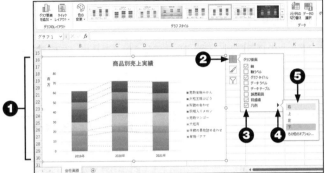

❶グラフが選択されていることを確認します。

❷[グラフ要素] ボタンをクリックします。

❸[凡例] チェックボックスをポイントします。

❹右向き三角ボタンをクリックします。

❺[右] をクリックします。

Step 2 凡例の位置が変わったことを確認します。

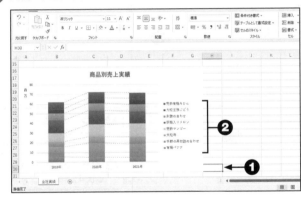

❶グラフ以外の任意の場所をクリックしてグラフの選択を解除します。

❷凡例がグラフの右側に表示されていることを確認します。

💡 ヒント **グラフフィルター**

グラフフィルターを使うと、グラフに特定の商品だけを表示したり、特定の年度だけを表示したりすることができます。[グラフフィルター] ボタンをクリックし、グラフに表示/非表示したいデータ系列やカテゴリなどのチェックボックスをオンまたはオフにして [適用] をクリックします。

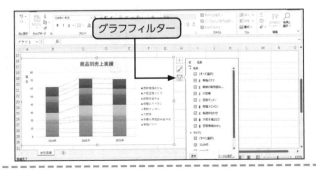

グラフの場所の変更

グラフを表と別にして、単独のワークシートに表示させたい場合には、グラフの場所をグラフシートに移動することができます。

操作 ☞ グラフをグラフシートに移動する

商品別売上構成比の円グラフを1つのグラフとして独立して表示させるために、グラフシートに移動しましょう。

Step 1 円グラフを選択します。

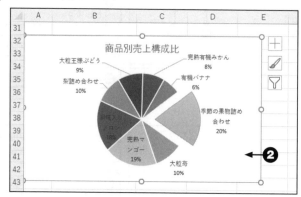

❶円グラフが表示されるまで下にスクロールします。

❷円グラフを選択します。

Step 2 [グラフの移動] ダイアログボックスを開きます。

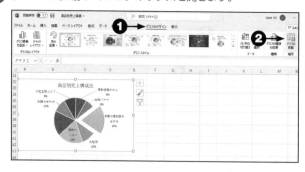

❶[グラフのデザイン] タブをクリックします。

❷[グラフの移動] ボタンをクリックします。

Step 3 グラフの場所を変更します。

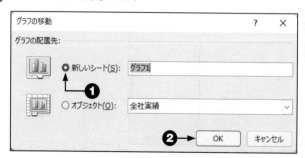

❶[新しいシート] をクリックします。

❷[OK] をクリックします。

Step 4 グラフが新しいシートに表示されます。

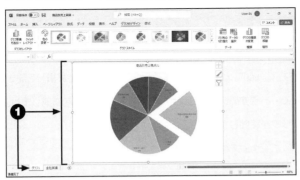

❶グラフがシート「グラフ1」に移動
したことを確認します。

💡 ヒント

グラフシートの名前
グラフシートには、自動的に「グラフ1」と
いう名前が付きますが、ワークシートと同
様にわかりやすい名前に変更できます。

Step 5 ブックを [保存用] フォルダーに保存して閉じます。

🛜 **この章の確認**

☐ グラフの種類と用途について理解できましたか？

☐ 縦棒グラフを作成することができますか？

☐ グラフの移動とサイズ変更をすることができますか？

☐ 円グラフを作成することができますか？

☐ グラフタイトルを変更することができますか？

☐ 縦（値）軸の単位を変更することができますか？

☐ グラフのレイアウトを変更することができますか？

☐ 円グラフを回転させることができますか？

☐ 1つのデータ系列の図形のスタイルを変更することができますか？

☐ 1つのデータ系列を切り出すことができますか？

☐ グラフの種類を変更することができますか？

☐ 積み上げ縦棒グラフに区分線を付けることができますか？

☐ グラフスタイルを変更することができますか？

☐ 凡例の位置を変更することができますか？

☐ グラフをグラフシートに移動することができますか？

問題 9-1

縦棒グラフを作成しましょう。

1. [復習問題] フォルダーに保存されているブック「復習9　商品別第2四半期売上実績」を開きましょう。

2. セルB4〜E11のデータを基にして、おすすめグラフを使用して集合縦棒グラフを作成しましょう。

3. セルA15を基点とする場所にグラフを移動しましょう。

4. グラフをセルH29までドラッグして、サイズを変更しましょう。

 問題 9-2

円グラフを作成しましょう。

1. セルB4〜B11とセルF4〜F11を基にして3-D円グラフを作成しましょう。

2. 画面の拡大/縮小機能を活用し、セルA31を基点とする場所にグラフを移動しましょう。

 問題 9-3

縦棒グラフを編集しましょう。

1. 縦棒グラフのタイトルを「第2四半期売上実績」に変更しましょう。

2. 縦軸の単位を「十万」に変更し、ラベルを縦書き（半角文字含む）にしましょう。

3. グラフの種類を月別の積み上げ縦棒グラフに変更しましょう。

4. 積み上げ縦棒グラフに区分線を付けましょう。

5. グラフスタイルを［スタイル6］に変更しましょう。

6. 凡例の位置をグラフの右側に変更しましょう。

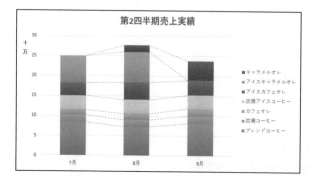

復習問題 **問題 9-4**

円グラフを編集し、グラフシートに移動しましょう。

1. 円グラフのタイトルを「売上構成比」に変更しましょう。

2. 円グラフのレイアウトを[レイアウト1]に変更しましょう。

3. 円グラフを40度回転させて、いちばん売上構成比の大きい、「ブレンドコーヒー」を右側の中央に配置しましょう。

4. 「ブレンドコーヒー」のデータ系列の図形のスタイルを[パステル-青、アクセント1]に変更しましょう。

5. 「ブレンドコーヒー」のデータ系列を40%切り出しましょう。

6. 円グラフをグラフシートに移動しましょう。

7. ブックを[保存用]フォルダーに保存して閉じましょう。

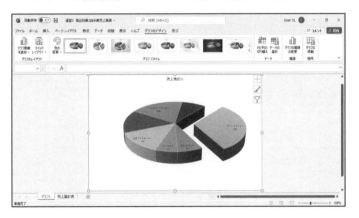

第10章

印刷

印刷の準備

Excelで作成した表やグラフを印刷する前に、印刷イメージを確認したり、印刷のための設定を行ったりする必要があります。

印刷するために必要な準備は、主に次の5つです。
・印刷イメージの確認
・ページレイアウトの設定
・ヘッダー /フッターの挿入
・余白の設定
・印刷設定の確認

■ 印刷の準備を行わずに印刷した場合

印刷の準備を行わずに印刷すると、次のような印刷結果になります。

・表とグラフ

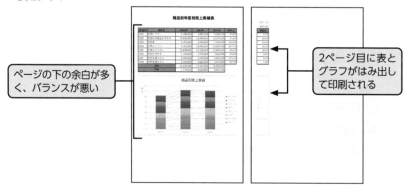

ページの下の余白が多く、バランスが悪い

2ページ目に表とグラフがはみ出して印刷される

・データベース

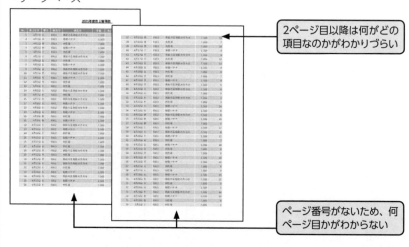

2ページ目以降は何がどの項目なのかがわかりづらい

ページ番号がないため、何ページ目かがわからない

■ 印刷の準備を行ってから印刷した場合

印刷の準備を行ってから印刷すると、次のような印刷結果になります。

・表とグラフ

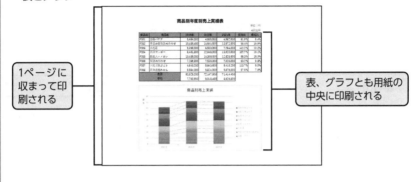

1ページに収まって印刷される

表、グラフとも用紙の中央に印刷される

・データベース

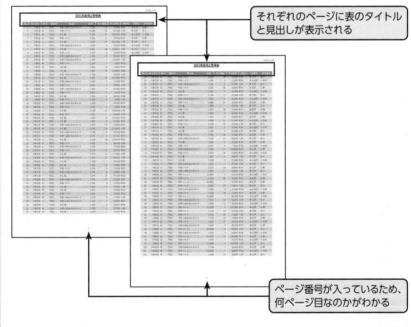

それぞれのページに表のタイトルと見出しが表示される

ページ番号が入っているため、何ページ目なのかがわかる

印刷イメージの確認

印刷を実行する前に、印刷イメージを確認します。Excelでは印刷イメージを表示することを「印刷プレビュー」といいます。

シート「全社実績」の印刷イメージを確認しましょう。

Step 1 [Office2021テキスト] フォルダーにあるブック「売上実績 (印刷用)」を開きます。

Step 2 [ファイル] タブを表示します。

❶ [ファイル] タブをクリックします。

Step 3 印刷イメージと全ページ数を確認します。

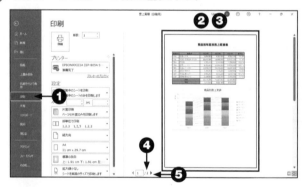

❶ [印刷] をクリックします。

❷ 印刷イメージが表示されます。

❸ 表とグラフが表示されていることを確認します。

❹ 「1/2ページ」と表示されていることを確認します。

❺ ▶をクリックします。

Step 4 2ページ目を確認します。

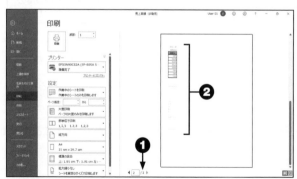

❶ 「2/2ページ」と表示されていることを確認します。

❷ 表とグラフがはみ出していることを確認します。

💡 **ヒント**

印刷プレビューでの表示
印刷プレビューの表示は、フォントやプリンターなどの設定によって異なることがあります。

Step 5 ◀ をクリックして1ページ目を表示します。

ページレイアウトの設定

作成した表やグラフをきれいに印刷するためには、用紙のサイズや向きなど、適切な印刷設定を行うことが必要です。

操作 ページ設定を行う

シート「全社実績」を、A4用紙の横向きで、左右の余白を均等にし、1ページに収まるように印刷するように設定をしましょう。

Step 1 用紙サイズを確認します。

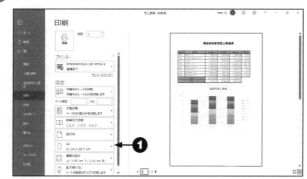

❶ [A4] が表示されていることを確認します。

Step 2 印刷の向きを設定します。

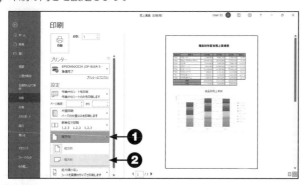

❶ [縦方向] をクリックします。

❷ [横方向] をクリックします。

Step 3 [ページ設定] ダイアログボックスを開きます。

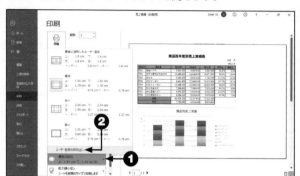

❶[標準の余白] をクリックします。

❷[ユーザー設定の余白] をクリックします。

Step 4 印刷位置を指定します。

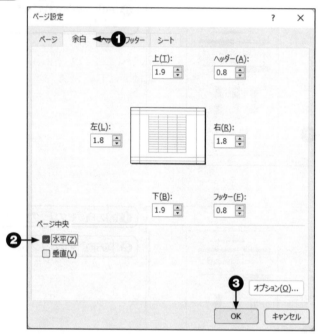

❶[余白] タブが選択されていることを確認します。

❷[ページ中央] の [水平] チェックボックスをオンにします。

❸[OK] をクリックします。

💡 ヒント

[ページ設定]ダイアログボックス
[ページ設定] ダイアログボックスでは、ページレイアウトを詳細に設定することができます。

Step 5 印刷位置が変更されたことを確認します。

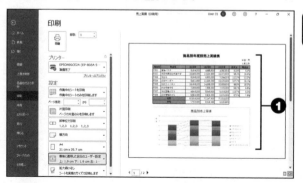

❶表とグラフが用紙の左右中央に配置されたことを確認します。

Step 6 1ページに印刷できるように、縮小印刷の設定を行います。

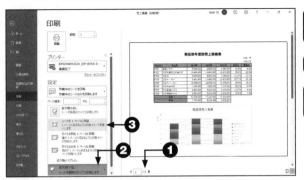

❶「1/2ページ」と表示されていることを確認します。

❷［拡大縮小なし］をクリックします。

❸［シートを1ページに印刷］をクリックします。

Step 7 1ページで印刷できるようになったことを確認します。

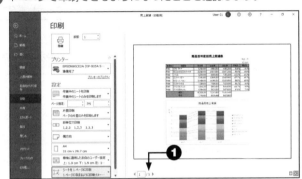

❶「1/1ページ」になったことを確認します。

💡 ヒント **［ページレイアウト］タブでのページ設定**

用紙のサイズ、向き、余白、拡大縮小などは、［ページレイアウト］タブの［ページ設定］グループにあるボタンで設定することもできます。［ページ設定］グループの［ページ設定］をクリックして、［ページ設定］ダイアログボックスを開き、同様の項目を設定することも可能です。設定可能な項目は以下のとおりです。

ボタン	［ページ設定］ダイアログボックスの設定箇所	設定可能な項目
余白	［余白］タブ	印刷時の余白を設定できます。
印刷の向き	［ページ］タブの［印刷の向き］	ページのレイアウトを縦か横に切り替えます。
サイズ	［ページ］タブの［用紙サイズ］	印刷時の用紙サイズを設定できます。
印刷範囲	［シート］タブの［印刷範囲］	ワークシート内で印刷対象にする範囲の設定と解除ができます。
改ページ	なし	印刷時のページの開始位置の設定と解除ができます。
背景	なし	ワークシートの背景に表示する図を設定できます（背景は印刷されません）。
印刷タイトル	［シート］タブの［印刷タイトル］	複数のページにまたがる表を印刷するときに、各ページに印刷される行と列を指定できます。

Word

Excel

PowerPoint

[印刷] のその他の設定

[ファイル] タブの [印刷] をクリックすると画面の右下に2つのボタンが表示されます。

🖼 [余白の表示] ボタンをクリックすると、印刷イメージに余白を表す線の表示/非表示を切り替えることができます。線をドラッグすると余白を調整できます。

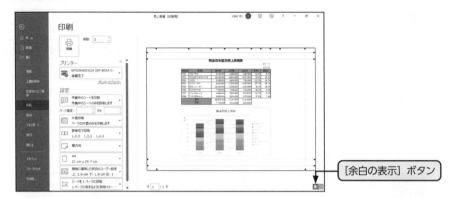

[余白の表示] ボタン

🔲 [ページに合わせる] ボタンをクリックすると、印刷イメージが100%の倍率で拡大表示されます。同じボタンをもう一度クリックすると、ページ全体が表示されます。

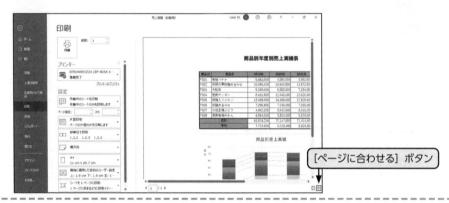

[ページに合わせる] ボタン

印刷の実行

印刷は、[ファイル] タブの [印刷] で、プリンターを選択したり、印刷対象やページなど印刷の方法を指定したりしてから実行します。

実際に印刷するときには、次の項目の設定が必要です。

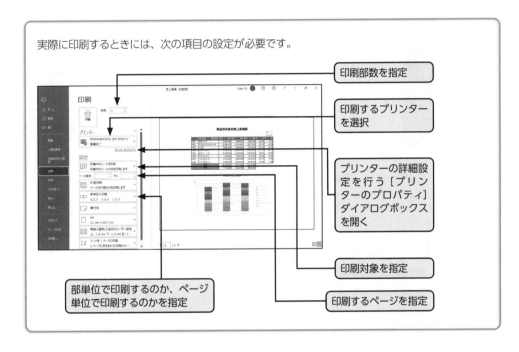

印刷部数を指定

印刷するプリンターを選択

プリンターの詳細設定を行う [プリンターのプロパティ] ダイアログボックスを開く

印刷対象を指定

印刷するページを指定

部単位で印刷するのか、ページ単位で印刷するのかを指定

操作👉 印刷を実行する

印刷内容の設定を確認して印刷しましょう。

Step 1 印刷を実行します。

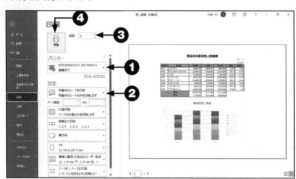

① プリンターが正しく接続されていることを確認します。

② [作業中のシートを印刷] が選択されていることを確認します。

③ [部数] ボックスに「1」と表示されていることを確認します。

④ [印刷] をクリックします。

Step 2 印刷が終わると、印刷画面から元の編集画面に戻ります。

💡 **ヒント** **プリンターの状態**

プリンターが正しく接続され印刷可能な状態のときは、プリンター名の下に [準備完了] と表示されます。プリンターの準備ができていないときは [オフライン] と表示されます。[オフライン] と表示された場合は、プリンターに電源が入っているかなどを確認します。

💡 **ヒント** **印刷するプリンターを変更した場合**

印刷するプリンターを変更した場合は、プリンターによって印刷可能な用紙の範囲など細かい仕様が異なるため、印刷イメージを再度確認する必要があります。

よく使う印刷の機能

データベースとして使用する表など1ページに収まらないデータの場合や、表を配布資料として使用する場合は、印刷の際、それに応じた設定が必要です。

機能	説明
印刷タイトル	2ページ目以降にも見出し行や見出し列を印刷することができます。
改ページプレビュー	マウスでドラッグして改ページの位置を調整できます。
改ページの挿入	任意の位置に改ページを挿入することができます。
ヘッダー/フッター	表やグラフを印刷するときに各ページの上部と下部の余白部分に、印刷日やページ番号などを印刷することができます。
余白	印刷時の余白を指定することができます。

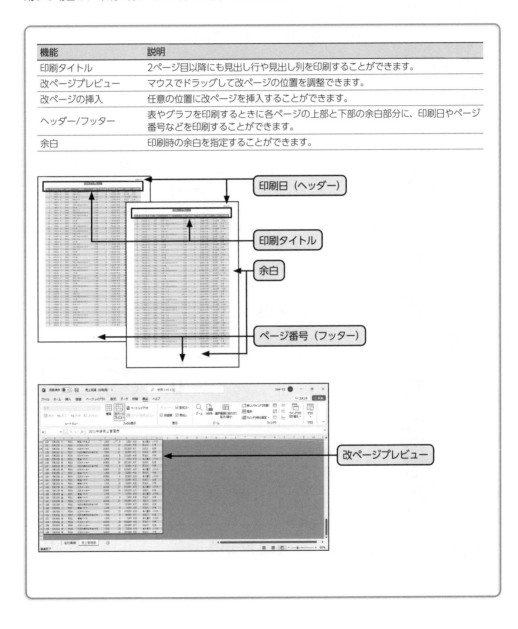

印刷日（ヘッダー）

印刷タイトル

余白

ページ番号（フッター）

改ページプレビュー

印刷タイトル

レコード数が多いデータベースなど、複数ページにわたるデータを印刷するときは、印刷タイトルを設定することで、2ページ目以降にも見出し行や見出し列を表示することができます。

操作 👈 印刷イメージを確認する

シート「売上管理表」の印刷イメージを確認しましょう。

Step 1 シート「売上管理表」に切り替えます。

Step 2 [ファイル] タブの [印刷] をクリックして印刷イメージを表示します。

Step 3 印刷イメージを確認します。

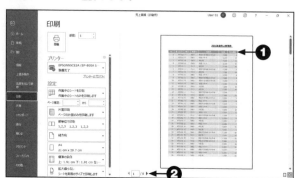

❶印刷イメージに列見出しが表示されていることを確認します。

❷▶をクリックして2ページ目を表示します。

Step 4 2ページ目の印刷イメージを確認します。

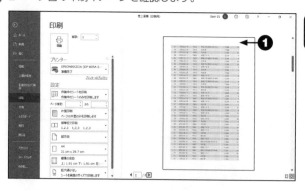

❶印刷イメージに列見出しが表示されていないことを確認します。

Step 5 画面左上の ⊙ をクリックして、編集画面に戻ります。

重要 印刷タイトルの設定

[ファイル] タブの [印刷] にある [ページ設定] をクリックして開いた
[ページ設定] ダイアログボックスでは、印刷タイトルの設定ができませ
ん。印刷タイトルを設定する場合は、必ず編集画面に切り替えてから操
作を行うようにします。

設定できない

操作 📖 **印刷タイトルを設定する**

1行目から3行目にある表のタイトルと見出し行が各ページに印刷されるように、行の印刷タイトルと
して設定しましょう。

Step 1 [ページレイアウト] タブをクリックします。

Step 2 [ページ設定] ダイアログボックスを開きます。

❶[印刷タイトル] ボタンをクリック
します。

Step 3 印刷タイトルを設定します。

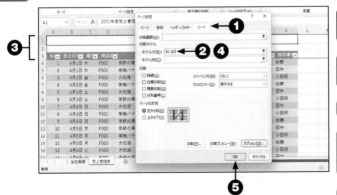

❶[シート] タブが表示されているこ
とを確認します。

❷[印刷タイトル] の [タイトル行]
ボックスをクリックします。

❸1行目〜3行目をドラッグします。

❹[タイトル行] ボックスに
「$1:$3」と表示されていることを確
認します。

❺[OK] をクリックします。

ワークシート上に表示される破線

「印刷プレビュー」から元の画面（編集画面）に戻ると、ワークシート上に破線が表示されます。この破線は、印刷するときのページ区切りの位置を示しています。「ページレイアウトビュー」から「標準ビュー」に戻したときや、改ページを挿入したときに表示される破線も同様です。

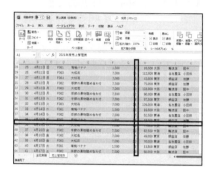

改ページプレビュー

表を印刷するときに、どの位置で改ページされるかを表示するのが「改ページプレビュー」です。改ページプレビューでは、マウスでドラッグして改ページ位置を調節できます。

操作 改ページプレビューで改ページ位置を調整する

改ページプレビューに切り替えて、マウス操作で改ページ位置を調整しましょう。

Step 1 改ページプレビューに切り替えます。

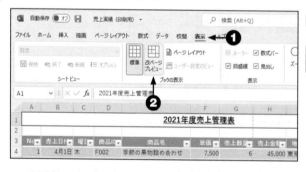

❶[表示] タブをクリックします。

❷[改ページプレビュー] ボタンをクリックします。

Step 2 下にスクロールして改ページの状態を確認します。

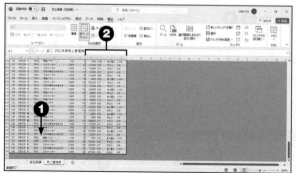

❶下にスクロールし、「5ページ」と表示されていることを確認します。

❷列が4列分はみ出して10ページになっていることを確認します。

改ページの状態
プリンターの機種などによって改ページの状態が異なる場合もあります。

Step 3 改ページ位置を調整します。

❶G列とH列の間に表示されている破線をポイントします。

❷マウスポインターの形が ↔ になっている状態で、担当者名のK列の右までドラッグします

Step 4 改ページ位置が調整されたことを確認します。

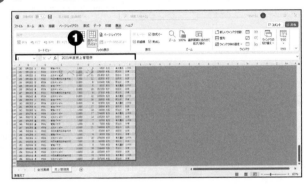

❶縦の破線がなくなったことを確認します。

💡 **ヒント**

改ページプレビューの表示
改ページプレビューでは、自動の改ページは破線、手動で設定した改ページは実線で表示されます。

Step 5 🔲 [標準] ボタンをクリックして、標準表示に戻します。

改ページの挿入

複数のページにわたるデータを印刷するときに、自動改ページで入るページ区切りとは異なる位置でページを区切りたい場合には、手動で改ページを挿入することができます。

･･

操作 ☞ 改ページを挿入する

･･

シート「売上管理表」に、自動改ページの破線が表示されていることを確認しましょう。また、4月21日と4月22日、5月10日と5月11日の間に改ページを挿入しましょう。

Step 1 自動改ページの位置を確認します。

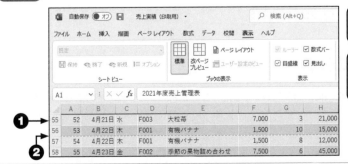

❶55行目が表示されるまでスクロールします。

❷56行目と57行目の間に自動改ページの破線が表示されていることを確認します。

Step 2 手動で改ページを挿入します。

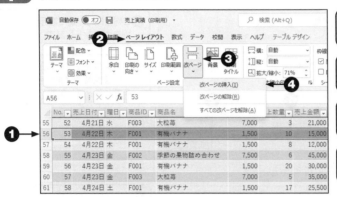

❶自動改ページの破線のすぐ上の56行目を行単位で選択します。

❷[ページレイアウト]タブをクリックします。

❸[改ページ]ボタンをクリックします。

❹[改ページの挿入]をクリックします。

Step 3 手動で改ページが挿入されたことを確認します。

❶任意のセルをクリックして範囲選択を解除します。

❷55行目と56行目の間に実線が表示されたことを確認します。

Step 4 同様に、106行目（5月10日と5月11日の間）に手動で改ページを挿入します。

Step 5 **Ctrl**キーを押したまま**Home**キーを押して、1行目を表示します。

💡 ヒント   **改ページの解除**

改ページを削除するには、改ページを設定した行をクリックし、[ページレイアウト]タブの[改ページ]ボタンをクリックして、[改ページの解除]をクリックします。設定済みのすべての改ページを一度に解除する場合は、[すべての改ページを解除]をクリックします。

ヘッダー / フッターの挿入

表やグラフを印刷するときに、余白に、印刷日やブック名、シート名、ページ数などの情報を付け加えることができます。

用語 **ヘッダー /フッター**

ページ上部の余白に印刷されるものを「ヘッダー」といい、それに対してページ下部の余白に印刷されるものを「フッター」といいます。ヘッダー /フッターは、基本的にすべてのページに挿入されます。

操作 **ヘッダー /フッターを挿入する**

シート「売上管理表」を印刷したときに印刷日とページ番号がわかるように、ヘッダーに現在の日付、フッターにページ番号を挿入しましょう。

Step 1 ヘッダーとフッターを挿入します。

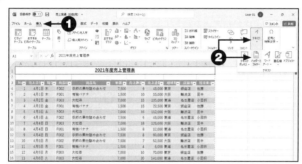

❶[挿入] タブをクリックします。

❷[テキスト] ボタンをクリックし、[ヘッダーとフッター] ボタンをクリックします。

Step 2 ヘッダーの右側に印刷日を挿入します。

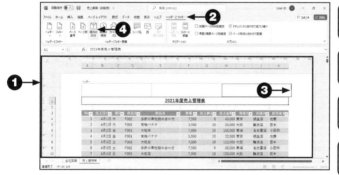

❶ページレイアウトビューに切り替わります。

❷[ヘッダーとフッター] タブが表示されていることを確認します。

❸ヘッダーの右側をクリックしてカーソルを表示します。

❹[現在の日付] ボタンをクリックします。

Step 3 ヘッダーに現在の日付が表示されたことを確認します。

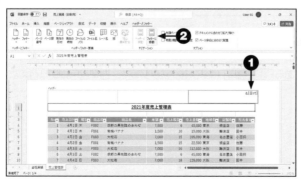

❶ヘッダーの右側に「&[日付]」と表示されたことを確認します。

❷[フッターに移動] ボタンをクリックします。

Step 4 フッターの中央にページ番号を挿入します。

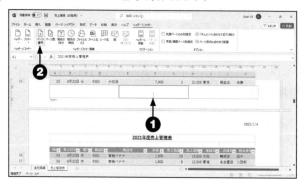

❶ フッターの中央をクリックしてカーソルを表示します。

❷ [ページ番号] ボタンをクリックします。

Step 5 フッターの中央にページ番号が設定されたことを確認します。

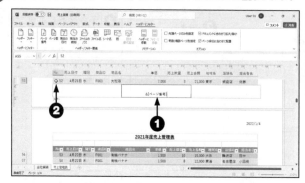

❶ フッターの中央に「&[ページ番号]」と表示されたことを確認します。

❷ 任意のセルをクリックしてフッターを確定します。

Step 6 表の最終行までスクロールします。

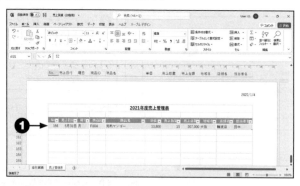

❶ 最後のページはデータが1行だけであることを確認します。

Step 7 **Ctrl**キーを押したまま**Home**キーを押して、1行目を表示します。

Step 8 ズームスライダーの左側にある 田 [標準] ボタンをクリックして、標準表示に切り替えます。

ページレイアウトビュー

Excelには、印刷結果を確認しながら編集できる「ページレイアウトビュー」があります。ページレイアウトビューに切り替えるには、[表示] タブの [ページレイアウト] [ページレイアウト] ボタンをクリックするか、ズームスライダーの左側にある [ページレイアウト] ボタンをクリックします。ページレイアウトビューに切り替えると、上下左右に余白が表示され、ヘッダー / フッターの編集や、セルの編集を行うことができます。

- -

設定できるヘッダー / フッター要素

ページ番号と現在の日付以外に用意されている主なヘッダー / フッター要素は、次の表のとおりです。

ボタン		機能
ページ数	ページ数	印刷時の総ページ数を追加します。
現在の時刻	現在の時刻	コンピューターの内部時計を参照し、現在の時刻を追加します。
ファイルのパス	ファイルのパス	ファイルの保存先（完全パス）を含むファイル名を追加します。
ファイル名	ファイル名	ファイル名を追加します。
シート名	シート名	シート名を追加します。
図	図	クリックすると [画像の挿入] ダイアログボックスが開き、ロゴなどの図を追加できます。

また、ヘッダー / フッターには、任意の文字を入力することもできます。「社外秘」や「関係者限定」などの文字や、作成者名などを余白に追加して印刷するときに利用します。

- -

. . . .

操作 ☞ 余白を設定する

. . . .

シート「売上管理表」の余白を設定し、3ページに印刷できるように調整しましょう。

Step 1 [ページレイアウト] タブをクリックします。

Step 2 [ページ設定] ダイアログボックスを開きます。

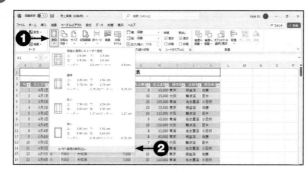

❶[余白] ボタンをクリックします。

❷[ユーザー設定の余白] をクリックします。

Step 3 上下の余白を設定し、印刷プレビューを表示します。

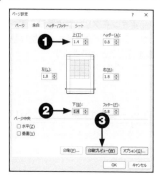

① [上] ボックスの▼を1回クリックし、[1.4] に設定します。

② [下] ボックスの▼を1回クリックし、[1.4] に設定します。

③ [印刷プレビュー] ボタンをクリックします。

💡 ヒント **余白の設定**

余白の単位は「cm」です。また、[ヘッダー] または [フッター] ボックスで数値を指定すると、ページの端からの印刷位置を指定できます。

操作👉 **印刷イメージを確認する**

・・・

Step 1 印刷イメージを確認します。

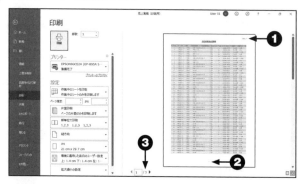

① ヘッダーに現在の日付が表示されていることを確認します。

② フッターにページ番号が表示されていることを確認します。

③ 「1/3ページ」と表示され、3ページに収まったことを確認します。

④ ▶ をクリックして2ページ目を表示します。

Step 2 2ページ目を確認します。

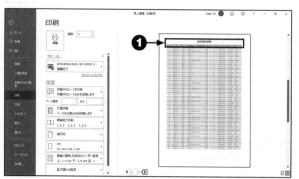

① 表のタイトルと列見出しが表示されていることを確認します。

Step 3 ブックを [保存用] フォルダーに保存して閉じます。

この章の確認

☐ 印刷するために必要な準備について理解できましたか？

☐ 印刷イメージを確認することができますか？

☐ ページ設定を行うことができますか？

☐ 印刷を実行することができますか？

☐ 印刷タイトルを設定することができますか？

☐ 改ページプレビューで改ページ位置を調整することができますか？

☐ 手動で改ページを挿入することができますか？

☐ ヘッダー/フッターを挿入することができますか？

☐ 余白を設定することができますか？

復習問題 **問題 10-1**

印刷の設定を行い、印刷を実行しましょう。

1. ［復習問題］フォルダーに保存されているブック「復習10　第2四半期売上実績（印刷用）」を開きましょう。

2. シート「売上集計表」の印刷イメージを確認しましょう。

3. シート「売上集計表」の用紙と向きを「A4」「横方向」、印刷位置をページの「水平方向の中央」に設定しましょう。

4. 1ページに印刷できるように、縮小印刷の設定をしましょう。

5. 印刷を実行しましょう。

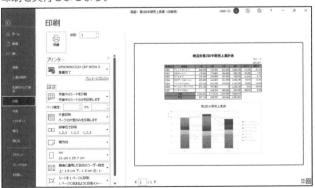

複数ページにまたがる表の印刷の設定を行いましょう。

1.　シート「売上管理表」の印刷イメージを確認しましょう。

2.　1行目から3行目が各ページに印刷されるように、印刷タイトルの設定をしましょう。

3.　改ページプレビューで、「売上金額」、「地域名」、「店舗名」、「立地条件」までを横1ページ内に印刷できるように設定しましょう。

4.　52行目、101行目、152行目に手動で改ページを挿入しましょう。

5.　ヘッダーの左側に現在の日付、フッターの中央にページ番号を挿入しましょう。

6.　印刷イメージを確認しましょう。

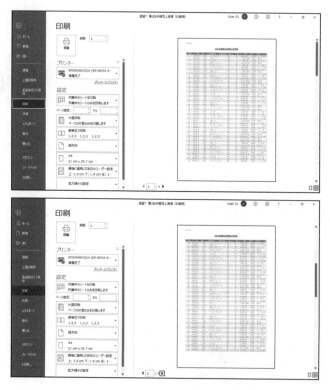

7.　ブックを［保存用］フォルダーに保存して閉じましょう。

第3部

プレゼンテーションソフト PowerPoint 2021 の利用

プレゼンテーションの
作成と編集

- プレゼンテーションの作成
- スライドの追加
- プレゼンテーション構成の見直し
- スライドのデザイン設定
- 文字の書式設定
- 段落の書式設定
- プレゼンテーションの保存

プレゼンテーションの作成

プレゼンテーションを新規に作成するには、白紙から新規に作成する方法と、既存のテンプレートを編集して作成する方法があります。テンプレートには、すでにデザインが設定されているので、作成するプレゼンテーションの目的にあったものであれば、素早く作成することができます。

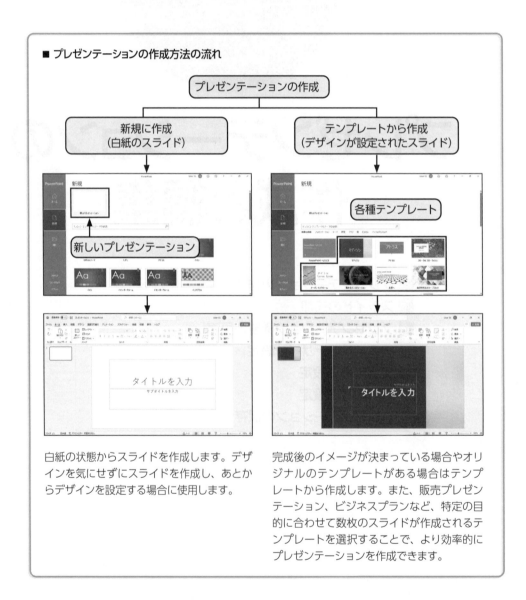

白紙の状態からスライドを作成します。デザインを気にせずにスライドを作成し、あとからデザインを設定する場合に使用します。

完成後のイメージが決まっている場合やオリジナルのテンプレートがある場合はテンプレートから作成します。また、販売プレゼンテーション、ビジネスプランなど、特定の目的に合わせて数枚のスライドが作成されるテンプレートを選択することで、より効率的にプレゼンテーションを作成できます。

プレゼンテーションの新規作成

新しくプレゼンテーションを作成します。

. . . .

操作 ☞ **新規にプレゼンテーションを作成する**

. . . .

白紙のスライドのプレゼンテーションを新規に作成しましょう。

Step 1 PowerPointを起動して、新しいプレゼンテーションを開きます。

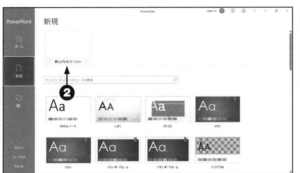

❶ PowerPointを起動します。

❷ テンプレートの一覧にある［新しいプレゼンテーション］をクリックします。

Step 2 スライドのサイズを確認します。

❶ ［デザイン］タブをクリックします。

❷ ［スライドのサイズ］ボタンをクリックします。

❸ スライドのサイズが［ワイド画面（16：9）］になっていることを確認します。

💡 **ヒント**
スライドのサイズ
スライドのサイズは［ワイド画面（16：9）］が既定のサイズです。ユーザー設定のスライドサイズは［スライドのサイズ］ボタンで変更できます。

- - - - - - - - - - - - - - - - - - - -

テンプレートからの作成

新しいプレゼンテーションを白紙の状態から作成すると、配色で悩んだり、レイアウトで時間を取られてしまったりということが少なくありません。PowerPointには、ある程度のデザインやレイアウトが完成した状態からプレゼンテーションを作成することができる「テンプレート」が用意されています。[ファイル] タブの [新規] をクリックして、販売プレゼンテーション、ビジネスプラン、教室の授業など、特定の目的に合わせたテンプレートの一覧から選択することで、より効率的にプレゼンテーションを作成できます。一覧にないテンプレートはインターネットを経由して提供されます。

操作 テンプレートからプレゼンテーションを作成する

用意されているテンプレートをもとにプレゼンテーションを作成しましょう。

Step 1 テンプレート一覧が表示されている [新規] 画面を表示します。

❶[ファイル] タブをクリックします。

Step 2 テンプレートを検索する分野を選択します。

❶[新規] をクリックします。

❷[検索の候補:] の [プレゼンテーション] をクリックします。

Step 3 任意のテンプレートを選択します。

① テンプレートの一覧から［テックデザイン］をクリックします。

Step 4 テンプレートに基づくプレゼンテーションを作成します。

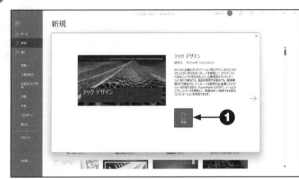

①［作成］をクリックします。

Step 5 ［テックデザイン］プレゼンテーションが作成されたことを確認します。

① テンプレートをもとに新しいプレゼンテーションが作成され、編集可能な状態で表示されたことを確認します。

Step 6 ［ファイル］タブをクリックします。

Step 7 ［閉じる］をクリックします。

スライドの追加

PowerPointでは、プレゼンテーションは「スライド」で構成されています。PowerPointを起動し、一覧から [新しいプレゼンテーション] を選択すると、表紙用のタイトルスライドが1枚だけ表示されますが、スライドはあとから自由に追加、移動、削除ができます。スライドを追加しながら、文字や表、グラフなどを入力して、プレゼンテーションを作成していきます。

■ スライドの追加方法

[新しいスライド] ボタンをクリックし、挿入するスライドのレイアウトを選択します。

■ スライドレイアウト

スライドには「スライドレイアウト」が設定されています。スライドレイアウトとは、スライドにあらかじめタイトルなどの文字、図、グラフなどのコンテンツを簡単に配置することができるスライドの構成のことです。

■ [新しいスライド] ボタン

[ホーム] タブと [挿入] タブにある [新しいスライド] ボタンをクリックすると既定のレイアウト [タイトルとコンテンツ] スライドが挿入されます。ほかのレイアウトに変更した後に [新しいスライド] ボタンをクリックすると、そのレイアウトのスライドが挿入されます。
[新しいスライド] ボタンの▼をクリックするとレイアウトが表示され、選択したレイアウトのスライドが挿入されます。

新しいスライドの挿入

プレゼンテーションに新しいスライドを挿入するには、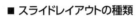[新しいスライド] ボタンをクリックします。[タイトルスライド] が選択された状態で [新しいスライド] ボタンのアイコン部分をクリックすると、[タイトルとコンテンツ] スライドが挿入されます。それ以外が選択されている場合には、そのスライドと同じスライドレイアウトが挿入されます。[新しいスライド] ボタンの▼をクリックすると、レイアウトの一覧が表示され、その中から選択してスライドを挿入することができます。

■ スライドレイアウトの種類
スライドにはテーマごとに数種類のスライドレイアウトが用意されています。
選択したレイアウトはあとから変更することができます。

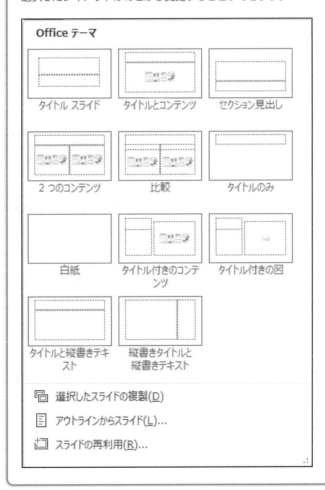

操作☞ **新しいスライドを挿入する**

新しいプレゼンテーションに2枚目のスライドを挿入します。

Step 1 新規作成したプレゼンテーションが開いていない場合は、[ファイル] タブの [新規] をクリックして、[新しいプレゼンテーション] をクリックします。

Step 2 2枚目にスライドレイアウト [タイトルとコンテンツ] のスライドを挿入します。

❶ [ホーム] タブをクリックします。

❷ [新しいスライド] ボタンの▼を クリックします。

❸ スライドレイアウトの一覧が表 示されるので、[タイトルとコン テンツ] をクリックします。

Step 3 新しいスライドが挿入されたことを確認します。

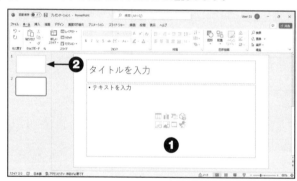

❶ 2枚目に [タイトルとコンテンツ] のスライドが挿入されたことを 確認します。

❷ サムネイルの1枚目のスライドを クリックします。

💡 **ヒント**
新しいスライド
新しいスライドは、現在表示されているス ライドの後ろに挿入されます。

プレースホルダーへの文字入力

スライドのレイアウトによってプレースホルダーが表示されます。[タイトルスライド] スライドでは、[タイトルを入力] と [サブタイトルを入力] と表示されたプレースホルダーがあり、[タイトルとコンテンツ] スライドには [タイトルを入力] と [テキストを入力] のプレースホルダー、8つのオブジェクトが挿入できるアイコンが表示されます。プレースホルダーはあらかじめ書式が設定されています。

操作 📌 プレースホルダーに文字を入力する

スライドにタイトルと箇条書きの文字を入力しましょう。

Step 1 タイトルに「新型掃除機 "スパイラル"」と入力します。

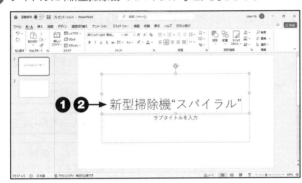

❶ [タイトルを入力] と表示されているプレースホルダー内をクリックし、カーソル（縦棒）が表示されたことを確認します。

❷ 「新型掃除機 "スパイラル"」と入力します。

Step 2 サブタイトルに「企画開発部」と入力します。

❶ [サブタイトルを入力] と表示されているプレースホルダー内をクリックし、カーソル（縦棒）が表示されたことを確認します。

❷ 「企画開発部」と入力します。

❸ プレースホルダー以外の場所をクリックして、プレースホルダーの選択が解除されたことを確認します。

Step 3 2枚目のスライドにタイトルを入力します。

❶ [次のスライド] またはサムネイルの2枚目のスライドをクリックします。

❷ [タイトルを入力] と表示されているプレースホルダー内をクリックし、カーソル（縦棒）が表示されていることを確認します。

❸ 「従来の掃除機に対する要望」と入力します。

Step 4 箇条書きを入力します。

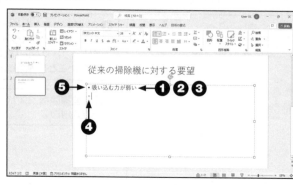

❶ [テキストを入力] と表示されているプレースホルダー内をクリックし、カーソル（縦棒）が表示されていることを確認します。

❷ 「吸い込む力が弱い」と入力します。

❸ Enterキーを押して改行します。

❹ カーソル（縦棒）が次の行に移動します。

❺ 行頭文字が表示されます。

Step 5 続けてほかの箇条書きを入力します。

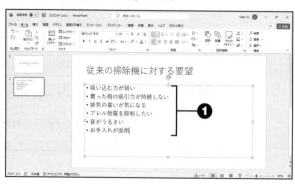

❶ 以下の文字を入力します。

　・買った時の吸引力が持続しない
　・排気の臭いが気になる
　・アレル物質を抑制したい
　・音がうるさい
　・お手入れが面倒

※行頭文字はEnterキーを押すと、自動的に入力されます。

Step 6 プレースホルダー以外の場所をクリックして、プレースホルダーの選択を解除します。

💡 **ヒント**　**段落と行の違い**
　　　　　文字を入力する場合、**Enter**キーだけを押すと、段落が分かれ、次行に行頭文字が表示されます。**Shift＋Enter**
　　　　　キーを押すと、改行はされますが、次行に行頭文字は表示されません。長い箇条書きを途中で強制改行するとき
　　　　　などに使用します。

箇条書きの編集

プレースホルダーに文字を入力すると、段落の先頭には、「行頭文字」が自動的に表示されます。行頭文字には「箇条書き」と「段落番号」の2種類があります。
「箇条書き」は段落の先頭に「●」や「◇」の記号が付き、「段落番号」は段落の先頭に「1.2.3」や丸数字などの連番が表示されます。
箇条書きは段落ごとにレベルを設定できます。大きい概念の項目には上のレベル、その下位の項目には下のレベルを設定します。箇条書きにはレベルごとに書式が設定されているので、レベルを変更すると書式が変更されます。

> **■ 段落のレベルの設定**
> 段落のレベルを設定するには、[ホーム] タブの [インデントを減らす] および [インデントを増やす] ボタンで行います。PowerPointでは最大9段階のレベルが設定できます。
>
> | レベル | 上げる | 下げる |
> | --- | --- | --- |
> | ボタン | [インデントを減らす] ボタン 🔲 | [インデントを増やす] ボタン 🔲 |
> | 段落の左端 | 左にずれる | 右にずれる |
>
> - 吸い込む力が弱い ◀──── [第1レベル]
>   - 買った時の吸引力が持続しない ◀── [第2レベル]
> - 排気の臭いが気になる
>   - アレル物質を抑制したい
>
> また、[表示] タブの [アウトライン表示] ボタンをクリックしてアウトライン表示に切り替え、段落を右クリックしてショートカットメニューから [レベル上げ] および [レベル下げ] をクリックしてレベルを変更することもできます。アウトライン表示では、箇条書きの一番上のレベルの段落に対して、さらに [インデントを減らす] または [レベル上げ] の操作を行うと、段落の文字列がスライドのタイトルになった新しいスライドが作成されます。

操作🖝 箇条書きのレベルを変更する

2枚目のスライド「従来の掃除機に対する要望」の箇条書きを内容に合わせたレベルに変更しましょう。「買った時の吸引力が持続しない」「アレル物質を抑制したい」という段落は、それぞれ前の段落に含まれる内容と考えられるので、レベルを1つ下げます（インデントを1つ増やします）。

Step 1 箇条書き2行目の段落のレベルを1つ下げます。

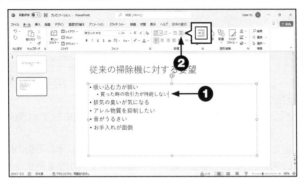

❶「買った時の吸引力が持続しない」の段落内をクリックし、カーソル（縦棒）が表示されたことを確認します。

❷[インデントを増やす] ボタンをクリックします。

Step 2 同様に、4行目のレベルを1つ下げます。

Step 3 プレースホルダー以外の場所をクリックして、プレースホルダーの選択を解除します。

💡 **ヒント** レベルを1つ上げる

段落のレベルを上げるには、[ホーム] タブの ⬅️ [インデントを減らす] ボタンをクリックします。

プレゼンテーション構成の見直し

プレゼンテーションを作成するときに、いきなり最初のスライドから文字入力をすると見た目など
にとらわれてしまい構成がおろそかになってしまうことがあります。プレゼンテーションで重要な
のはスライド1枚1枚の完成度ではなく、全体の構成です。
ここではアウトライン表示やスライド一覧表示を使い、プレゼンテーション全体を見直し、スライ
ドの順番やデザインを変更します。

■ アウトライン表示

[表示] タブの [アウトライン表示] ボタンをクリックするとアウトライン表示になり、画面左側に
アウトラインが表示されます。アウトラインとはプレゼンテーションの「目次」のようなもので、
内容の構成がひと目で把握できます。

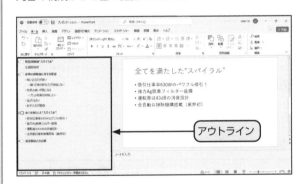

アウトラインは、文字の情報だ
けが入力できる特別な領域なの
で、画像や図形、デザインの色、
文字の大きさ、位置などにとら
われることなく、キーワードを
集めて骨格となる全体の構成や、
話の流れを整えてプレゼンテー
ションの構成を作成することに
適しています。

■ スライド一覧表示

アウトライン表示でプレゼンテーションの構成が決まったら、本当にこの順番や内容でいいのか
を再度見直します。構成を考えるのはアウトライン表示が適していますが、スライド全体を確認
するときはスライド一覧表示を利用します。

スライド一覧表示は、作成済み
の複数のスライドが一覧形式で
表示されるため、全体を見なが
らスライドの順番を入れ替えた
り、不要なスライドを削除した
りする操作が直感的に行えます。
スライドが完成したら、スライ
ド一覧表示に切り替えて、もう
一度最終確認をします。

アウトライン表示での編集

アウトライン表示に切り替えると、スライドのサムネイルの代わりに、プレゼンテーションのタイトルや文字が表示されます。プレゼンテーション全体の構成を確認しながらスライドを編集することができます。

■ アウトライン表示の画面

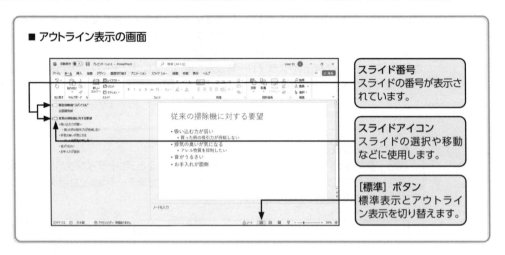

スライド番号
スライドの番号が表示されています。

スライドアイコン
スライドの選択や移動などに使用します。

[標準] ボタン
標準表示とアウトライン表示を切り替えます。

操作 アウトライン表示に切り替える

プレゼンテーションをアウトライン表示に切り替えましょう。

Step 1 標準表示からアウトライン表示へ切り替えます。

❶ 2枚目のスライドが選択されていることを確認します。

❷ [標準] ボタンを2回クリックします。

💡 ヒント

アウトライン表示への切り替え

プレゼンテーションを作成してから初めて [標準] ボタンをクリックすると、ノートペインが追加で表示されます。もう一度 [標準] ボタンをクリックするとアウトライン表示に切り替わります。これ以降は一度のクリックで標準表示とアウトライン表示を切り替えられます。また、[表示] タブの [アウトライン表示] ボタンをクリックしても、アウトライン表示に切り替えることができます。

Step 2 アウトライン表示に切り替わったことを確認します。

. . . .

操作 アウトラインのレベルを調整してスライドを追加する

. . . .

アウトライン表示でスライドを追加したり、構成のレベルを調整しましょう。

Step 1 新しいスライドを挿入するため、アウトラインに項目を追加します。

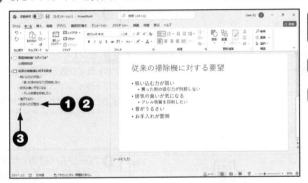

❶ アウトラインの「お手入れが面倒」の末尾をクリックします。

❷ Enterキーを押します。

❸ カーソル（縦棒）が表示されます。

Step 2 レベルを上げて、追加した行をスライドにします。

❶ カーソル（縦棒）がアウトラインの末尾にあることを確認します。

❷ [インデントを減らす] ボタンをクリックします。

❸ 段落のレベルが上がり、新しいスライドになったことを確認します。

Step 3 追加したスライドにタイトルを入力します。

❶ カーソル（縦棒）がアウトライン
の3枚目にあることを確認します。

❷「全てを満たした"スパイラル"」
と入力します。

❸[タイトルを入力] にも「全てを
満たした"スパイラル"」と表示
されていることを確認します。

Step 4 もう1枚スライドを追加します。

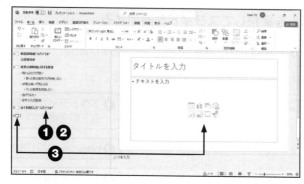

❶ カーソル（縦棒）がアウトライン
の末尾にあることを確認します。

❷ Enterキーを押します。

❸ スライドが追加されたことを確
認します。

💡 ヒント
アウトライン表示で作成した段落
アウトラインではEnterキーを押すと、前の
段落と同じレベルの段落が作成されます。

Step 5 4枚目のスライドを、3枚目の箇条書きに変更します。

❶ カーソル（縦棒）がアウトライン
の4枚目にあることを確認します。

❷[インデントを増やす] ボタンを
クリックします。

❸ 4枚目のスライドがなくなり、3
枚目の箇条書きにカーソル（縦
棒）が表示されていることを確
認します。

Step 6 箇条書きを入力します。

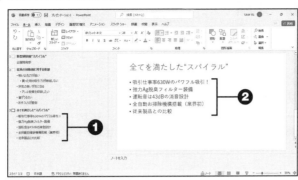

❶ 以下の文字を入力します。

　・吸込仕事率630Wのパワフル
　　吸引！
　・強力Ag脱臭フィルター装備
　・運転音は43dBの消音設計
　・全自動お掃除機構搭載（業界初）
　・従来製品との比較

※行頭文字は**Enter**キーを押すと、
　自動的に入力されます。

❷ ［テキストを入力］にも同様の箇
条書きが表示されていることを
確認します。

Step 7 「従来製品との比較」を、4枚目のスライドタイトルに変更します。

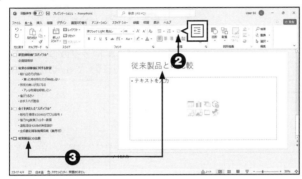

❶ アウトラインの「従来製品との
比較」の行内にカーソル（縦棒）
があることを確認します。

❷ ［インデントを減らす］ボタンを
クリックします。

❸ 4枚目のスライドが挿入され、
「従来製品との比較」がタイトル
に変更されたことを確認します。

💡 **ヒント**　**アウトラインのレベルを変更するショートカットキー**

アウトラインでレベルを変更したい段落にカーソル（縦棒）がある場合、**Tab**キーを押すとレベルを下げることが
できます。**Shift＋Tab**キーを押すとレベルを上げることができます。

スライドの複製、移動、削除

プレゼンテーションを作成途中でもスライドは複製、移動、削除ができます。

操作👉 スライド一覧表示に切り替える

スライドの複製、移動、削除の操作を行いやすくするため、プレゼンテーション全体を見やすいスライド一覧に切り替えましょう。

Step 1 スライド一覧表示に切り替えます。

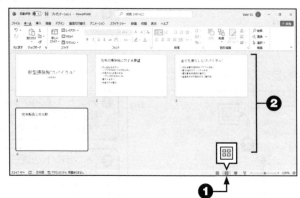

❶[スライド一覧] ボタンをクリックします。

❷スライド一覧表示に切り替わったことを確認します。

💡 ヒント
スライド一覧表示への切り替え
[表示] タブの [スライド一覧] ボタンをクリックしても、切り替えることができます。

操作👉 スライドを複製する

2枚目のスライドを複製して、3枚目のスライドとして挿入しましょう。

Step 1 2枚目のスライドを選択して、[複製] コマンドを実行します。

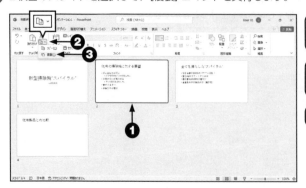

❶2枚目のスライドをクリックします。

❷[コピー] ボタンの▼をクリックします。

❸[複製] をクリックします。

Step 2 2枚目のスライドが複製されたことを確認します。

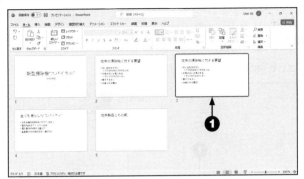

❶2枚目のスライドが複製されて、
3枚目として挿入されます。

💡 ヒント **その他のスライドの複製方法**
スライドの複製には以下の方法もあります。

■ **スライドをコピーアンドペーストで複製する**
対象のスライドをコピーしてから、目的の場所に貼り付けることでスライドを複製できます。

■ **ドラッグ操作で複製する**
対象のスライドを**Ctrl**キーを押しながらドラッグするとスライドを複製できます。

■ **ショートカットキー**
対象のスライドを選択して**Ctrl**＋**D**キーを押します。

💡 ヒント **スライドの選択方法**
スライド一覧表示で連続したスライドを選択するには、先頭のスライドをクリックしたあと、最後のスライドを
Shiftキーを押しながらクリックします。連続していないスライドを選択するには、先頭のスライドをクリックし
たあと、**Ctrl**キーを押しながら離れた場所のスライドをクリックします。

操作 スライドを移動する

3枚目のスライドを4枚目のスライドの後ろに移動しましょう。

Step 1 3枚目のスライドを4枚目と5枚目のスライドの間にドラッグします。

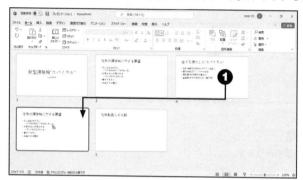

❶3枚目のスライドを、4枚目と5枚目の間にドラッグします。

Step 2 3枚目のスライドが4枚目に移動したことを確認します。

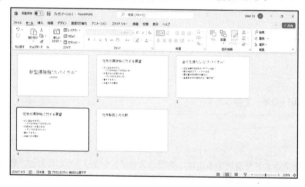

操作☞ スライドを削除する

4枚目のスライドを削除しましょう。

Step 1 4枚目のスライドを選択します。

❶ 4枚目のスライドを右クリックします。

❷ [スライドの削除] をクリックします。

💡 **ヒント**
その他のスライドの削除
削除したいスライドが選択されていることを確認して、**Delete**キーを押します。

Step 2 スライドが削除されたことを確認します。

❶ 4枚目のスライドが削除され、5枚目のスライド番号が「4」になったことを確認します。

Step 3 同様に4枚目のスライドも削除します。

💡 **ヒント**
削除したスライドを元に戻すには
削除してしまったスライドを元に戻すには[ホーム]タブの[元に戻す]ボタンをクリックします。

Step 4 📺 [標準] ボタンをクリックして、標準表示に切り替えます。

スライドのデザイン設定

PowerPointには、プレースホルダーの位置、配色、文字の書体や大きさ、背景などを組み合わせた「テーマ」が用意されています。テーマにはそれぞれ名前が付いており、テーマを適用すれば、洗練されたデザインのプレゼンテーションを簡単に作成できます。

新規作成したプレゼンテーションには [Officeテーマ] という名前のテーマが設定されており、白い背景色、フォントは游ゴシックが設定されています。

■ テーマの例

テーマ [Officeテーマ] を適用

新型掃除機"スパイラル"

企画開発部

従来の掃除機に対する要望

- 吸い込む力が弱い
  ・買った時の吸引力が持続しない
- 排気の臭いが気になる
  ・アレル物質を抑制したい
- 音がうるさい
- お手入れが面倒

テーマ [ファセット] を適用

新型掃除機"スパイラル"

企画開発部

従来の掃除機に対する要望

- 吸い込む力が弱い
  ・買った時の吸引力が持続しない
- 排気の臭いが気になる
  ・アレル物質を抑制したい
- 音がうるさい
- お手入れが面倒

テーマによってスライド番号の位置も変わります。

テーマによって配色が変わります。

テーマ [ギャラリー] を適用

新型掃除機"スパイラル"

企画開発部

2 従来の掃除機に対する要望

- 吸い込む力が弱い
  ・買った時の吸引力が持続しない
- 排気の臭いが気になる
  ・アレル物質を抑制したい
- 音がうるさい
- お手入れが面倒

テーマの設定

プレースホルダーの位置、配色、文字のフォント、背景などのスライドのデザインは、PowerPointに用意されているテーマを適用することで、統一することができます。

操作☞ テーマを適用する

プレゼンテーションに適用するテーマをプレビューしてみましょう。

Step 1 テーマ［イオン］をプレビューします。

① サムネイルの1枚目のスライドをクリックします。

② ［デザイン］タブをクリックします。

③ ［テーマ］グループの［イオン］をポイントします。

④ プレビュー表示でテーマが一時的に変わることを確認します。

🔲 用語

プレビュー

プレビューとは、デザインなどを実際には適用せず、適用したイメージを一時的に表示することができる機能です。適用をキャンセルするには、ポイントしたマウスポインターをその他の場所に移動します。

Step 2 テーマ［ウィスプ］を適用します。

① ［デザイン］タブが選択されていることを確認します。

② ［テーマ］グループの・［その他］ボタンをクリックします。

③ ［ウィスプ］をポイントします。

④ ［ウィスプ］が適用されたスライドがプレビュー表示されます。

⑤ ［ウィスプ］をクリックします。

Step 3 テーマが適用され、プレゼンテーション全体に対して、プレースホルダーの位置、配色、文字のフォント、背景などが変更されます。

スライドレイアウトの変更

スライドを作成したあとでも、[レイアウト] ボタンを利用すると、1枚ごとにレイアウトを変更できます。

操作🖙 スライドのレイアウトを変更する

3枚目のスライドのみレイアウトを変更しましょう。

Step 1 3枚目のスライドを選択します。

❶[ホーム] タブをクリックします。

❷サムネイルの3枚目のスライドをクリックします。

Step 2 3枚目のスライドのレイアウトを [2つのコンテンツ] に変更します。

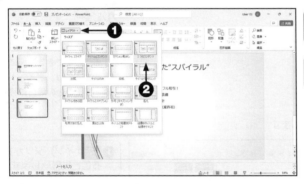

❶[レイアウト] ボタンをクリックします。

❷表示された一覧から [2つのコンテンツ] をクリックします。

Step 3 プレースホルダーが左右に並んだレイアウトに変更されたことを確認します。

テーマのカスタマイズ

PowerPointには何種類かのテーマが用意されていますが、一部分をカスタマイズしたいこともあります。テーマは色のバリエーション、配色、フォント、効果、背景のスタイルを個別に変更することができます。

操作 カスタマイズの結果を確認する

適用したテーマ［ウィスプ］のバリエーションや色などをプレビューして確認し、スライドの背景を変更しましょう。

Step 1 テーマ［ウィスプ］のバリエーションをプレビューします。

❶ サムネイルの1枚目のスライドをクリックします。

❷［デザイン］タブをクリックします。

❸［バリエーション］グループの一番右をポイントし、プレビュー表示で色のバリエーションが変更されることを確認します。

用 語
バリエーション
PowerPointにはテーマごとにいくつかの［バリエーション］が用意されています。バリエーションはテーマのデザインに基づいて配色をセットにしたものです。

Step 2 配色［赤］をプレビューします。

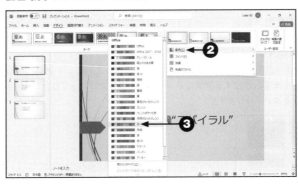

❶［バリエーション］グループの［その他］ボタンをクリックします。

❷［配色］をポイントします。

❸配色の一覧から［赤］をポイントして、プレビュー表示で配色が変更されることを確認します。

Step 3 フォント [MS P明朝] をプレビューします。

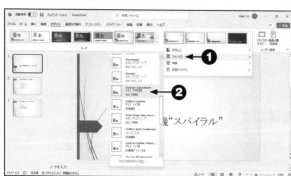

❶ [フォント] をポイントします。

❷ フォントの一覧から [MS P明朝] をポイントして、プレビュー表示でフォントが変更されることを確認します。

💡 **ヒント**
フォントの変更
ここでフォントを変更すると、プレゼンテーション内のすべてのフォントが一括で変更されます。

Step 4 スライドの背景を [スタイル 2] に変更します。

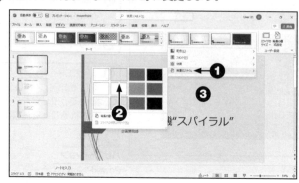

❶ [背景のスタイル] をポイントします。

❷ [スタイル2] をクリックします。

❸ スライドの背景が変更されたことを確認します。

💡 **ヒント**
背景のスタイルの変更
テーマによっては、スライドレイアウトの種類によって異なる背景が設定されていますが、背景のスタイルの変更はすべてのスライドレイアウトに対して適用されます。

💡 **ヒント** **特定のスライドの背景のみの変更**

通常はプレゼンテーション全体を通して同じ背景を使用しますが、話の転換となるスライドの背景のスタイルや色を変更すると、スライドの印象を強めることができます。
特定のスライドの背景のスタイルや色だけを変更したいときは、スライドを選択して [バリエーション] グループの [その他] ボタンをクリックします。設定する背景のスタイルや配色を右クリックし、ショートカットメニューの [選択したスライドに適用] をクリックします。

文字の書式設定

文字の大きさ、色、書体などの書式は、必要に応じて変更することができます。プレゼンテーションの内容に合わせて文字の書式を設定すると、重要な部分を強調したり、バランスを調整したりできるので、内容を的確に伝えるために役立ちます。

文字の書式設定を行うには、プレースホルダー内の文字を選択します。

■ 一部分の文字の選択
プレースホルダーの文字列の一部をドラッグして選択すると、プレースホルダーの枠線が点線になります。選択した文字列だけ書式設定ができます。

ドラッグして範囲選択します。

■ プレースホルダー内のすべての文字の選択
プレースホルダーの枠線をクリックし、枠線を実線にするとプレースホルダー全体を選択した状態になります。この状態で書式を設定すると、プレースホルダー内のすべての文字列に書式設定ができます。

プレースホルダーの枠線をクリックします。

フォントの変更

文字の書体のことを「フォント」といいます。日本語フォントの種類としては、ゴシック体や明朝体などがあります。[フォント] ボックスの一覧には、フォント名が実際のフォントで表示されます。また、プレビューによって適用後のイメージを確認しながらフォントを選択することができます。

操作 👉 フォントを変更する

タイトルのフォントを [メイリオ] から [MS P明朝] に変更しましょう。

Step 1 タイトルプレースホルダーを選択します。

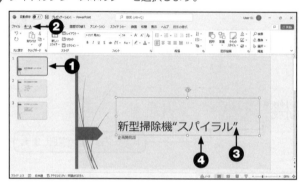

❶ サムネイルの1枚目のスライドをクリックします。

❷ [ホーム] タブをクリックします。

❸ タイトルプレースホルダー内をクリックします。

❹ プレースホルダーの枠をクリックします。

Step 2 タイトルのフォントを [MS P明朝] に変更します。

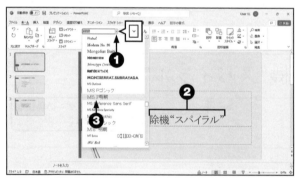

❶ [フォント] ボックスの▼をクリックします。

❷ [MS P明朝] をポイントし、プレビュー表示を確認します。

❸ [MS P明朝] をクリックします。

Step 3 同様に、部署名「企画開発部」のフォントを [MS P明朝] に変更します。

ヒント MSゴシック (MS明朝) とMS Pゴシック (MS P明朝) について

フォント名に「P」の付くフォントは、「プロポーショナルフォント」といい、文字ごとに異なる幅が設定されています。「o」や「w」のような文字は幅が広く、「i」や「l」のような文字は幅が狭くなっていて、文字間隔も自動的に調整されます。変更前のフォントの「メイリオ」もプロポーショナルフォントです。

とくに英文字が多く含まれる文字列や文章に適用すると、バランスのとれた美しいプレゼンテーションを作成することができます。

「PowerPoint」はマイクロソフト社の製品です。	MS Pゴシック
「PowerPoint」はマイクロソフト社の製品です。	MS ゴシック

文字の大きさの変更

文字の大きさのことを「フォントサイズ」といいます。フォントサイズを変更して、スライドのバランスを整えたり、目立たせたい文字を大きくしたりすることで、見やすいスライドを作成できます。

操作 フォントサイズを変更する

タイトルのフォントサイズを66ポイントにしましょう。また、部署名(企画開発部)のフォントサイズを一段階大きくしましょう。

Step 1 タイトルのフォントサイズを66ポイントに変更します。

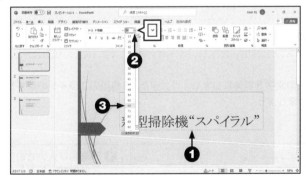

❶ タイトルプレースホルダーの枠をクリックします。

❷ [フォントサイズ] ボックスの▼をクリックします。

❸ [66] をクリックします。

 ヒント

フォントサイズの単位

フォントサイズは、ポイント (pt) という単位を使います。1ポイントは約0.35mmです。

Step 2 部署名のフォントサイズを20ポイントに変更します。

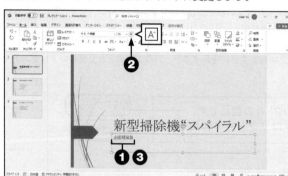

❶部署名が入力されているプレースホルダーの枠をクリックします。

❷[フォントサイズの拡大] ボタンをクリックします。

❸フォントサイズが20ポイントに拡大されたことを確認します。

💡 ヒント　[フォントサイズの拡大] ボタン

[フォントサイズの拡大] ボタンを使用すると、1回クリックするごとに段階的にフォントのサイズを大きくできます。例えば、10ポイントのフォントサイズを指定している場合、クリックするごとに10.5、11、12ポイントになります。変更されるサイズは [フォントサイズ] ボックスの一覧と同様になります。フォントサイズを縮小する場合は、[フォントサイズの縮小] ボタンをクリックします。

文字のスタイルの変更

文字のスタイルを変更すると、強調したい箇所など、特定の文字を目立たせることができます。

操作☞ 文字に斜体や影を付ける

1枚目のスライドの部署名の文字を斜体にしましょう。また、1枚目のスライドのタイトルが目立つように、タイトルに影を付けましょう。

Step 1 部署名を斜体にします。

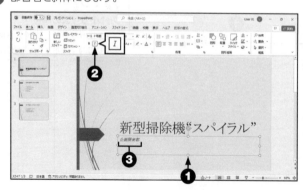

❶部署名が入力されているプレースホルダーが選択されていることを確認します。

❷[斜体] ボタンをクリックします。

❸文字が斜体になったことを確認します。

Step 2 タイトルの文字列に影の書式を設定します。

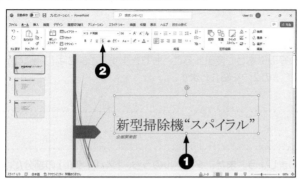

❶「新型掃除機"スパイラル"」とい
うタイトルが入力されているプ
レースホルダーの枠をクリックし
ます。

❷［文字の影］ボタンをクリックし
ます。

Step 3 タイトルに影の書式が設定されたことを確認します。

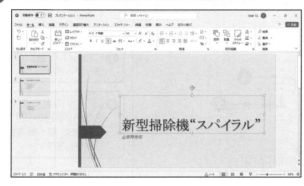

💡 **ヒント** **文字のスタイルの解除**

スタイルを解除したい文字またはプレースホルダーを選択すると［フォント］グループの［太字］や［斜体］などの
ボタンが選択された状態になります。該当するボタンをクリックするとスタイルを解除することができます。

文字の色の変更

文字の色を変えると、文字がより強調され、変化をつけることができます。テーマを適用すると、自動的に文字の色が設定されますが、自分の好みに応じて変更することもできます。ここでは [フォントの色] ボタンを使う方法とミニツールバーを使う方法の2つを紹介します。

操作 ☞ 文字の色を変更する

部署名の文字の色を変更しましょう。また、タイトルのうち、「スパイラル」の部分だけ、ミニツールバーを使って文字の色を変更します。

Step 1 部署名が入力されているプレースホルダーの枠をクリックします。

Step 2 文字の色を変更します。

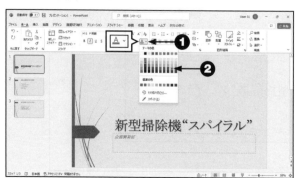

❶ [フォントの色] ボタンの▼をクリックします。

❷ [テーマの色] の上から5番目、右から2番目の [オリーブ、アクセント5、黒+基本色25%] をクリックします。

Step 3 タイトルの文字列「スパイラル」を選択します。

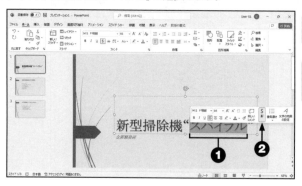

❶「スパイラル」をドラッグして範囲選択します。

❷ その付近でマウスポインターを動かすとミニツールバーが表示されることを確認します。

Step 4 ミニツールバーを使ってフォントの色を変更します。

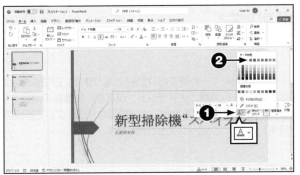

❶ ミニツールバーにある［フォントの色］ボタンの▼をクリックします。

❷ ［テーマの色］の一番上の左から4番目の［茶、テキスト2］をクリックします。

💡 **ヒント**
プレビューによる色の事前の確認
フォントの色を変更する際にも、プレビュー表示が利用できます。

Step 5 範囲選択した「スパイラル」だけ、文字の色が変わったことを確認します。

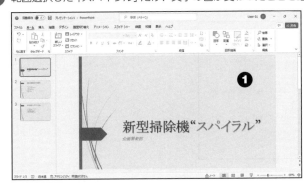

❶ プレースホルダー以外の場所をクリックします。

❷ ミニツールバーが非表示になったことを確認します。

📖 **用語** **ミニツールバー**
ミニツールバーは自動的に表示されるツールバーです。文字などを選択すると表示され、これをポイントすると利用できるようになります。よく利用するコマンドが表示され、プレビュー表示も利用できます。

💡 **ヒント** **すべての書式の解除**
文字に設定したすべての書式を一度に解除するには、［ホーム］タブの［すべての書式をクリア］ボタンをクリックします。

段落の書式設定

プレースホルダーに文字を入力して**Enter**キーを押すと「段落」になります。段落に設定された書式は「段落書式」といい、文字列の配置、行間隔、インデント、段落前、段落後の間隔などの書式が設定されます。段落書式を設定するには、書式を設定したい段落をドラッグして範囲選択し、[段落] グループのボタンか、[段落] ダイアログボックスを利用します。

[ホーム] タブの [段落] グループ右下の 🔲 [段落] ボタンをクリックすると、[段落] ダイアログボックスが表示され、段落に対する設定が数値単位で行えます。

[Officeテーマ] が設定されたスライドのプレースホルダーには [段落前] ボックスに10pt、[行間] に倍数0.9が初期設定されていて、プレースホルダーに文字を入力すると、以下のような表示になります。

- 吸引仕事率
  掃除機がごみやホコリを吸い込む能力をワットで示したもの
- 吸引力
  掃除機が吸い込む空気の量（風量）とモノや空気を吸い込む圧力（真空度）を測り両者を掛け合わせた数値

例えば、[段落前] ボックスに18pt、[段落後] ボックスに18pt、[行間] に倍数1.2を設定した場合には、段落の区切りと文字が見やすくなります。

段落の配置の変更

入力した文字はスライドやプレースホルダーの中央や右端にも配置することができます。配置を変更したあとで、文字の追加や削除を行っても、設定した配置が保たれます。段落の配置には、左揃え、中央揃え、右揃え、均等割り付けなどがあります。テーマを適用すると、自動的に段落の配置が設定されます。

操作 👉 文字の位置を右揃えに変更する

1枚目のスライドの部署名を右揃えにしましょう。

Step 1 部署名が入力されたプレースホルダーの枠をクリックします。

Step 2 部署名を右揃えにします。

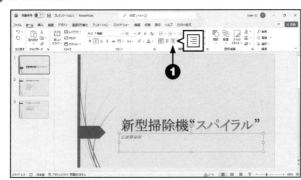

❶[右揃え] ボタンをクリックします。

Step 3 部署名が右揃えに変更されたことを確認します。

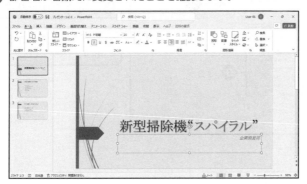

行間の変更

行と行の間隔のことを「行間」といいます。箇条書きを使用している場合、行間を調整するとバランスが良くなります。箇条書きの項目が少ない場合などに利用すると便利です。

操作☞ 箇条書きの行間を変更する

2枚目のスライドの箇条書き部分の段落を、行間 [1.5] に変更しましょう。

Step 1 2枚目のスライドを表示して、箇条書きのプレースホルダーを選択します。

❶ サムネイルの2枚目のスライドをクリックします。

❷ 箇条書きのプレースホルダーの枠をクリックします。

Step 2 箇条書きの行間を変更します。

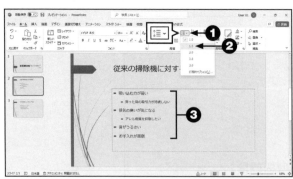

❶ [行間] ボタンをクリックします。

❷ [1.5] をクリックします。

❸ 行間が広くなったことを確認します。

行頭文字の変更

行頭文字は段落ごとに異なるものを設定することができます。行頭文字にはさまざまな種類があり、デザインに変化をつける場合などに利用します。

操作 👉 行頭文字を変更する

2枚目のスライドの箇条書きの行頭文字を変更しましょう。

Step 1 箇条書きが選択されていることを確認します。

❶ 2枚目のスライドにある箇条書きのプレースホルダーが選択されていることを確認します。

Step 2 行頭文字を変更します。

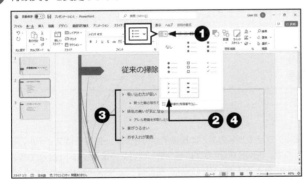

❶ [箇条書き] ボタンの▼をクリックします。

❷ [矢印の行頭文字] をポイントします。

❸ 行頭文字がプレビュー表示で変わったことを確認します。

❹ [矢印の行頭文字] をクリックします。

Step 3 行頭文字が変更されたことを確認します。

💡 ヒント　行頭文字の段落別の設定

箇条書きの行頭文字を段落ごとに異なるものに設定することもできます。設定するには、対象の段落内をクリックしてカーソル（縦棒）を表示し、行頭文字を設定します。

プレゼンテーションの保存

作成したプレゼンテーションは、ファイルとして保存します。保存せずにPowerPointを終了すると、作成したプレゼンテーションは失われます。

プレゼンテーションの保存には、次の2つの方法があります。

コマンド名	内容
名前を付けて保存	新しく作成したプレゼンテーションに名前を付けて保存します。または、既存のプレゼンテーションに別の名前を付けて、新しいファイルとして保存します。
上書き保存	既存のプレゼンテーションへの変更を保存して最新の状態に更新します。新しく作成したプレゼンテーション（名前のないファイル）で、このコマンドを選択すると、[名前を付けて保存] ダイアログボックスが表示されます。

また、**F12**キーを押すと、[名前を付けて保存] ダイアログボックスが表示されます。**Ctrl**＋**S**キーを押すと、上書き保存されます。

❶ 重要 **ファイル名の付け方**

ファイル名には、ファイルの内容を示すような、わかりやすい名前を付けましょう。なお、次の半角記号は使用できません。

/	スラッシュ	*	アスタリスク	｜	縦棒
¥	円記号	?	疑問符	:	コロン
<>	不等号	"	ダブルクォーテーション		

❶ 重要 **拡張子**

ファイルには、ファイル名のあとに拡張子が付きます。拡張子はファイルの種類を識別するためのもので、PowerPointのプレゼンテーションの拡張子は「.pptx」です。拡張子は保存時に自動的に付きますが、Windowsの初期設定で表示されないようになっているため、通常はアイコンの形でPowerPointのファイルを識別します。

操作 プレゼンテーションに名前を付けて保存する

作成したプレゼンテーションに「新型掃除機 "スパイラル"」という名前を付けて保存しましょう。

Step 1 [名前を付けて保存] ダイアログボックスを開きます。

① [ファイル] タブをクリックします。

② [名前を付けて保存] をクリックします。

③ [参照] をクリックします。

Step 2 [Office2021テキスト] フォルダーを指定します。

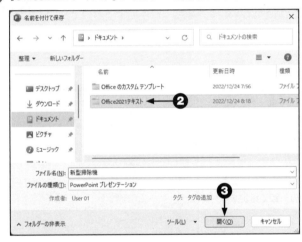

① [名前を付けて保存] ダイアログボックスが表示されたことを確認します。

② [Office2021テキスト] フォルダーをクリックします。

③ [開く] をクリックします。

Step 3 [保存用] フォルダーを指定します。

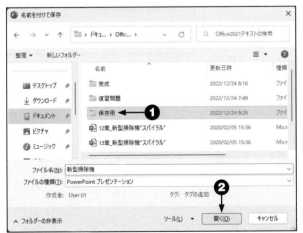

① [保存用] をクリックします。

② [開く] をクリックします。

Step 4 「新型掃除機 "スパイラル"」という名前で保存します。

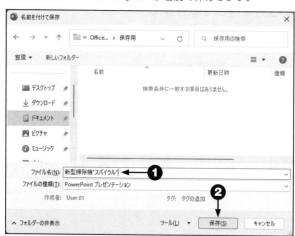

❶ ［ファイル名］ボックスに「新型掃除機 "スパイラル"」と入力します。

❷ ［保存］をクリックします。

💡 ヒント

表示されるファイル名の変更

［ファイル名］ボックスには、プレゼンテーションのタイトルが自動的に表示されますが、自由に変更することが可能です。

💡 ヒント　新規プレゼンテーションの保存先

特に指定しない限り、PowerPointで新規作成したプレゼンテーションは、［ドキュメント］フォルダーに保存されます。

💡 ヒント　ファイルの種類

PowerPointはいろいろなファイル形式で保存することができます。ファイルを開くとすぐにスライドショーが始まり、すぐにプレゼンテーションを行うことができる形式や、以前のバージョンのPowerPointと互換の形式も用意されています。

［名前を付けて保存］ダイアログボックスの［ファイルの種類］ボックスの一覧で指定することができます。

この章の確認

- ☐ 新しいスライドを挿入することができますか？
- ☐ プレースホルダーに箇条書きを入力することができますか？
- ☐ 箇条書きのレベルを変更することができますか？
- ☐ アウトライン表示を使ってプレゼンテーションを編集することができますか？
- ☐ スライドを複製・移動・削除することができますか？
- ☐ スライドのテーマを変更することができますか？
- ☐ プレビュー機能を利用することができますか？
- ☐ スライドのレイアウトを変更することができますか？
- ☐ スライドの背景を変更することができますか？
- ☐ 文字に書式（フォント、フォントサイズ、色など）を設定することができますか？
- ☐ 段落の配置（中央揃え、右揃えなど）を設定できますか？
- ☐ 行間を変更することができますか？
- ☐ 行頭文字を変更することができますか？
- ☐ 作成したプレゼンテーションに名前を付けて保存することができますか？

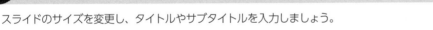

復習問題　問題 11-1

スライドのサイズを変更し、タイトルやサブタイトルを入力しましょう。

1. ［復習問題］フォルダーから、「復習11-1　プレゼンテーション成功のカギ」を開きましょう。
2. PowerPointを終了せずに、「復習11-1　プレゼンテーション成功のカギ」を閉じましょう。
3. 新規に［新しいプレゼンテーション］を作成して、スライドのサイズを［標準（4：3）］にしましょう。
4. タイトルに、「容器包装リサイクル制度を知る」と入力しましょう。
5. サブタイトルに、「リサイクル推進室」と入力しましょう。
6. ［保存用］フォルダーに、「復習11-1　容器包装リサイクルとは（完成）」という名前で保存して閉じましょう。

復習問題　問題 11-2

プレゼンテーションに新しいスライドを挿入し、箇条書きを入力しましょう。また、レベルの設定をしましょう。

1. ［復習問題］フォルダーから、「復習11-2　容器包装リサイクルとは」を開きましょう。

2. ［新しいスライド］ボタンから［タイトルとコンテンツ］を選択し、新規にスライドを追加しましょう。

3. 新しく追加されたスライドのタイトルに、「容器包装リサイクルの背景」と入力しましょう

4. 新しく追加されたスライドに、次の箇条書きを入力しましょう。
・「大量生産・大量消費・大量破棄」が原因で制定
・廃棄物を埋め立てる場所が足りなくなった
・特に割合の多い容器包装のリサイクルが急務

5. ［新しいスライド］ボタンをクリックして、新規にスライドを追加しましょう。

6. 新しく追加されたスライドのタイトルに、「容器包装リサイクル法の仕組み」と入力しましょう。

7. 新しく追加されたスライドに、次の箇条書きを入力しましょう。
・消費者の役割「分別排出」
・市町村が定めるルールに従って分別して排出
・市町村の役割「分別収集」
・排出されたごみを収集し、リサイクル業者に渡す
・事業者の役割「リサイクル」
・容器包装リサイクル法に基づきリサイクルを行う

8. 次の箇条書きのレベルを1つ下げましょう。
・市町村が定めるルールに従って分別して排出
・排出されたごみを収集し、リサイクル業者に渡す
・容器包装リサイクル法に基づきリサイクルを行う

9. 標準表示をアウトライン表示に切り替えましょう。

10. 「容器包装リサイクル法に基づきリサイクルを行う」の下に、「3R推進マイスター制度について」と入力しましょう。

11. 「3R推進マイスター制度について」のレベルを2つ上げて、スライドを追加しましょう。

12. アウトライン表示を標準表示に切り替えましょう。

13. ［保存用］フォルダーに、「復習11-2　容器包装リサイクルとは（完成）」という名前で保存して閉じましょう。

完成例

復習問題 問題 11-3

スライドの複製、削除、移動をしましょう。また、スライドのテーマ、文字、段落の書式を設定しましょう。

1. [復習問題] フォルダーから、「復習11-3　容器包装リサイクルとは」を開きましょう。

2. スライド一覧表示に切り替えましょう。

3. 2枚目のスライドを複製しましょう。

4. 複製したスライドを4枚目と5枚目の間に移動しましょう。

5. 4枚目のスライドを削除しましょう。

6. 標準表示に切り替えましょう。

7. スライドのデザインとして、テーマ [レトロスペクト] をプレビュー表示しましょう。

8. スライドに、テーマ [オーガニック] を設定しましょう。

9. 4枚目のスライドのレイアウトを、[2つのコンテンツ] に変更しましょう。

10. スライドの背景のスタイルを、[スタイル6] に変更しましょう。

11. 1枚目のスライドのタイトルに、フォント [ＭＳ　Ｐ明朝]、フォントサイズ [48ポイント] の書式を適用しましょう。

12. 1枚目のスライドのサブタイトルに、[斜体]、[文字の影]、フォントの色 [濃い青] の書式を適用しましょう。

13. 1枚目のスライドのサブタイトルに、[右揃え] の段落書式を適用しましょう。

14. 2枚目のスライドの箇条書きに、行間 [1.5] の段落書式を適用しましょう。

15. 2枚目のスライドの箇条書きに、[■] の行頭文字を適用しましょう。

16. [保存用] フォルダーに、「復習11-3　容器包装リサイクルとは（完成）」という名前で保存して閉じましょう。

完成例

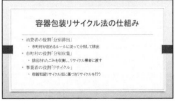

第12章

図解の作成

■ 図解のポイント
■ SmartArtグラフィックの作成
■ 図形の作成

図解のポイント

スライドに表や図形などの「図解」を挿入することで、より説得力のあるプレゼンテーションを作成することができます。

図解とは、文字だけでは伝わりにくい情報を、複数の図形と文字を組み合わせて視覚的に伝える手法や表現方法のことです。情報を図解して相手に伝えるには、ただ図形を並べればよいわけではありません。ここでは、図解するときの注意点やポイントを説明します。

■ 適切な図形の種類の選択

図解では複数の図形を使って伝えたい情報を表現します。この時、同じ形状の図形を多用するのではなく、伝えたい情報には適切な図形の種類を選択することで、情報がひと目でわかるように強調され、イメージを正しく伝えることができます。

【同じ形状の図形を利用して図解した例】　**【適切な図形の種類を選択して図解した例】**

■ 図形を整列させた効果的なスタイルの適用

複数の図形を組み合わせた図解の場合、これらの図形をきちんと配置することで、見た目にも美しく、かつ情報を正確に伝えることができます。配置がバラバラだったり、関連性を示す線や矢印などが正しくないと、正しい情報を伝えることができず、雑な印象を与えてしまいます。

また図形に色を指定するときは、グラデーションや立体感などの効果を設定すると、より魅力ある仕上がりになります。

【図形の種類や配置に
気を配らないで図解した例】　**【図形の種類や配置に**
気を配って図解した例】

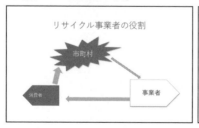　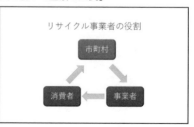

■ 視線の移動順序の考慮

図形を配置するときは、視線を移動してほしい順序にも気を配る必要があります。例えば、横書きのスライドで4つのブロックがある場合、最初に読んでほしいブロックを左上に置くのが一般的です。また、読み進める順序を「コの字」や「逆N字」よりも「Z字」にしたほうが、自然に視線を動かすことができます。

【コの字型に読み進めるよう配置した例】　【Z字型に読み進めるように配置した例】

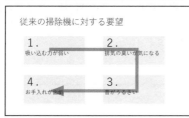 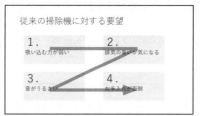

■ 文字と図解の位置関係

一般的に、人の視線は「左から右へ」「上から下へ」と移動します。

スライドに文字と図解を一緒に表示する場合は、見ることで直観的に理解できる図解を左に、読んで理解しなければならない文字を右に配置するようにします。

文字と図解を上下に配置する場合には図解が上で、文字を下に配置すると視線の動きが自然になります。

【図解を左に配置した例】　　　　　　【図解を上に配置した例】

SmartArtグラフィックの作成

PowerPointで図解（または図表）を描くためには、「SmartArtグラフィック」を利用すると便利です。階層構造や手順を示すための複雑な図を、簡単な操作でスライドに挿入することができます。SmartArtグラフィックの挿入は、SmartArtグラフィックを新規に挿入する方法のほかに、箇条書きからSmartArtグラフィックに変換する方法があります。

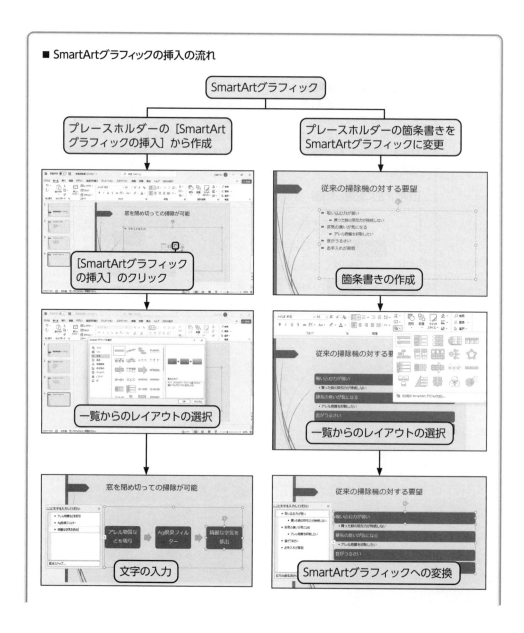

■ [SmartArtグラフィックの選択] ダイアログボックス

プレースホルダーにある [SmartArtグラフィックの挿入] をクリックすると、[SmartArtグラフィックの選択] ダイアログボックスが表示されます。[SmartArtグラフィックの選択] ダイアログボックスの左側のグラフィックの種類を選択すると、その内容に沿ったSmartArtグラフィックが中央に一覧表示されます。一覧に表示されたSmartArtグラフィックをクリックすると、選択したSmartArtグラフィックの説明が右側に表示され、[OK] をクリックすることでSmartArtグラフィックをスライドに挿入することができます。

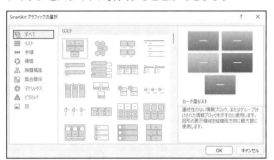

SmartArtグラフィックを作成するときは、そのデータを表示するのに最も適したグラフィックの種類がどれかをよく検討します。グラフィックの種類は作成後でも変更できるので、いくつかのグラフィックを試してみることもできます。

■ SmartArtグラフィックの種類と主な用途

種類	主な用途
リスト	連続性のない情報を示します。
手順	プロセスまたはタイムラインのステップを示します。
循環	1周して元に戻るプロセスを示します。
階層構造	組織図や意思決定ツリーを示します。
集合関係	複数の要素の関係を示します。
マトリックス	2×2の4領域に分類される関係を示します。
ピラミッド	最上部または最下部に最大の要素がある関係を示します。
図	画像と図を組み合わせて示します。

■ SmartArtグラフィックの例

[段違いステップ]

[中心付き循環]

[フィルター]

SmartArtグラフィックの挿入

スライドに図表を挿入するには、SmartArtグラフィック機能を利用します。一から作るのが大変なグラフィカルでわかりやすい図表を簡単に挿入することができます。

操作☞ SmartArtグラフィックを選択する

4枚目のスライドを作成し、SmartArtグラフィックの [基本ステップ] を挿入しましょう。

Step 1 ［保存用］フォルダーにあるプレゼンテーション「新型掃除機"スパイラル"」を開きます。本章から学習を開始する場合は、［Office2021テキスト］フォルダーにある「12章_新型掃除機"スパイラル"」を開きます。

Step 2 4枚目のスライドを挿入します。

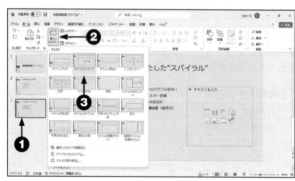

❶サムネイルの3枚目のスライドをクリックします。

❷［新しいスライド］ボタンの▼をクリックします。

❸［タイトルとコンテンツ］をクリックします。

Step 3 タイトルを入力します。

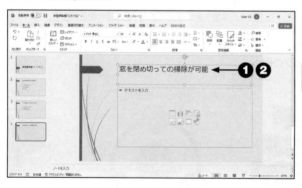

❶タイトルのプレースホルダーの枠をクリックします。

❷「窓を閉め切っての掃除が可能」と入力します。

Step 4 [SmartArtグラフィックの選択] ダイアログボックスを表示します。

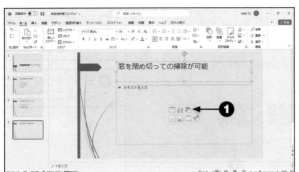

❶ プレースホルダーの [SmartArt
グラフィックの挿入] をクリッ
クします。

Step 5 [SmartArtグラフィックの選択] ダイアログボックスが表示されたことを確認します。

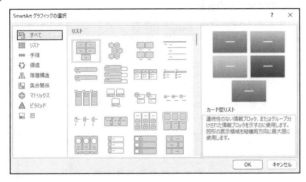

Step 6 [基本ステップ] のSmartArtグラフィックを選択します。

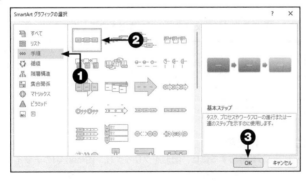

❶ 左側の一覧から [手順] をクリッ
クします。

❷ [基本ステップ] をクリックしま
す。

❸ [OK] をクリックします。

Step 7 SmartArtグラフィックが挿入されたことを確認します。

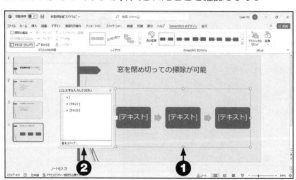

❶ [基本ステップ] のSmartArtグラフィックがスライドに挿入されたことを確認します。

❷ テキストウィンドウが表示されていることを確認します。

💡 ヒント **作成したSmartArtグラフィックのスタイルの変更**

すでに作成したSmartArtグラフィックのスタイルは、いつでも変更できます。変更するには [SmartArtのデザイン] タブと [書式] タブを利用します。なお、これらのタブは、SmartArtグラフィックが選択されていないと表示されません。

[SmartArtのデザイン] タブ

SmartArtのレイアウトやスタイルを変更したり、SmartArtグラフィックを通常の文字列に戻すコマンドなどがあります。

[書式] タブ

SmartArtグラフィックを構成する図形のスタイル、文字のスタイルなどを変更できます。

💡 ヒント **SmartArtグラフィックの図形の追加、削除**

挿入したSmartArtグラフィックに図形を追加するには、図形をクリックし、[SmartArtのデザイン] タブの [図形の追加] ボタンの▼をクリックし、[後に図形を追加] または [前に図形を追加] をクリックします。不要な図形を削除するには、その図形の枠をクリックして**Delete**キーを押します。SmartArtグラフィック全体を削除するには、SmartArtグラフィックの枠をクリックして**Delete**キーを押します。

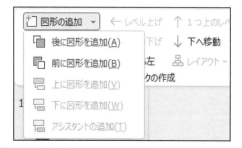

SmartArtグラフィックへの文字の挿入

SmartArtグラフィックに文字を挿入するには、テキストウィンドウを利用します。このウィンドウ内に文字を入力すると、SmartArtグラフィック内に反映されます。文字の大きさや文字列の折り返しについても自動的に調整されるので、簡単に文字を挿入することができます。またテキストウィンドウの行数に応じて、図形を増やしたり減らしたりすることができます。

操作👉 SmartArtグラフィックへの文字の挿入

SmartArtグラフィックの [基本ステップ] のすべての図形に文字を挿入しましょう。

Step 1 テキストウィンドウを使って文字を入力します。

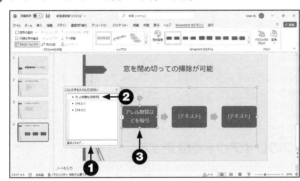

❶ テキストウィンドウが表示されていることを確認します。

❷ 1行目に「アレル物質などを吸引」と入力します。

❸ 入力した文字がSmartArtグラフィックの一番左の図形に反映されます。

💡 **ヒント**
テキストウィンドウの表示
テキストウィンドウが表示されていないときは、[SmartArtのデザイン] タブの [テキストウィンドウ] ボタンをクリックします。

Step 2 同様に、2つ目と3つ目の図形にも文字を入力します。

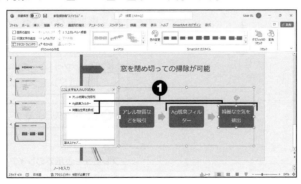

❶ テキストウィンドウに以下の文字を入力します。

Ag脱臭フィルター
綺麗な空気を排出

💡 **ヒント**
不要な図形の削除
テキストウィンドウ内で**Enter**キーを押して不要な図形が作成された場合、**Back space**キーを押すと図形が削除できます。

Step 3 テキストウィンドウを閉じます。

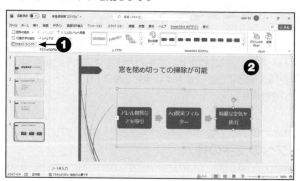

❶ [テキストウィンドウ] ボタンを
クリックします。

❷ SmartArtグラフィック以外の場
所をクリックします。

Step 4 SmartArtグラフィックの選択が解除されたことを確認します。

SmartArtグラフィックのレイアウトの変更

SmartArtグラフィックには、たくさんのレイアウトが登録されています。目的にあったレイアウトを選択することで、よりわかりやすいプレゼンテーションを作成することができます。

操作 ☞ SmartArtグラフィックのレイアウトを変更する

SmartArtグラフィックのレイアウトを [上向き矢印] に変更します。

Step 1 SmartArtグラフィックのレイアウトの一覧を表示し、レイアウトを変更します。

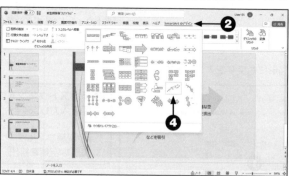

❶ SmartArtグラフィックの図形内
でクリックし、SmartArtグラ
フィックを選択します。

❷ [SmartArtのデザイン] タブが
選択されていることを確認しま
す。

❸ [レイアウト] グループの ▾ [その
他] ボタンをクリックします。

❹ [上向き矢印] をクリックします。

💡 **ヒント**

プレビュー表示でのレイアウトの確認

SmartArtグラフィックのレイアウトを決め
る際も、プレビュー表示を使うことができ
ます。表示された一覧のレイアウトをポイ
ントするだけで、一時的にレイアウトが変
更されます。

Step 2 SmartArtグラフィックの選択を解除します。

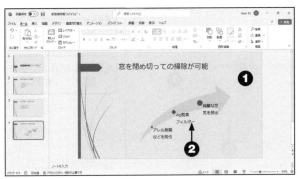

❶ SmartArtグラフィック以外の場所をクリックします。

❷ SmartArtグラフィックの選択が解除されます。

Step 3 SmartArtグラフィックのレイアウトが変更されたことを確認します。

SmartArtグラフィックのスタイルの変更

SmartArtグラフィックのスタイルとは、図表の種類を変えることなく、色や質感を簡単に変更することができる機能です。スタイルには、たくさんの色を使ったカラフルなものや、影や3D効果を加えた立体的なものまで、幅広く用意されています。

操作☞ SmartArtグラフィックのスタイルを変更する

SmartArtグラフィックのスタイルを [メタリック] に変更します。

Step 1 SmartArtグラフィックのスタイルの一覧を表示し、スタイルを変更します。

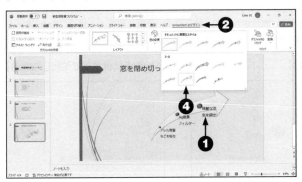

❶ SmartArtグラフィックの図形内でクリックし、SmartArtグラフィックを選択します。

❷ [SmartArtのデザイン] タブが選択されていることを確認します。

❸ [SmartArtのスタイル] グループの ▽ [その他] ボタンをクリックします。

❹ [3-D] の [メタリック] をクリックします。

Step 2 SmartArtグラフィックの選択を解除します。

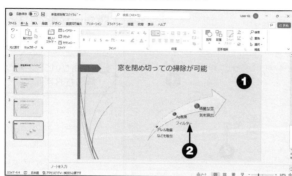

① SmartArtグラフィック以外の場所をクリックします。

② SmartArtグラフィックの選択が解除されます。

Step 3 SmartArtグラフィックのスタイルが変更されたことを確認します。

🔔 **重要**

変更したSmartArtグラフィックのスタイル設定を元に戻す

変更したスタイルを元の状態に戻したいときには、[グラフィックのリセット] ボタンを利用します。[グラフィックのリセット] ボタンをクリックすると、選択されているSmartArtグラフィックに適用されている設定が取り消され、SmartArtグラフィックに登録されている初期のスタイルに戻すことができます。

- -

💡 **ヒント**

SmartArtグラフィック内の文字の書式

SmartArtグラフィックに入力した文字の書式を変更するには、文字をドラッグして選択し、[ホーム] タブで文字や段落の書式を指定します。ただし、SmartArtグラフィック全体に文字の書式を一括指定する場合は、SmartArtグラフィックの枠をクリックして書式設定を行います。

- -

💡 **ヒント**

SmartArtグラフィック内の文字の改行

文字列は文字数が多いと複数行に表示されます。読みやすい位置で改行する場合に**Enter**キーを押すと、行間が広がってしまうので、**Shift＋Enter**キーを押します。

【Enterキーで改行した場合】

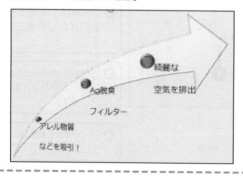

【Shift＋Enterキーで改行した場合】

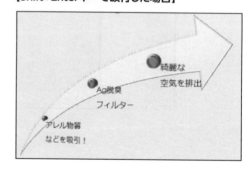

- -

SmartArtグラフィックへの変換

プレゼンテーションには、箇条書きが含まれていることがよくあります。箇条書きのテキストをSmartArtグラフィックに変換して、メッセージをより視覚的に表現することができます。

操作☞ 箇条書きをSmartArtグラフィックに変換する

2枚目のスライドの箇条書きをSmartArtグラフィックの [縦方向箇条書きリスト] に変換しましょう。

Step 1 2枚目のスライド内にあるプレースホルダーを選択します。

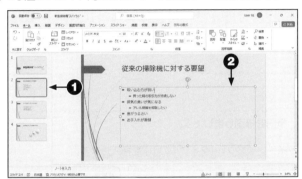

❶ サムネイルの2枚目のスライドをクリックします。

❷ 箇条書きが入力されたプレースホルダー内をクリックします。
※プレースホルダー全体を選択しなくてもSmartArtグラフィックへの変換は可能です。

Step 2 箇条書きをSmartArtグラフィック [縦方向箇条書きリスト] に変換します。

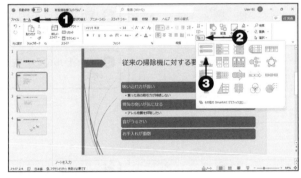

❶ [ホーム] タブが選択されていることを確認します。

❷ [SmartArtグラフィックに変換] ボタンをクリックします。

❸ [縦方向箇条書きリスト] をクリックします。

💡 ヒント

SmartArtグラフィックを箇条書きに戻す

SmartArtグラフィックの枠をクリックし、[SmartArtのデザイン] タブの [変換] ボタンの▼をクリックして [テキストに変換] をクリックします。

Step 3 SmartArtグラフィックに変換されたことを確認します。

図形の作成

「図形」とは、円や四角形のような基本図形や、さまざまな線、ブロック矢印などのことです。SmartArtグラフィックを使わず、図形を組み合わせて図解することもできます。図形を組み合わせることで、さまざまな情報を自由に表現することができます。

図形の挿入

スライドに図形を挿入します。

操作 ☞ 図形を挿入する

5枚目のスライドを作成し、楕円を描画しましょう。

Step 1 5枚目のスライドとしてスライドレイアウト [タイトルのみ] を挿入します。

❶ サムネイルの4枚目のスライドをクリックします。

❷ [新しいスライド] ボタンの▼をクリックします。

❸ [タイトルのみ] をクリックします。

Step 2 タイトルを入力します。

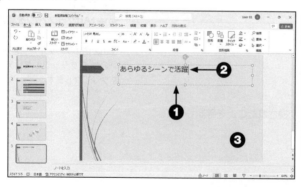

❶ タイトルのプレースホルダーの枠をクリックします。

❷ 「あらゆるシーンで活躍」と入力します。

❸ タイトルのプレースホルダー以外の場所をクリックして、タイトルの選択を解除します。

Step 3 図形の一覧を表示して、[楕円] を選択します。

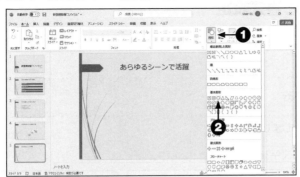

❶ [ホーム] タブの [図形] ボタン
をクリックします。

❷ [基本図形] の [楕円] をクリッ
クします。

Step 4 ドラッグして楕円を描画します。

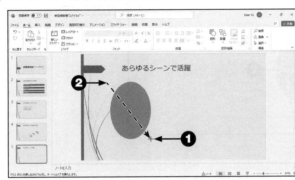

❶ マウスポインターが ＋ になって
いることを確認します。

❷ 図を参考に左上から右下に向かっ
てドラッグします。

Step 5 楕円が作成されたことを確認します。

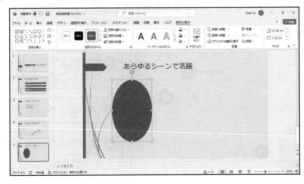

💡 **ヒント**
正方形や真円の描画
正方形や真円は、**Shift**キーを押しながら
ドラッグすることで描くことができます。

図形への文字の挿入と書式設定

図形内に文字を挿入して、書式などを変更します。

操作 👈 図形に文字を挿入する

挿入した楕円に文字を入力しましょう。

Step 1 図形に「ターゲット」という文字を入力します。

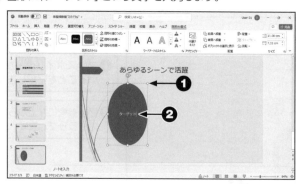

❶ 図形が選択されていることを確認します。

❷ 「ターゲット」と入力します。

操作 👈 文字を縦書きに変更して書式を設定する

楕円に入力した文字を縦書きにして、フォントサイズを変更しましょう。

Step 1 文字列「ターゲット」を縦書きに変更します。

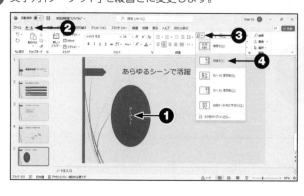

❶ 図形の文字内にカーソル（縦棒）があることを確認します。

❷ [ホーム] タブをクリックします。

❸ [文字列の方向] ボタンをクリックします。

❹ [縦書き] をクリックします。

Step 2 文字列が縦書きに変更されたことを確認します。

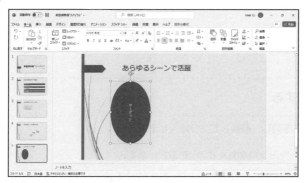

Step 3 フォントサイズを32ポイントに変更します。

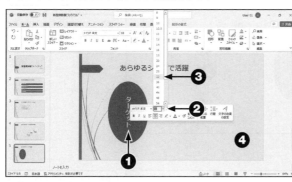

❶文字列「ターゲット」をドラッグして範囲選択します。

❷ミニツールバーの［フォントサイズ］ボックスの▼をクリックします。

❸［32］をクリックします。

❹文字列以外の場所をクリックして、文字列の選択を解除します。

Step 4 フォントサイズが変更されたことを確認します。

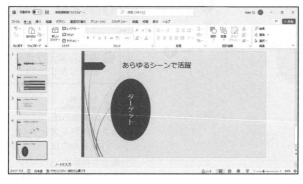

図形の複製と移動

まったく同じ図形をいくつも作成するときは、図形の複製を利用します。

操作☞ 図形を複製して移動する

楕円の右側に角丸四角形を描画し、複製して2つ挿入しましょう。

Step 1 図形の一覧を表示して、[四角形：角を丸くする] を選択します。

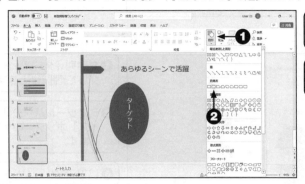

❶ [ホーム] タブの [図形] ボタン
をクリックします。

❷ [四角形] の [四角形：角を丸く
する] をクリックします。

Step 2 角丸四角形を描画します。

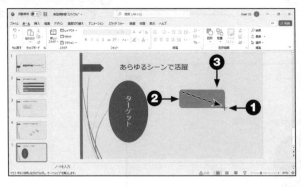

❶ マウスポインターが ➕ になって
いることを確認します。

❷ 図を参考に左上から右下に向かっ
てドラッグします。

❸ 角丸四角形が作成されたことを
確認します。

💡 ヒント
角丸の調整方法
角丸四角形を選択するとサイズ変更の白
いハンドルのほかに、黄色のハンドルが
表示されます。このハンドルをドラッグす
ると、角丸の大きさを変更することができ
ます。

Step 3 角丸四角形の図形を複製します。

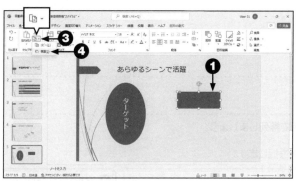

❶ 角丸四角形が選択されていることを確認します。

❷ [ホーム] タブをクリックします。

❸ [コピー] ボタンの▼をクリックします。

❹ [複製] をクリックします。

Step 4 角丸四角形の図形が複製されたことを確認します。

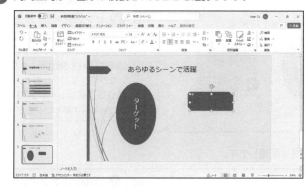

Step 5 複製された角丸四角形を移動します。

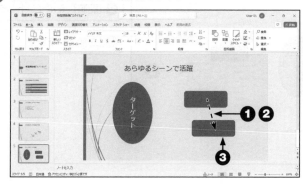

❶ 複製された角丸四角形をポイントします。

❷ マウスポインターが ✛ になったことを確認します。

❸ 図を参考に同じような位置にドラッグして移動します。

💡 ヒント **スマートガイド**

図形を移動するときに表示された赤やグレーの点線は「スマートガイド」といい、複数の図形を揃えるときに位置を揃える目安として表示されます。

図形の整列

複数のオブジェクトを、スライドの上下左右や選択したオブジェクトを基準にして整列させることができます。

操作☞ 図形を左側に揃える

2つの角丸四角形を左揃えで整列しましょう。

Step 1 整列する角丸四角形2つを選択します。

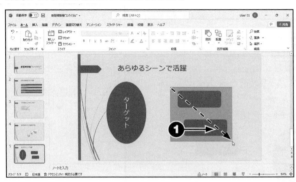

❶ 選択したい図形をすべて囲むようにドラッグします。

💡 ヒント
その他の複数の図形の選択方法

1つ目の図形をクリックしたあと、2つ目以降の図形を**Shift**キーまたは**Ctrl**キーを押しながらクリックします。選択を解除する場合は、解除したい図形を**Shift**キーまたは**Ctrl**キーを押しながらクリックします。

Step 2 選択した2つの図形を左揃えに配置します。

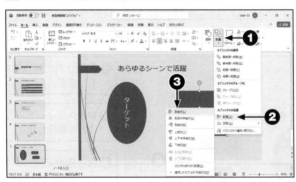

❶ [配置] ボタンをクリックします。

❷ [配置] をポイントします。

❸ [左揃え] をクリックします。

Step 3 2つの角丸四角形が左揃えに整列されたことを確認します。

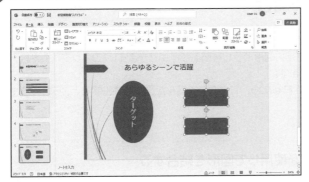

Step 4 図形以外の場所をクリックして、図形の選択を解除します。

💡 **ヒント** **「左右に整列」と「上下に整列」**

3つ以上の図形を整列させるときには、「左右に整列」と「上下に整列」という機能が利用できます。
「左右に整列」の場合は選択した図形のうち、一番左の図形と一番右の図形が基準となり、左右に等間隔に整列されます。同様に「上下に整列」の場合も、選択した一番上と一番下にある図形が基準となり、上下に等間隔に整列されます。

💡 **ヒント** **グリッドとガイドについて**

グリッドを表示すると、スライドに目安線を表示させることができます。グリッド線の間隔は任意に指定できます。またガイドとはスライドの中心を視覚的にわかりやすくする線のことで、この線の交点がスライドの中心ということになります。
グリッドやガイドを表示するには、[表示] タブをクリックして、[表示] グループの [グリッド線] や [ガイド] のチェックボックスをオンにします。

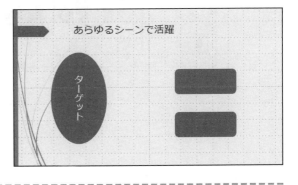

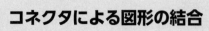

コネクタによる図形の結合

コネクタとは、図形と図形を線で結ぶための図形です。直線や矢印を使って結ぶことも可能ですが、コネクタを利用したほうが、より素早く正確に図形どうしを結ぶことができます。[コネクタ：カギ線] や [コネクタ：カギ線矢印] などが用意されています。

なお、コネクタは図形と一体化されるため、コネクタで結んだ図形を移動すると、コネクタも一緒に移動します。

操作☞ [コネクタ：カギ線] を使用して図形を結合する

角丸四角形に文字を入力し、[コネクタ：カギ線] で楕円と結合しましょう。

Step 1 角丸四角形に文字を挿入し、フォントサイズを変更します。

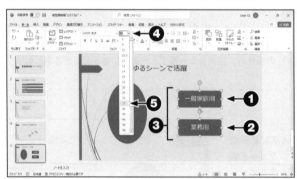

❶ 上の角丸四角形をクリックし、「一般家庭用」と入力します。

❷ 下の角丸四角形をクリックし、「業務用」と入力します。

❸ **Shift**キーを押しながら上の角丸四角形をクリックし、2つの角丸四角形が選択されたことを確認します。

❹ [ホーム] タブの [フォントサイズ] ボックスの▼をクリックします。

❺ [32] をクリックします。

Step 2 [コネクタ：カギ線] を選択します。

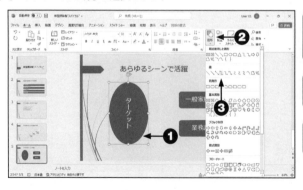

❶ 楕円の図形をクリックして、楕円が選択されたことを確認します。

❷ [ホーム] タブの [図形] ボタンをクリックします。

❸ [線] の [コネクタ：カギ線] をクリックします。

Step 3 コネクタの始点をポイントします。

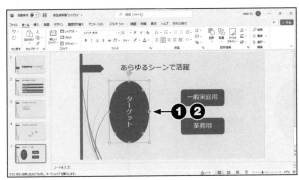

❶ 楕円の図形の右側中央のハンドルをポイントします。

❷ マウスポインターが十になったことを確認します。

Step 4 コネクタで上の角丸四角形と結合します。

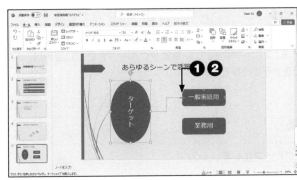

❶「一般家庭用」と入力されている角丸四角形の左側中央のハンドルと結合するようにドラッグします。

❷ ハンドル上でクリックします。

Step 5 図形が［コネクタ：カギ線］で結合したことを確認します。

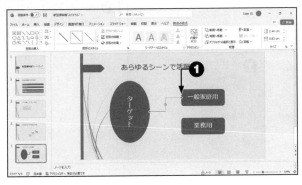

❶ 結合点が緑色のハンドルになっていることを確認します。

Step 6 同様に、「業務用」と入力されている角丸四角形も結合します。

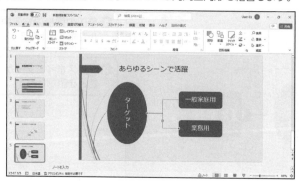

複数の図形のグループ化

複数の図形を1つにまとめることを「グループ化」といいます。グループ化された図形は、1つの図形として書式設定、サイズ変更、移動などをすることができます。

操作👉 図形をグループ化する

楕円と2つの角丸四角形をグループ化しましょう。

Step 1 図形をすべて選択します。

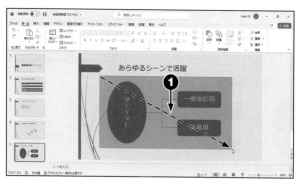

❶楕円と2つの角丸四角形をすべて囲むようにドラッグします。

Step 2 選択された図形をグループ化します。

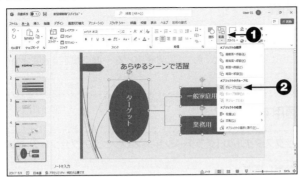

❶ [配置] ボタンをクリックします。

❷ [グループ化] をクリックします。

Step 3 図形がグループ化されたことを確認します。

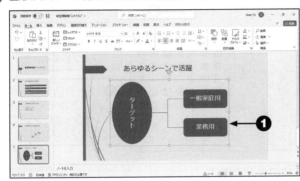

❶ それぞれの図形に表示されていた枠とハンドルが、すべての図形を囲んだ枠とハンドルになっていることを確認します。

⚠ 重要

図形のグループ化の解除

グループ化された図形は、1つの図形として扱われます。個別の図形の色や図形内の文字は、グループ化されたままでも編集できますが、グループ化を解除する場合は、グループ化された図形をクリックし、[ホーム] タブの [配置] ボタンをクリックして [グループ解除] をクリックします。

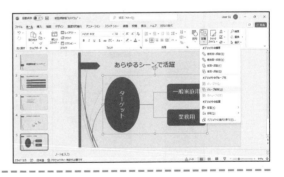

クイックスタイルの適用

図形は、線や塗りつぶしの色などのスタイルをひとつひとつ個別に設定することもできますが、「クイックスタイル」を使うことで、線や塗りつぶしの色に加え、影や3D効果などを一度に設定することができます。

操作 ➡ クイックスタイルを適用する

グループ化した図形にクイックスタイルの [グラデーション-オレンジ、アクセント2] を適用しましょう。

Step 1 図形にクイックスタイルを適用します。

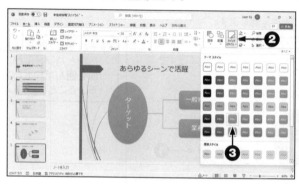

❶ グループ化された図形が選択されていることを確認します。

❷ [クイックスタイル] ボタンをクリックします。

❸ [テーマスタイル] の上から5番目、左から3番目の [グラデーション-オレンジ、アクセント2] をクリックします。

Step 2 クイックスタイルが適用されたことを確認します。

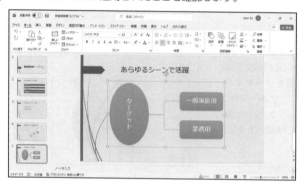

重ね合わせ順序の変更

図形が重なって配置されている場合、重ね合わせ順序を変えることができます。新たに図形を描画した場合は最前面に配置されます。

図形の順序を入れ替えるには、次の方法があります。

・最背面へ移動：重なっている図形の最背面に移動します。
・最前面へ移動：重なっている図形の最前面に移動します。
・背面へ移動：1つ背面に移動します。
・前面へ移動：1つ前面に移動します。

操作👉 **図形の順序を入れ替える**

2つの角丸四角形を囲む角丸四角形を作成して背面に配置しましょう。

Step 1 図形の一覧から角丸四角形を選択します。

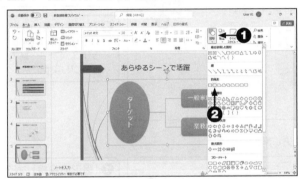

❶ [ホーム] タブの [図形] ボタンをクリックします。

❷ [四角形] の [四角形：角を丸くする] をクリックします。

Step 2 角丸四角形を描画します。

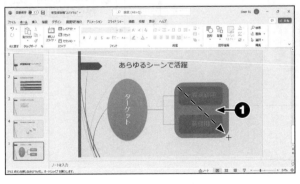

❶ 「一般家庭用」と「業務用」の角丸四角形を囲むようにドラッグします。

Step 3 角丸四角形が作成されたことを確認します。

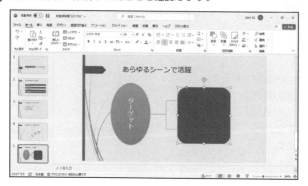

Step 4 図形の塗りつぶしのスタイルを変更します。

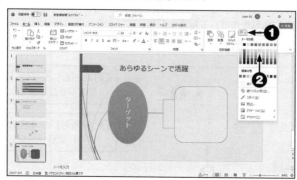

❶[ホーム]タブの[図形の塗りつ
ぶし]ボタンの▼をクリックし
ます。

❷[テーマの色]の上から2番目、左
から6番目の[オレンジ、アクセ
ント2、白 + 基本色80%]をク
リックします。

Step 5 図形の枠線のスタイルを変更します。

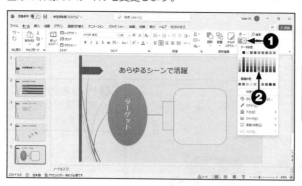

❶[図形の枠線]ボタンの▼をク
リックします。

❷[テーマの色]の上から5番目、左
から6番目の[オレンジ、アクセ
ント2、黒 + 基本色25%]をク
リックします。

Step 6 図形の面取りをします。

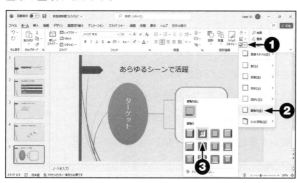

❶ [図形の効果] ボタンをクリック します。

❷ [面取り] をポイントします。

❸ [面取り] の [額縁風] をクリッ クします。

Step 7 作成した角丸四角形を背面へ配置します。

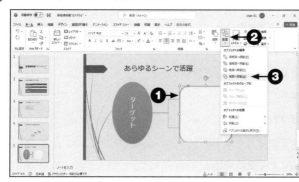

❶ 作成した角丸四角形が選択され ていることを確認します。

❷ [配置] ボタンをクリックします。

❸ [背面へ移動] をクリックします。

Step 8 図形の順序が入れ替わり、2つの角丸四角形が表示されたことを確認します。

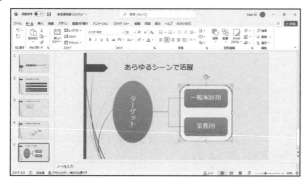

Step 9 🖫 [上書き保存] ボタンをクリックして、プレゼンテーションを上書き保存して閉じます。

この章の確認

☐ スライドにSmartArtグラフィックを描くことができますか？

☐ SmartArtグラフィックに文字を挿入することができますか？

☐ SmartArtグラフィックのレイアウトを変更することができますか？

☐ SmartArtグラフィックのスタイルを変更することができますか？

☐ SmartArtグラフィックの色を変更することができますか？

☐ 変更したSmartArtグラフィックの設定を元に戻すことができますか？

☐ 箇条書きをSmartArtグラフィックに変換することができますか？

☐ スライドに図形を挿入することができますか？

☐ 図形内に文字を入力することができますか？

☐ 図形内の文字列の方向を変更することができますか？

☐ ミニツールバーを使って書式を変更することができますか？

☐ 図形を複製することができますか？

☐ 図形を整列させることができますか？

☐ 複数の図形をコネクタでつなぐことができますか？

☐ 複数の図形をグループ化することができますか？

☐ グループ化を解除できますか？

☐ 図形にクイックスタイルを適用することができますか？

☐ 図形の重ね順を変更することができますか？

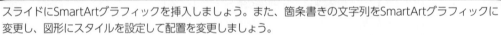

復習問題 問題 12-1

スライドにSmartArtグラフィックを挿入しましょう。また、箇条書きの文字列をSmartArtグラフィックに変更し、図形にスタイルを設定して配置を変更しましょう。

1. [復習問題] フォルダーから、「復習12-1　容器包装リサイクルとは」を開きましょう。

2. 4枚目のスライドを表示して、[矢印と長方形のプロセス] のSmartArtグラフィックを挿入しましょう。

3. SmartArtグラフィックに、左から以下のテキストを入力しましょう。
   ・Reduce
   　（リデュース）
   ・Reuse
   　（リユース）
   ・Recycle
   　（リサイクル）

4. SmartArtグラフィックに、スタイル［バードアイ］を適用しましょう。

5. 5枚目のスライドを表示して、箇条書きを［縦方向箇条書きリスト］のSmartArtグラフィックに変換しましょう。

6. ［縦方向箇条書きリスト］のSmartArtグラフィックのレイアウトを［横方向箇条書きリスト］に変更しましょう。

7. SmartArtグラフィックに、スタイル［立体グラデーション］を適用しましょう。

8. 3枚目のスライドに、図形の［四角形：対角を切り取る］を使って、箇条書き部分を囲むように描きましょう。

9. 図形に、クイックスタイル［パステル-赤、アクセント4］を適用しましょう。

10. 図形を、最背面に配置しましょう。

11. ［保存用］フォルダーに、「復習12-1　容器包装リサイクルとは（完成）」という名前で保存して閉じましょう。

■完成例

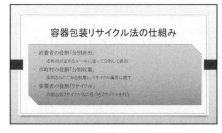

オブジェクトの挿入

■ 数値を明確にするオブジェクト (表、グラフ)
■ イメージを引き出すオブジェクト (イラスト、写真)
■ 情報をまとめるオブジェクト (ワードアート、テキストボックス)

数値を明確にするオブジェクト
（表、グラフ）

PowerPointには文字や数字だけでは伝わりにくい情報を、聞き手にイメージしやすく伝える手法として表やグラフを利用することができます。視覚的にイメージしやすくなるばかりでなく、正確な情報を具体的でわかりやすくし、説得力のあるプレゼンテーションを行うことができます。

■ 表の挿入

［挿入］タブの［表］ボタンから必要なマス目をドラッグすると、テーマに合わせて書式が設定された表が挿入されます。表は以下のような構成になっています。

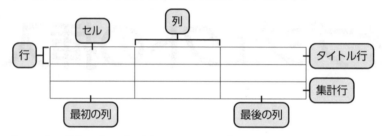

［テーブルデザイン］タブの［表スタイルのオプション］の機能を使うと、表の最初の行や列、最後の行や列を強調したり、縞模様を付けたりすることができます。

☑ タイトル行	☐ 最初の列
☐ 集計行	☐ 最後の列
☑ 縞模様（行）	☐ 縞模様（列）

表スタイルのオプション

■ 表の選択方法

表の各部の選択方法は次のとおりです。

選択対象	方法
表全体	表内をクリックし、周囲の枠をポイントし、マウスポインターが 🔝 になったらクリックします。
セル	セル内の左端をポイントし、マウスポインターが ➚ になったらクリックします。
隣接する複数のセル	選択するセルの範囲をドラッグします。
行	表の行の左端をポイントし、マウスポインターが ➡ になったらクリックするか、表の行の右端をポイントし、マウスポインターが ⬅ になったらクリックします。
列	表の列の上側をポイントし、マウスポインターが ⬇ になったらクリックするか、表の列の下側をポイントし、マウスポインターが ⬆ になったらクリックします。

■ グラフの挿入

[挿入] タブの [グラフ] ボタンをクリックして、[グラフの挿入] ダイアログボックスでグラフの種類を指定します。PowerPointでグラフのデータを編集するときは、グラフのデータ編集用のツールが起動し、Excelのワークシートと同様のシートを利用してデータを編集します。編集ツールの代わりにExcelでデータを編集することもできます。

■ 主なグラフの種類と説明

PowerPointで利用する主なグラフは、以下のとおりです。

グラフの種類	説明
棒グラフ 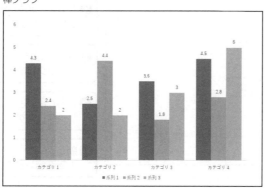	項目間の比較やデータの推移などを表現できます。
折れ線グラフ 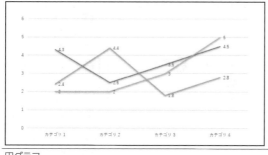	データの時間的な変化や、各項目の全体的な傾向を表現できます。
円グラフ 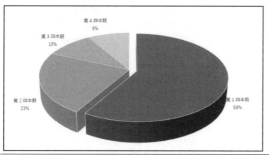	各項目の割合を示します。円グラフは、1つのデータ系列の割合を表現できます。ドーナツグラフは、複数の系列の割合を表現できます。

上記以外に、積み上げグラフ、レーダーチャート、等高線グラフなどがあります。表現する内容に合ったグラフの種類を選択することができます。

第13章 オブジェクトの挿入　***361***

Word

Excel

PowerPoint

操作 ☞ 表を挿入する

3枚目のスライドのあとに新しいスライドを挿入し、5行×4列の表を挿入しましょう。

Step 1 [保存用] フォルダーにあるプレゼンテーション「新型掃除機 "スパイラル"」を開きます。本章から学習を開始する場合は、[Office2021テキスト] フォルダーにある「13章_新型掃除機 "スパイラル"」を開きます。

Step 2 3枚目のスライドに切り替えて新しいスライドを挿入します。

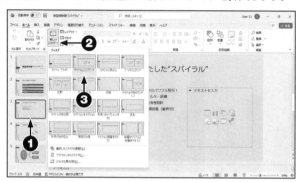

❶ サムネイルの3枚目のスライドをクリックします。

❷ [新しいスライド] ボタンの▼をクリックします。

❸ [タイトルとコンテンツ] をクリックします。

❹ 新しいスライドが挿入されたことを確認します。

Step 3 挿入したスライドにタイトルを入力し、[表の挿入] ダイアログボックスを表示します。

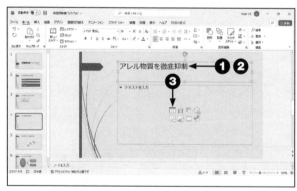

❶ タイトルのプレースホルダーの枠をクリックします。

❷ 「アレル物質を徹底抑制」と入力します。

❸ プレースホルダーの [表の挿入] をクリックします。

💡 **ヒント**

表の挿入方法

[挿入] タブの [表] ボタンをクリックしても表を挿入できます。

Step 4 5行×4列の表を挿入します。

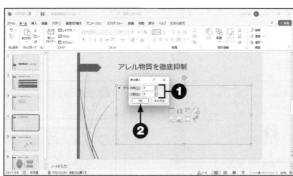

❶ [表の挿入] ダイアログボックスの列数が [4] に、行数が [5] になるように▲と▼をクリックします。

❷ [OK] をクリックします。

Step 5 5行×4列の表が挿入されたことを確認します。

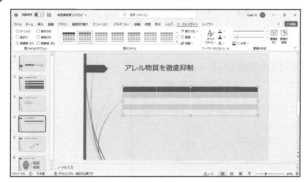

Step 6 以下の表を参考にして、スライドに挿入された表に文字を入力します。

	大きさ	従来品	スパイラル
砂ゴミ	500μm	◎	◎
ダニの成虫	100〜300μm	○	◎
スギ花粉	35μm	△	◎
ダニの死骸・フン	20μm	×	◎

※大きさの単位の「μm」は「マイクロメートル」と入力して変換します。

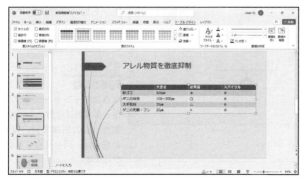

💡 **ヒント**

表内でのカーソル移動

文字を入力後に**Enter**キーを押すと、セル内で改行されます。カーソル（縦棒）を次のセルに移動するには、**Tab**キーまたは方向キーを押すか、セルをクリックします。

操作☞ 表を編集する

表の列幅とサイズ、文字の配置やフォントサイズなどを変更しましょう。

Step 1 1列目の列幅を自動調整します。

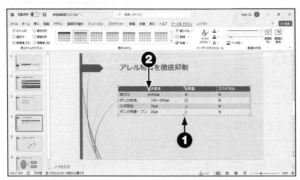

❶ 表が選択されていることを確認します。

❷ 1列目と2列目の間の縦罫線をポイントし、マウスポインターが ←‖→ になったことを確認してダブルクリックします。

Step 2 1列目の列幅が自動調整されたことを確認します。

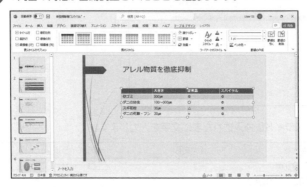

Step 3 その他の列幅もすべて自動調整します。

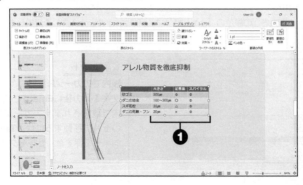

❶ 同様に、2列目と3列目の間の縦罫線、3列目と4列目の縦罫線、4列目の右端の縦罫線をポイントし、マウスポインターが ←‖→ になったことを確認してダブルクリックします。

💡 ヒント
列幅の調整

マウスポインターが ←‖→ の状態で左右にドラッグすれば任意の列幅に調整できます。また、表の右端の列の自動調整ができない場合は、列を選択してからダブルクリックします。

Step 4 表のサイズを拡大します。

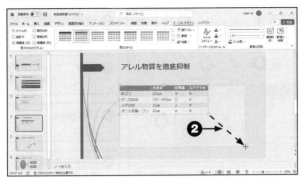

❶ 表の右下のハンドルをポイント
し、マウスポインターが ↖ に
なったことを確認します。

❷ 図を参考にドラッグして表のサ
イズを拡大します。

Step 5 表のサイズが拡大されたことを確認します。

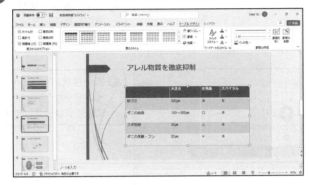

Step 6 1列目と2列目の文字の配置をセル内で上下中央揃えにします。

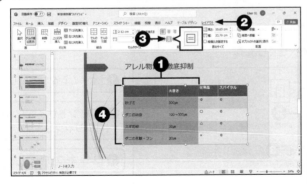

❶ 1列目と2列目をドラッグして範
囲選択します。

❷ [レイアウト] タブをクリックし
ます。

❸ [上下中央揃え] ボタンをクリッ
クします。

❹ 文字の配置が変更されたことを
確認します。

💡 ヒント

セルの選択

複数のセルは、目的のセルからセルまでを
ドラッグすると選択できます。

Step 7 3列目と4列目の文字の配置をセル内で上下左右の中央揃えにします。

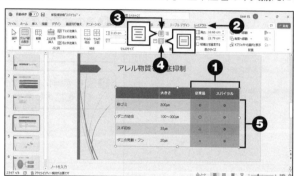

① 3列目と4列目をドラッグして範囲選択します。

② [レイアウト] タブが選択されていることを確認します。

③ [中央揃え] ボタンをクリックします。

④ [上下中央揃え] ボタンをクリックします。

⑤ 文字の配置が変更されたことを確認します。

Step 8 表全体を選択します。

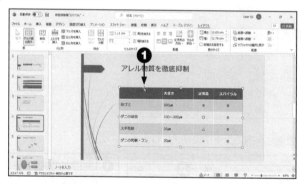

① 表の枠をポイントし、マウスポインターが ⊹ になったことを確認してクリックします。

Step 9 表内のフォントのサイズを大きくします。

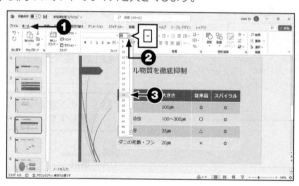

① [ホーム] タブをクリックします。

② [フォントサイズ] ボックスの▼をクリックします。

③ [24] をクリックします。

Step 10 表内のすべての文字のフォントサイズが変更されたことを確認します。

ヒント

作成した表のスタイルの変更

作成した表のスタイルは、[テーブルデザイン] タブ、[レイアウト] タブにあるボタンを使って変更できます。

[テーブルデザイン] タブ

表のスタイル、列や行のスタイルなどを変更できます。

[レイアウト] タブ

表の行や列の挿入、削除、セルの結合、セル内の文字の配置などを変更できます。

操作☞ グラフを挿入する

3枚目のスライドのあとに新しいスライドを挿入し、従来品との比較を説明するためのグラフを作成しましょう。

Step 1 3枚目のあとにグラフを挿入する新しいスライドを挿入します。

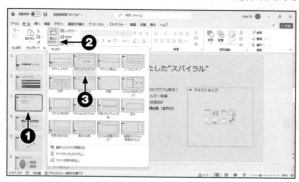

❶ サムネイルの3枚目のスライドをクリックします。

❷ [新しいスライド] ボタンの▼をクリックします。

❸ [タイトルとコンテンツ] をクリックします。

❹ 新しいスライドが挿入されたことを確認します。

Step 2 挿入したスライドにタイトルを入力し、[グラフの挿入] ダイアログボックスを表示します。

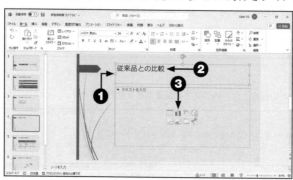

❶ タイトルのプレースホルダーの枠をクリックします。

❷ 「従来製品との比較」と入力します。

❸ プレースホルダーの [グラフの挿入] をクリックします。

💡 ヒント
グラフの挿入方法
[挿入] タブの [グラフ] ボタンをクリックしてもグラフを挿入できます。

Step 3 グラフの種類を選択します。

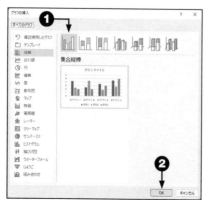

❶ [集合縦棒] が選択されていることを確認します。

❷ [OK] をクリックします。

Step 4 スライドにサンプルデータのグラフが挿入されます。

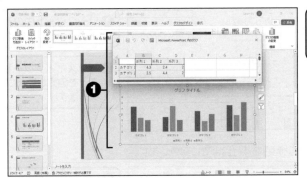

❶グラフが挿入され、ワークシートにはサンプルデータが入力されていることを確認します。

Step 5 以下を参考にして、ワークシートにデータを入力します。

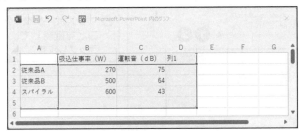

💡 ヒント
Excelの利用
サンプルが入力されたワークシートは入力だけでなくオートフィルや計算ができます。
Excelを起動するには、ワークシート左上の 🔳 [Microsoft Excelでデータを編集] ボタンをクリックします。

Step 6 挿入したグラフが変更されたことを確認します。

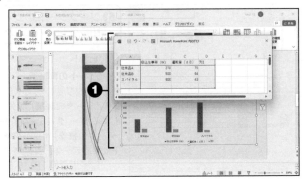

❶入力した数値がグラフに反映されていることを確認します。

Step 7 グラフのデータの有効範囲をC列までに変更します。

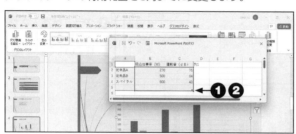

❶ ワークシート内の青い枠線の右下のハンドルをポイントします。

❷ マウスポインターが↖になったことを確認して、C列までドラッグします。

Step 8 同様にグラフのデータの有効範囲を4行目までに変更します。

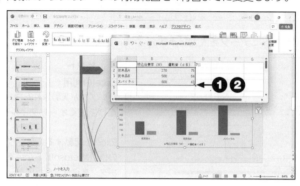

❶ ワークシート内の青い枠線の右下のハンドルをポイントします。

❷ マウスポインターが↖になったことを確認して、4行目までドラッグします。

Step 9 ワークシートを閉じます。

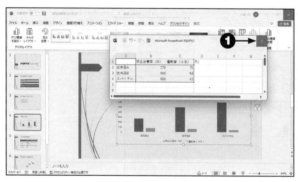

❶ ワークシートのウィンドウの⊠閉じるボタンをクリックします。

💡 ヒント

ワークシートの再表示

グラフをクリックし、[グラフデザイン] タブの [データの編集] ボタンをクリックします。データをExcelで編集するには [データの編集] ボタンの▼をクリックし、[Excelでデータを編集] をクリックします。

操作 👉 グラフ要素とグラフの種類を変更する

グラフ要素のうちのグラフタイトルを削除し、グラフの種類を [3-D 集合縦棒] に変更しましょう。

Step 1 グラフ要素を表示します。

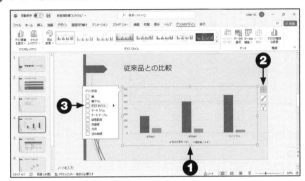

❶ グラフが選択されていることを確認します。

❷ [+] ボタンをクリックします。

❸ [グラフ要素] が表示されるので、[グラフタイトル] チェックボックスをオフにします。

Step 2 グラフタイトルが非表示になったことを確認します。

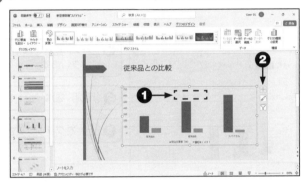

❶ グラフタイトルが削除されたことを確認します。

❷ [+] ボタンをクリックします。

❸ [グラフ要素] が非表示になったことを確認します。

Step 3 グラフを [3-D集合縦棒] に変更します。

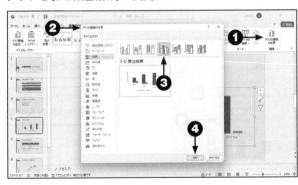

❶ [グラフの種類の変更] ボタンをクリックします。

❷ [グラフの種類の変更] ダイアログボックスが表示されたことを確認します。

❸ [3-D集合縦棒] をクリックします。

❹ [OK] をクリックします。

Step 4 グラフが [3-D 集合縦棒] に変更されたことを確認します。

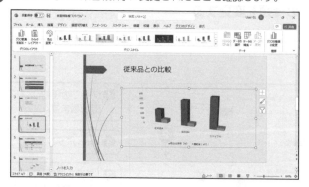

操作 **凡例の位置を変更する**

グラフに使われている色やパターンなどに対応する項目名などを表示するボックスを「凡例」といいます。凡例の位置を変更して、グラフを見栄えよく配置しましょう。

Step 1 凡例の位置を上にします。

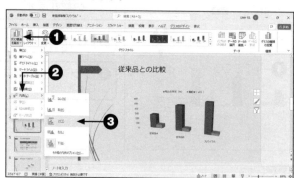

❶ [グラフ要素を追加] ボタンをクリックします。

❷ [凡例] をポイントします。

❸ [上] をクリックします。

Step 2 凡例の位置が変更されたことを確認します。

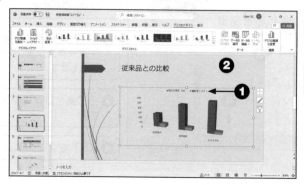

❶ 凡例がグラフの上に表示されていることを確認します。

❷ グラフ以外の場所をクリックしてグラフの選択を解除します。

💡 ヒント　作成したグラフのスタイルの変更

作成したグラフのスタイルは、[グラフのデザイン] タブ、[書式] タブにあるボタンを使って変更できます。

[グラフのデザイン] タブ

グラフのレイアウトやスタイルなどを変更できるほか、グラフの種類の変更やデータ範囲の設定が行えます。

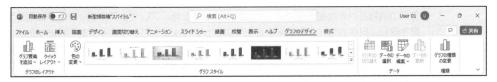

[書式] タブ

各要素の書式や図形のスタイルを変更できます。

💡 ヒント　グラフの要素

グラフを構成する要素には、主に以下のようなものがあります。グラフ要素にマウスポインターを合わせると、その名前をポップヒントで確認できます。

なお、グラフの要素はグラフの種類によって変わります。

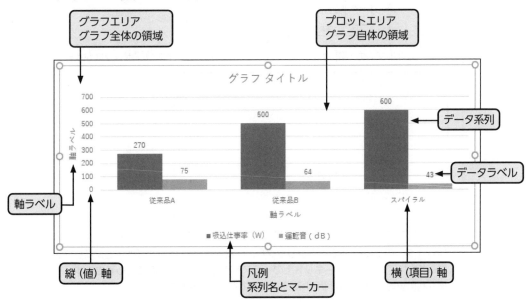

イメージを引き出すオブジェクト（イラスト、写真）

文字の情報だけでは聞き手によって印象が異なるため、プレゼンテーションの際は聞き手の共通認識を促し、具体的なイメージを引き出す必要があります。このイメージを引き出すために有効なのが、イラストや写真といった画像のオブジェクトです。デジタルカメラで撮影した写真やスキャナーで取り込んだイラストなどの画像を効果的に配置したり、さまざまな効果を設定することで、表現力豊かでインパクトのあるプレゼンテーションになります。

■ 画像の挿入

スライドにイラストや写真を挿入するには、[挿入] タブの [画像] ボタンをクリックし、表示される [図の挿入] ダイアログボックスで作成したイラストや取り込んだ写真の場所を指定し、[挿入] をクリックします。PowerPointで使用できる画像のファイル形式は bmp、gif、jpg(jpeg)、png、tif、tiffなどがあります。

プレースホルダーの [図] をクリックしても、[図の挿入] ダイアログボックスが表示されます。

[挿入] タブの [画像] ボタンをクリックし、一覧から [オンライン画像] をクリックすると、キーワードを指定してインターネット上のイラストや画像を検索することもできます。ただし、著作権や利用規約があるため利用する際は十分な注意が必要です。

■ 挿入した画像の移動や複製

画像にマウスポインターを合わせて、マウスポインターが の状態でドラッグすると任意の位置に移動ができます。移動中のマウスポインターは の状態になります。この時スライドにはプレースホルダーやオブジェクトの位置を揃えるスマートガイドと呼ばれる赤い点線が表示されます。

また、画像はCtrlキーを押しながらドラッグすると複製できます。

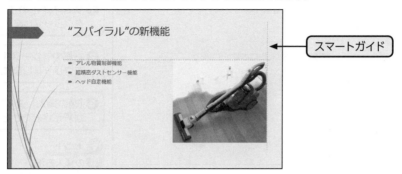

■ 画像のサイズとスタイルの変更

画像の縦横比を保ったままサイズを変更するには、画像の四隅に表示されるサイズ変更ハンドルをドラッグします。また、[図の形式] タブの [サイズ] グループでは、画像の高さと幅のサイズを数値で設定できます。

挿入した画像のスタイルは、[図の形式] タブの [調整] グループや [図のスタイル] グループのボタンを使って変更できます。

操作 🖐 イラストを挿入する

3枚目のスライドに、掃除機のイラストを挿入しましょう。

Step 1 3枚目のスライドに切り替えて、[図の挿入] ダイアログボックスを表示します。

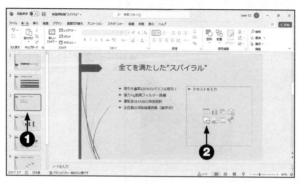

❶ サムネイルの3枚目のスライドをクリックします。

❷ 右側のプレースホルダーの [図] をクリックします。

❸ [図の挿入] ダイアログボックスが表示されたことを確認します。

💡 ヒント
画像の挿入方法

[挿入] タブの [画像] ボタンをクリックしても [図の挿入] ダイアログボックスを表示できます。

Step 2 イラスト「掃除する人」を挿入します。

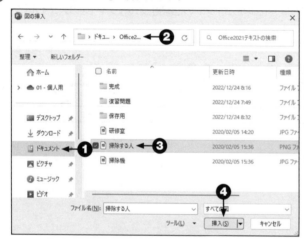

❶ プレースバーの [ドキュメント] をクリックします。

❷ 一覧から [Office2021テキスト] フォルダーをダブルクリックします。

❸ 「掃除する人」をクリックします。

❹ [挿入] をクリックします。

Step 3 イラストが挿入されたことを確認します。

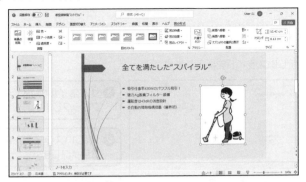

Step 4 イラストのサイズを拡大します。

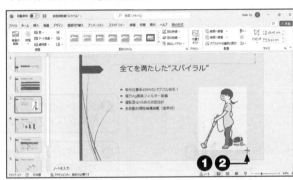

❶イラストの右下のハンドルをポイントし、マウスポインターが↖になったことを確認します。

❷図を参考にドラッグしてイラストを拡大します。

Step 5 イラストを移動します。

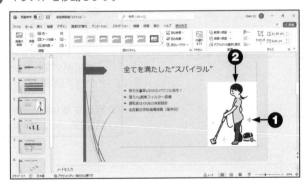

❶イラストをポイントし、マウスポインターが✛になったことを確認します。

❷図を参考にドラッグしてイラストの位置を調整します。

Step 6 イラスト以外の場所をクリックして、イラストの選択を解除します。

操作 写真を挿入する

新しいスライドに、商品イメージの写真を挿入しましょう。

Step 1 4枚目のスライドのあとに新しいスライドを挿入します。

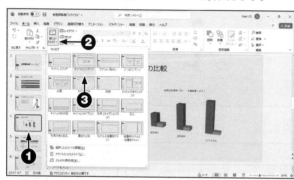

❶ サムネイルの4枚目のスライドを
クリックします。

❷ [新しいスライド] ボタンの▼を
クリックします。

❸ [タイトルとコンテンツ] をク
リックします。

❹ 新しいスライドが挿入されたこ
とを確認します。

Step 2 タイトルと箇条書きを入力します。

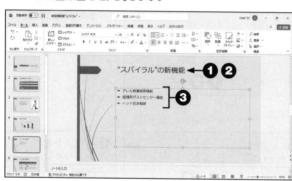

❶ タイトルのプレースホルダーの
枠をクリックします。

❷ 「"スパイラル"の新機能」と入
力します。

❸ コンテンツのプレースホルダー
の枠をクリックして、以下の文
字を入力します。

・アレル物質制御機能
・超精密ダストセンサー機能
・ヘッド自走機能

※行頭文字はEnterキーを押すと、
自動的に入力されます。

Step 3 [図の挿入] ダイアログボックスを表示します。

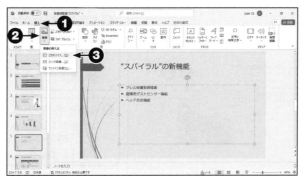

① [挿入] タブをクリックします。

② [画像] ボタンをクリックします。

③ [このデバイス] をクリックします。

Step 4 写真「掃除機」を挿入します。

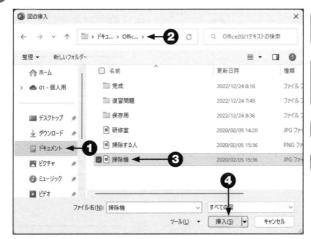

① プレースバーの [ドキュメント] をクリックします。

② 一覧から [Office2021テキスト] フォルダーをダブルクリックします。

③ 「掃除機」をクリックします。

④ [挿入] をクリックします。

Step 5 写真が挿入されたことを確認します。

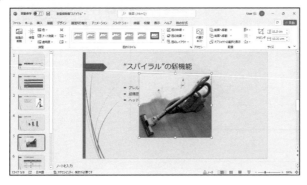

Step 6 写真の位置とサイズを調整します。

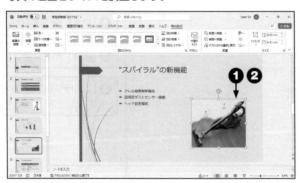

❶ 写真の四隅のハンドルをポイントし、マウスポインターが ⤢ になったことを確認して、図を参考にドラッグしてサイズを調整します。

❷ 写真をポイントし、マウスポインターが ✣ になったことを確認して、図を参考にドラッグして位置を調整します。

Step 7 写真にスタイルを設定します。

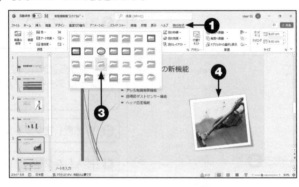

❶ [図の形式] タブが選択されていることを確認します。

❷ [図のスタイル] グループの ▾ [その他] ボタンをクリックします。

❸ [回転、白] をクリックします。

❹ 写真に白枠が付いて傾きがあるスタイルが適用されたことを確認します。

Step 8 写真の明るさとコントラストを設定します。

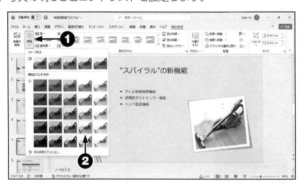

❶ [修整] ボタンをクリックします。

❷ [明るさ/コントラスト] の [明るさ：+20%　コントラスト：+20%] をクリックします。

Step 9 写真の明るさとコントラストが変更されたことを確認します。

①写真以外の場所をクリックして、
写真の選択を解除します。

💡 ヒント

挿入した写真の調整

挿入した写真の調整は [図の形式] タブの [調整] グループを使用します。

写真の色を変更する場合は [色] ボタンをクリックして一覧から選択します。写真のトーンや彩度なども変更できます。写真に効果を設定する場合は、[アート効果] ボタンをクリックしてパッチワーク、ぼかしなどのあらかじめ用意されている一覧から選択できます。

写真に設定したさまざまな効果を取り消す場合は、[図のリセット] ボタンをクリックします。

💡 ヒント

アイコンの利用

PowerPointではインターネット上の「アイコン」と呼ばれるマークが利用できます。ワンポイント的なイラストのようなもので、プレゼンテーションのアクセントになり、内容をひと目で伝えることができます。アイコンの種類は、工具および建築・医療・プロセスなど30種類以上のカテゴリに分類され、多数のものが用意されています。

アイコンを挿入するには、[挿入] タブの [アイコン] ボタンをクリックし、[アイコンの挿入] ダイアログボックスで目的のものを選択します。挿入したアイコンは、これまで説明した画像同様の操作で、サイズ変更、移動、書式の変更などが行えます。

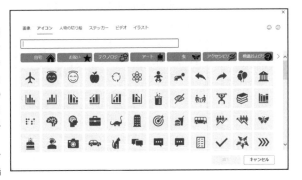

情報をまとめるオブジェクト
(ワードアート、テキストボックス)

プレゼンテーションを作成するときは、聞き手に伝えたい内容をひと目で理解してもらえるように
することが大切です。インパクトのあるキャッチコピーはもちろんのこと、わかりやすく配置した
オブジェクトだけでは伝えられない補足のコメントなど、情報を上手にまとめて伝えることを意識
しましょう。

■ ワードアートの挿入

「ワードアート」を使うと、塗りつぶしの色、グラデーション、影付き、斜体などの効果を付けた
飾り文字を作成できます。

ワードアートは [挿入] タブの [ワードアート] ボタンから作成する方法のほかに、プレースホル
ダーに入力された文字に、[図形の書式] タブの [ワードアートのスタイル] グループにあるワー
ドアートを選択して作成することができます。

また、[図形の書式] タブの [ワードアートのスタイル] グループにある [文字の塗りつぶし]、[文
字の輪郭]、[文字の効果] のボタンをあわせて利用することでバリエーション豊かでインパクト
のある文字を作成することができます。

変形＋反射を適用

変形＋反射＋光彩を適用

■ テキストボックスの挿入

PowerPointではプレースホルダーに文字を入力する以外に、「テキストボックス」を利用してスライドの任意の位置に文字を配置することができます。テキストボックスには、横書きと縦書きのものが用意されています。

テキストボックスは、[挿入] タブの [テキストボックス] ボタンをクリックし、マウスポインターが ↓ の状態でスライドのプレースホルダー以外の場所をクリックまたはドラッグします。

このとき、文字を入力する前にその他の場所をクリックすると、空白のテキストボックスは消去されるので注意が必要です。

クリックで作成した場合	ドラッグで作成した場合
スライド上にカーソル（縦棒）と狭い枠が表示されます。	ドラッグした大きさのテキストボックスが作成されます。
文字を入力していくと，横幅は自動的に拡張されます。	横幅が固定されているので文字を入力していくと，折り返して表示されます。

文字を入力したあとでテキストボックスのサイズを調整するには、テキストボックスのハンドルをドラッグします。また、テキストボックス自体に塗りつぶしの色や効果などの書式設定をする場合は、テキストボックス内をクリックして、[図形の書式] タブの [図形のスタイル] グループで設定します。テキストボックス内の文字の書式設定は、設定する文字列をドラッグして範囲選択してから [ホーム] タブの [フォント] グループで設定します。

操作 ワードアートを挿入する

新しく挿入したスライドに、「まずは体感してください」という飾り文字をワードアートで作成しましょう。

Step 1 8枚目のスライドのあとに新しいスライドを挿入します。

❶ サムネイルの8枚目のスライドをクリックします。

❷ [新しいスライド] ボタンの▼をクリックします。

❸ [タイトルとコンテンツ] をクリックします。

❹ 新しいスライドが挿入されたことを確認します。

Step 2 タイトルと箇条書きを入力します。

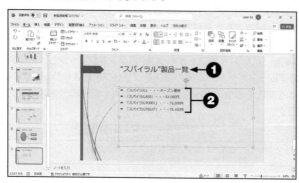

❶ タイトルのプレースホルダーの枠をクリックして、「"スパイラル"製品一覧」と入力します。

❷ コンテンツのプレースホルダーの枠をクリックして、以下の文字を入力します。

・「スパイラル」… オープン価格
・「スパイラル850」…
　54,000円
・「スパイラル900EX」…
　76,500円
・「スパイラル950XP」…
　95,400円

Step 3 ワードアートのスタイルの一覧を表示します。

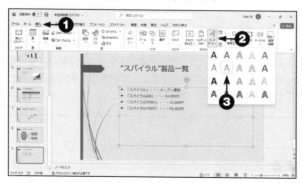

❶ [挿入] タブをクリックします。

❷ [ワードアート] ボタンをクリックします。

❸ 上から2番目、左から2番目の[塗りつぶし（グラデーション）：オリーブ、アクセント カラー5；反射] をクリックします。

Step 4 ワードアートが挿入されたことを確認します。

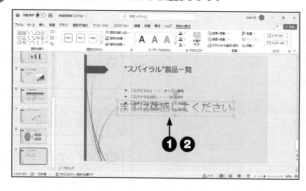

❶ 「ここに文字を入力」と表示されたボックスが挿入されていることを確認します。

❷ ボックスが選択されている状態で「まずは体感してください」と入力します。

Step 5 ワードアートを移動します。

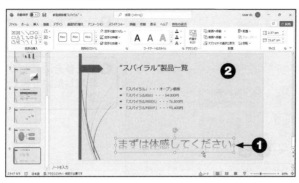

❶ ワードアートの枠をポイントし、マウスポインターが ✛ になったことを確認して、図を参考にドラッグして位置を調整します。

❷ ワードアート以外の場所をクリックして、ワードアートの選択を解除します。

💡 **ヒント**　**作成したワードアートのスタイルの変更**

作成したワードアートのスタイルは、[図形の書式] タブの [文字の塗りつぶし] ボタン、[文字の輪郭] ボタン、[文字の効果] ボタンを使って変更できます。さらに、[ワードアートのスタイル] グループ右下の 🖸 [文字の効果の設定：テキストボックス] ボタンをクリックして表示される [図形の書式設定] 作業ウィンドウで、詳細な設定ができます。

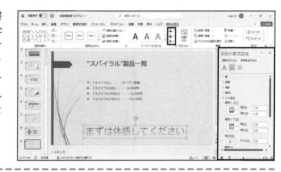

操作 👉 **テキストボックスを挿入する**

8枚目のスライドに、テキストボックスを使って説明文を挿入しましょう。

Step 1 サムネイルの8枚目のスライドをクリックします。

Step 2 横書きのテキストボックスを挿入します。

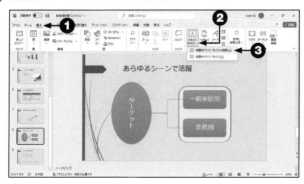

❶ [挿入] タブをクリックします。

❷ [テキストボックス] ボタンの▼をクリックします。

❸ [横書きテキストボックスの描画] をクリックします。

Step 3 テキストボックスを作成します。

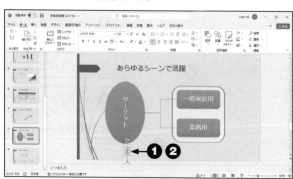

❶ マウスポインターが↓になっていることを確認します。

❷ 図を参考にテキストボックスを作成したい位置でクリックします。

Step 4 テキストボックスに文字を入力します。

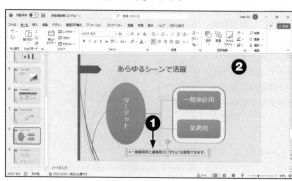

❶ 「＊一般家庭用と業務用のいずれにも使用できます。」と入力します。

❷ テキストボックス以外の場所をクリックして、文字の入力を確定します。

Step 5 🖫［上書き保存］ボタンをクリックして、プレゼンテーションを上書き保存して閉じます。

💡 **ヒント**　　**テキストボックスの書式の変更**

作成したテキストボックスの書式は、［図形の書式］タブの［図形のスタイル］グループや［ワードアートのスタイル］グループのボタンを使って変更できます。

この章の確認

- ☐ スライドに表を挿入することができますか？
- ☐ 表の列幅を自動調整することができますか？
- ☐ 表内の文字の配置を変更することができますか？
- ☐ スライドにグラフを挿入することができますか？
- ☐ ワークシートを操作してグラフのデータを編集することができますか？
- ☐ グラフの種類を変更することができますか？
- ☐ グラフ内にある凡例の位置を変更することができますか？
- ☐ スライドにイラストを挿入することができますか？
- ☐ スライドに写真を挿入することができますか？
- ☐ スライドにワードアートを挿入することができますか？
- ☐ スライドにテキストボックスを挿入することができますか？

復習問題 問題 13-1

スライドにグラフ、表、ワードアート、写真を挿入し、それぞれ編集を行いましょう。

1. ［復習問題］フォルダーから、「復習13-1　容器包装リサイクルとは」を開きましょう。

2. 7枚目のスライドを表示して、下記のデータをもとに［3-D 集合縦棒］グラフを挿入しましょう。

	ガラスびん	紙製容器	ペットボトル	プラスチック
3年前	365	80	250	480
2年前	350	80	260	570
1年前	341	95	280	610

3. 挿入したグラフのスタイルを［スタイル11］に変更しグラフタイトルを削除しましょう。

4. 6枚目のスライドを表示して、下記のデータをもとに表を挿入しましょう。

種類	識別表示	リサイクル製品
金属	アルミ缶 スチール缶	アルミ原料 製鉄原料
ガラス	無色ガラスびん 茶色ガラスびん 他の色のガラスびん	ガラスびん原料 建築資材など
紙	飲料用 紙パック	製紙原料
プラスチック	PETボトル	プラスチック原料 ポリエステル原料

5. 表の中の文字列のフォントサイズを20ポイントに変更しましょう。

6. 完成例を参考に、表のサイズを変更しましょう。

7. 表のスタイルを［中間スタイル1 - アクセント1］に変更しましょう。

8. 表の文字列がセル内で上下左右の中央揃えになるように変更しましょう。

9. 3枚目のスライドを表示して、イラスト「リサイクルの箱」を図形内の右下に挿入しましょう。

10. 4枚目のスライドのSmartArtグラフィックの下に、「容器包装廃棄物の3Rを推進」という文字列の［塗りつぶし：青緑、アクセント カラー 2；輪郭：青緑、アクセント カラー 2］のワードアートを挿入し、フォントサイズを48ポイントに変更しましょう。

11. 2枚目のスライドに、写真「リサイクル」を挿入しましょう。

12. 見本を参照して写真のサイズを変更し、スライドの右下に配置しましょう。

13. 挿入した写真のスタイルを、［対角を丸めた四角形、白］に変更しましょう。

14. ［保存用］フォルダーに、「復習13-1　容器包装リサイクルとは（完成）」という名前で保存して閉じましょう。

完成例

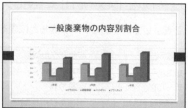

第14章

特殊効果の設定

- 効果的な特殊効果
- 画面切り替え効果の設定
- アニメーション効果の設定
- スライドショーの実行

効果的な特殊効果

スライドに動きを付ける「特殊効果」を設定すると、効果的なプレゼンテーションを行うことができます。
見た目に華やかな特殊効果は、見栄えにインパクトを与えることができますが、多用すると逆に聞き手の注意力が散漫になり逆効果になることもあります。プレゼンテーションは内容を伝えることが第一優先です。プレゼンテーションの内容に合わせた適切な効果を選択し、統一性のある効果を設定するようにします。

特殊効果には、2つの種類があります。スライドの切り替え時に動きを付ける「画面切り替え効果」は、主に聞き手をプレゼンテーションに惹きつけることができる有効な手段のひとつです。また、「アニメーション効果」はスライドに挿入されたオブジェクトごとに動きを付けることができます。

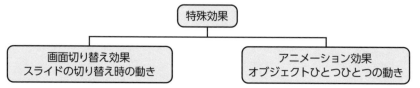

■ 画面切り替え効果

スライドが切り替わるときの特殊効果を「画面切り替え効果」といいます。
画面の切り替え効果は、必ず設定しなければいけないものではありません。シンプルな動きを1種類だけ付けて、スライド全体に統一感を出したり、タイトルスライドや重要なスライドのみに注意を惹きつけるような設定をするのも効果的です。
一般的にはビジネス向けのプレゼンテーションは、画面切り替え効果を多用しないようにします。
以下は主な画面切り替え効果の例です。

効果の名前	説明
ワイプ	前のスライドが素早く消え、現在のスライドがふき取るように表示されます。
出現	前のスライドがゆっくりと移動して消え、現在のスライドがゆっくりと表示されます。
図形（円、ボックス、ひし形、プラス、イン、アウト）	現在のスライドが図形の形に拡張しながら表示されます。

■ 画面切り替え効果の設定

[画面切り替え] タブでは、画面切り替え効果を一覧から選択してタイミングなどを設定したり、選んだ効果をすべてのスライドに設定することができます。設定した効果はプレビュー表示できます。

■ アニメーション効果

アニメーション効果は、文字を1行ずつ表示させたり、写真をじわじわと表示させるといったオブジェクトに設定できる特殊効果です。強調したい部分に設定すると、インパクトを与えることができます。アニメーション効果を設定する場合、プレゼンテーションをする発表者の説明に合わせるようにスピードの設定が重要になります。

アニメーション効果も画面切り替え効果同様、さまざまな効果を使用したり、多用しないようにします。

以下は主なアニメーション効果の例です。

効果の種類	効果の名前	説明
開始	スライドイン	文字またはオブジェクトが指定した方向から飛び込んできます。
	フェード	文字またはオブジェクトがフェードインします。
強調	拡大/縮小	文字またはオブジェクトが指定したサイズに拡大、縮小します。
	パルス	文字またはオブジェクトが、その場で脈動します。
終了	クリア	文字またはオブジェクトが消えます。
軌跡	ユーザー指定パス	文字またはオブジェクトが、指定した軌道に沿って移動します。

■ アニメーション効果の設定

[アニメーション] タブでは、文字やオブジェクトにアニメーションを設定したり、効果を表示する順序や開始のタイミングを設定することができます。設定した効果はプレビュー表示できます。

画面切り替え効果の設定

作成したプレゼンテーションに画面切り替え効果を設定する操作を学習します。

操作 👉 画面切り替え効果を設定する

すべてのスライドに画面切り替え効果 [ギャラリー] を設定しましょう。

Step 1 [保存用] フォルダーにあるプレゼンテーション「新型掃除機 "スパイラル"」を開きます。本章から学習を開始する場合は、[Office2021テキスト] フォルダーにある「14章_新型掃除機 "スパイラル"」を開きます。

Step 2 スライド一覧表示に切り替えます。

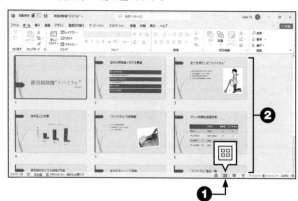

❶ [スライド一覧] ボタンをクリックします。

❷ スライド一覧表示に切り替わったことを確認します。

Step 3 1枚目のスライドを選択し、画面切り替え効果の一覧を表示します。

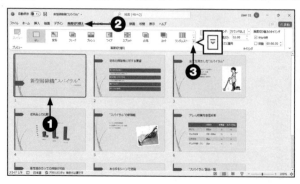

❶ 1枚目のスライドが選択されていることを確認します。

❷ [画面切り替え] タブをクリックします。

❸ [画面切り替え] グループの [その他] ボタンをクリックします。

Step 4 画面切り替え効果を選択します。

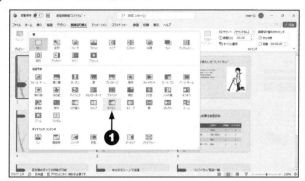

❶ [はなやか]の[ギャラリー]を
クリックします。

Step 5 1枚目のスライドに画面切り替え効果が設定されていることを確認します。

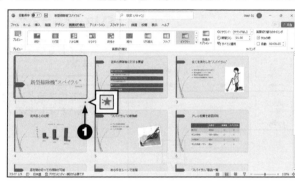

❶ 効果が設定されていることを示
す★が表示されていることを確
認します。

💡 **ヒント**
特殊効果の設定されたスライド
特殊効果が設定されているスライドには
右下に★が表示されます。テンプレート
から作成したプレゼンテーションには、初
めから特殊効果が設定されているものが
あります。

Step 6 プレビューで確認します。

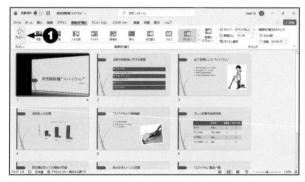

❶ [プレビュー]ボタンをクリック
します。

💡 **ヒント**
特殊効果の簡単な確認方法
スライド一覧表示では、特殊効果を設定
したスライドの右下に★が表示されます
が、★をクリックすると、そのスライド
の特殊効果がプレビュー表示されます。

Step 7 画面切り替え効果をすべてのスライドに適用します。

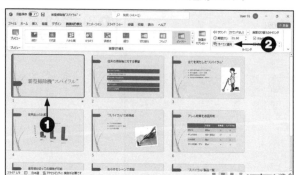

❶ 1枚目のスライドが選択されていることを確認します。

❷ [すべてに適用] ボタンをクリックします。

Step 8 すべてのスライドに画面切り替え効果が設定されたことを確認します。

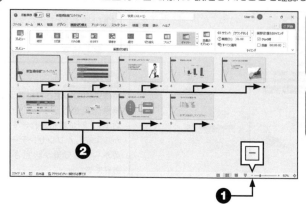

❶ [ズームスライダー] の [−] [縮小] をクリックして、すべてのスライドをウィンドウ内に表示します。

❷ すべてのスライドの右下に ★ が表示されていることを確認します。

アニメーション効果の設定

オブジェクトにアニメーション効果を設定すると、より躍動感のあるプレゼンテーションを行うことができます。

アニメーション効果で使用できる「動き」は、主に以下の4つです。この4つを組み合わせることで、プレゼンテーション中にさまざまな動きを実現することができます。

アニメーションの種類	説明
開始	スライド表示時には隠しておき、任意のタイミングでオブジェクトを表示できます。

開始

アピール	フェード	スライドイン	フロートイン	スプリット	ワイプ
図形	ホイール	ランダムスト…	グローとターン	ズーム	ターン
バウンド					

強調	スライド上に表示されているオブジェクトを、プレゼンテーション中にアピールできます。

強調

パルス	カラー パルス	シーソー	スピン	拡大/収縮	薄く
暗く	明るく	透過性	オブジェクト…	補色	線の色
塗りつぶしの色	ブラシの色	フォントの色	下線	ボールドフラ…	太字表示
ウェーブ					

終了	スライド上に表示されているオブジェクトを、任意のタイミングで非表示にできます。

終了

クリア	フェード	スライドアウト	フロートアウト	スプリット	ワイプ
図形	ホイール	ランダムスト…	縮小および…	ズーム	ターン
バウンド					

軌跡	スライド上に表示されているオブジェクトを、任意の場所に移動することができます。

アニメーションの軌跡

直線	アーチ	ターン	図形	ループ	ユーザー設…

文字のアニメーション設定

箇条書きを順番に表示するためのアニメーションを設定します。

操作👉 箇条書きを1つずつ順番に表示する

箇条書きが段落ごとに右から[スライドイン]のアニメーション表示されるように設定しましょう。

Step 1 圃[標準]ボタンをクリックして、標準表示に切り替えます。

Step 2 サムネイルの5枚目のスライドをクリックします。

Step 3 箇条書きのプレースホルダーを選択し、アニメーション効果の一覧を表示します。

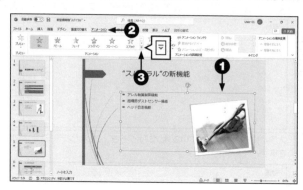

❶ 箇条書きのプレースホルダーの枠をクリックします。

❷ [アニメーション]タブをクリックします。

❸ [アニメーション]グループの[その他]ボタンをクリックします。

Step 4 アニメーション効果を選択します。

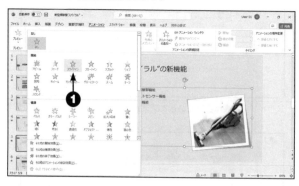

❶ [開始]の[スライドイン]をクリックします。

Step 5 プレビューで確認します。

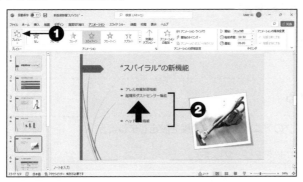

❶ [プレビュー] ボタンをクリック
します。

❷ 箇条書きが1段落ずつ、下から
上へアニメーション表示される
ことを確認します。

Step 6 右からアニメーション表示されるように変更します。

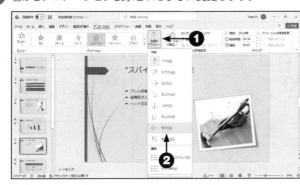

❶ [効果のオプション] ボタンをク
リックします。

❷ [方向] の [右から] をクリック
します。

Step 7 プレビューで確認します。

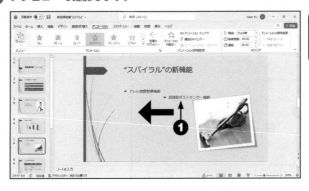

❶ 箇条書きが1段落ずつ、右から
左へアニメーション表示される
ことを確認します。

グラフのアニメーション設定

グラフには系列や項目ごとにアニメーションを付けることができます。

操作☛ **グラフに動きを付ける**

グラフに項目別に動くワイプのアニメーション効果を設定しましょう。

Step 1 サムネイルの4枚目のスライドをクリックします。

Step 2 グラフをクリックします。

Step 3 アニメーション効果の一覧を表示します。

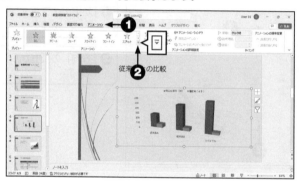

❶[アニメーション]タブが選択されていることを確認します。

❷[アニメーション]グループの[その他]ボタンをクリックします。

Step 4 アニメーション効果を選択します。

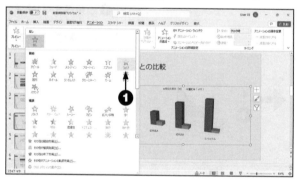

❶[開始]の[ワイプ]をクリックします。

Step 5 アニメーションが項目別に動くように設定します。

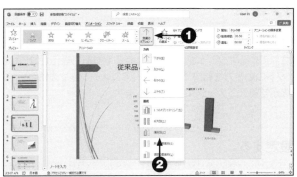

❶ [効果のオプション] ボタンをク
リックします。

❷ [連続] の [項目別] をクリック
します。

Step 6 プレビューで確認します。

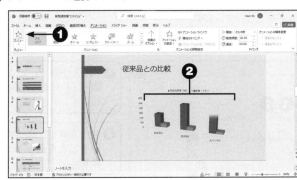

❶ [プレビュー] ボタンをクリック
します。

❷ 項目別にグラフの縦棒が下から
伸びるアニメーション効果が設
定されていることを確認します。

その他のアニメーション設定

ここまでに設定した箇条書きとグラフのアニメーションは、スライドに表示されてくる [開始] に分類されるものです。このほかに、すでに表示されているオブジェクトを目立たせる [強調]、表示されているオブジェクトを非表示にする [終了]、オブジェクトの動き方を軌跡で指定する [アニメーションの軌跡] という効果の種類があります。ここでは文字を強調表示するアニメーションを学習します。

操作 文字への強調効果を設定する

3枚目のスライドの「吸込仕事率630Wのパワフル吸引！」という文字列が、スライド表示後に強調表示されるように設定しましょう。

Step 1 サムネイルの3枚目のスライドをクリックします。

Step 2 「吸込仕事率630Wのパワフル吸引！」の箇条書きを選択します。

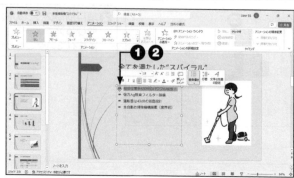

① 「吸込仕事率630Wのパワフル吸引！」の行頭文字をポイントします。

② マウスポインターが ✥ になっていることを確認してクリックします。

Step 3 文字列に強調のアニメーション効果を設定します。

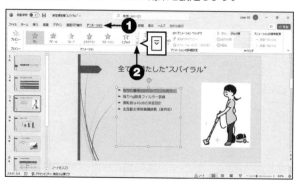

① [アニメーション] タブが選択されていることを確認します。

② [アニメーション] グループの [その他] ボタンをクリックします。

Step 4 アニメーション効果を選択します。

❶ [強調] の [フォントの色] をク
リックします。

Step 5 強調時のフォントの色を設定します。

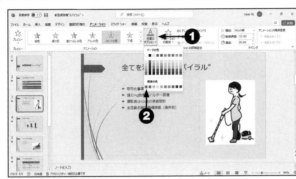

❶ [効果のオプション] ボタンをク
リックします。

❷ [標準の色] の左から1番目の
[濃い赤] をクリックします。

Step 6 プレビューで確認します。

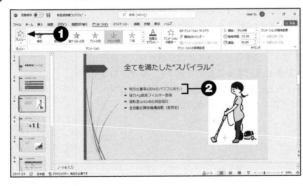

❶ [プレビュー] ボタンをクリック
します。

❷ アニメーション効果が設定され
ていることを確認します。

ヒント **アニメーション効果の追加**

すでにアニメーション効果が設定されている
オブジェクトに、さらにアニメーション効果
を追加することができます。例えばスライド
インで開始して、フォントの色で強調、スライ
ドアウトで終了させるといった複数のアニ
メーション効果が設定できます。アニメー
ション効果を追加するには、オブジェクトを
選択した状態で、[アニメーション] タブの [ア
ニメーションの追加] ボタンをクリックして、
追加したいアニメーション効果をクリックし
ます。

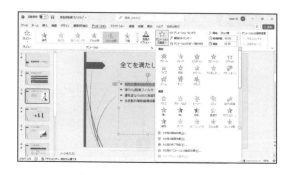

ヒント **アニメーション効果の削除**

設定したアニメーション効果を削除するには、
オブジェクトを選択した状態で、[アニメー
ション] タブの [アニメーション] グループの
[その他] ボタンをクリックして、[なし] をク
リックします。

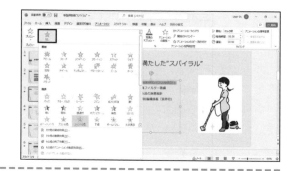

ヒント **その他のアニメーション効果**

[アニメーション] グループや [アニメーションの追加] ボタンにあるアニ
メーション効果以外にも、PowerPointにはさまざまな効果が用意されてい
ます。[アニメーション] グループの [その他] ボタンをクリックし、一覧の
下部の [その他の○○効果] をクリックすると、ダイアログボックスが表示
されて多数のアニメーション効果を選択することができます。ダイアログ
ボックスの [効果のプレビュー] チェックボックスをオンにすると、アニメー
ション効果をクリックするだけでアニメーションの確認ができます。

スライドショーの実行

スライドショーを実行すると、作成したプレゼンテーションのスライドを1枚ずつ順にコンピューターのディスプレイなどに全画面で表示することができます。

■ スライドショーの実行方法

・PowerPointで最初のスライドからスライドショーを実行する

[スライドショー] タブの [最初から] [最初から] ボタンをクリックすると、最初のスライドからスライドショーが実行されます。

・PowerPointで現在開いているスライドからスライドショーを実行する

[スライドショー] タブの [現在のスライドから] [現在のスライドから] ボタンをクリックすると、現在選択されているスライドからスライドショーが実行されます。ウィンドウ右下の [スライドショー] ボタンをクリックする方法もあります。

・PowerPointを起動せずにスライドショーを実行する
保存したプレゼンテーションファイルをマウスで右クリックし、ショートカットメニューの [その他のオプションを表示] から [表示] をクリックします。

・常にスライドショーとして開くようにプレゼンテーションを保存する
スライドショー形式で保存したファイルをダブルクリックすると、常に自動的にスライドショーを実行します。スライドショーが終了すると、自動的にファイルが閉じます。
スライドショー形式でプレゼンテーションを保存するには、[ファイル] タブの [名前を付けて保存] をクリックし、[名前を付けて保存] ダイアログボックスの [ファイルの種類] から [PowerPointスライドショー] をクリックして保存します。

■ スライドショーの実行中の操作

スライドショーの実行中に、マウスで右クリックすると、ショートカットメニューが表示され、次の操作を行うことができます。

・ペン
[ポインターオプション] の [ペン] や [蛍光ペン] をクリックすると、スライドに書き込みができます。強調するデータを丸で囲む場合などに使います。

操作	ショートカットキー
ポインターをペンに変更	**Ctrl** + **P**キー
ポインターを蛍光ペンに変更	**Ctrl** + **I**キー
ポインターを矢印型に変更	**Ctrl** + **A**キー
ポインターを消しゴムに変更	**Ctrl** + **E**キー
スライドへの書き込みを削除	**E**キー
ポインターをレーザーポインターに変更	**Ctrl** + **L**キー

・マウスポインターの表示/非表示
[ポインターオプション] の [矢印のオプション] をポイントして [常に表示しない] をクリック
すると、マウスポインターが非表示になります。

・スライドの前後へ移動
[次へ]、[前へ] をクリックすると、次または前のスライドに移動します。また、[すべてのス
ライドを表示] をクリックするとスライドが一覧で表示され、移動したいスライドを指定でき
ます。

操作	ショートカットキー
次のスライドを表示	クリック、**N**キー、**Space**キー、→キー、↓キー、**Enter**キー、**PageDown**キーのいずれかを押します。
前のスライドに戻る	**P**キー、**Backspace**キー、←キー、↑キー、**PageUp**キーのいずれかを押します。
指定した番号のスライドを表示	数字を入力して**Enter**キーを押します。
スライドショーの終了	**Esc**キー
最初のスライドに戻る	マウスの左右ボタン両方を同時に2秒押します。
タスクバーの表示	**Ctrl** + **T**キー

■ スライドショーのヘルプ
スライドショーの実行中に**F1**キーを押すと、ショートカットキーなどのヘルプを見ることができ
ます。

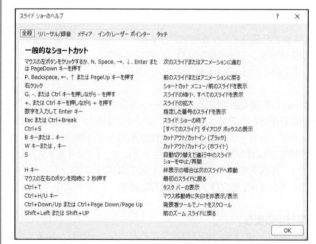

スライドショーの実行

スライドに設定したさまざまな効果などは、スライドショーを実行することで確認できます。これによって作成したプレゼンテーションがわかりやすく、聞き手に伝わりやすい内容になっているかが判断できます。

操作 スライドショーを実行する

スライドショーを実行して作成したプレゼンテーションの仕上がりを確認しましょう。

Step 1 サムネイルの1枚目のスライドをクリックします。

Step 2 スライドショーを実行します。

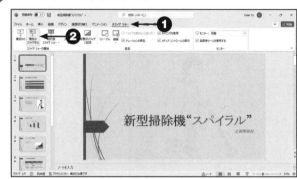

❶ [スライドショー] タブをクリックします。

❷ [現在のスライドから] ボタンをクリックします。

Step 3 スライドショーが実行されたことを確認します。

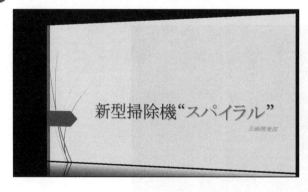

Step 4 画面上をクリックして次のスライドを表示します。

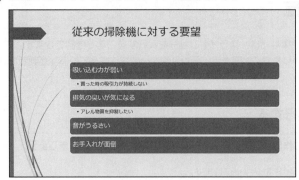

Step 5 画面上をクリックして画面切り替え効果とアニメーション効果を確認します。

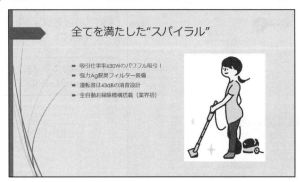

Step 6 ［スライドショーの最後です。クリックすると終了します。］と表示されたらクリックしてスライドショーを終了します。

Step 7 スライドショーが終了し、標準表示になったことを確認します。

Step 8 🖫 ［上書き保存］ボタンをクリックして、プレゼンテーションを上書き保存します。

💡 ヒント **非表示スライドについて**

プレゼンテーションに含まれるスライドをスライドショーで表示しないように設定することができます。表示しないように設定したスライドを「非表示スライド」といいます。

非表示スライドの設定を行うには、非表示にしたいスライドを選択し、[スライドショー]タブの[非表示スライドに設定]ボタンをクリックします。非表示にしたスライドは、スライド番号に斜線が引かれます。非表示スライドの設定を解除するには、対象のスライドを選択し、[非表示スライドに設定]ボタンをクリックします。

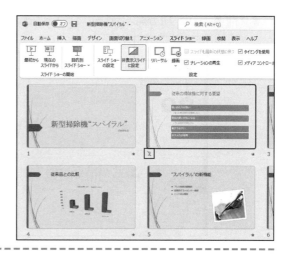

リハーサルの実行

「リハーサル」は、プレゼンテーションを成功させるために必要な作業であり、それを補助するのが「リハーサル機能」です。スライドの順番を確認するほか、アニメーションの動きやタイミング、前のスライドにスムーズに戻れるか、予定している時間内に収まるかなど、あらかじめリハーサルをしておくことで本番の不安要素を大きく軽減することができます。

リハーサル機能を使うと、本番のプレゼンテーションを想定して、実際に台本を読み上げながらスライドを進めることで、スライドごとに掛かった時間を知ることができます。また、ここで操作したスライドを切り替えたりアニメーションを動かしたタイミングを記録することもでき、実際のプレゼンテーションに利用することも可能です。

....

操作 👉 **リハーサルを実行する**

....

実際のプレゼンテーションを想定してリハーサルをしてみましょう。

Step 1 リハーサルを開始します。

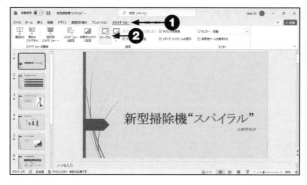

❶ [スライドショー] タブが選択されていることを確認します。

❷ [リハーサル] ボタンをクリックします。

Step 2 リハーサルが開始されるので、本番を想定してスライドを進めます。

❶リハーサルが開始され、画面左上にプレゼンテーションの時間を記録する［記録中］ツールバーが表示されます。

❷本番を想定して、実際に話をしながら画面上をクリックしてスライドを進めます。［記録中］ツールバーに［現在のスライド表示時間］と［リハーサルの総時間］が表示されます。

Step 3 最後のスライドまで進め、リハーサルを終了します。

Step 4 ［スライドショーの所要時間は××です。今回のタイミングを保存しますか？］というメッセージが表示されます。

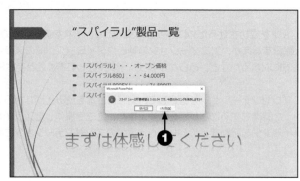

❶［いいえ］をクリックします。

Step 5 ［ファイル］タブをクリックし、［閉じる］をクリックして、プレゼンテーションを閉じます。

💡ヒント **リハーサルのタイミングでプレゼンテーションを行う**

Step4で［はい］をクリックすると、リハーサルのタイミングが保存されます。
［スライドショー］タブの［設定］の［タイミングを使用］チェックボックスをオンにすると、保存したタイミングを使ってプレゼンテーションを行うことができます。

この章の確認

□ スライドに画面切り替え効果を設定できますか？

□ 適用した画面切り替え効果をプレビューすることができますか？

□ スライドにアニメーション効果を設定することができますか？

□ 箇条書きにアニメーション効果を設定することができますか？

□ アニメーション効果の［スライドイン］の方向を変更することができますか？

□ グラフが項目別に表示されるアニメーション効果を設定することができますか？

□ 強調のアニメーション効果を設定することができますか？

□ スライドショーを実行することができますか？

□ リハーサル機能を実行することができますか？

復習問題 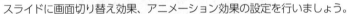 **問題 14-1**

スライドに画面切り替え効果、アニメーション効果の設定を行いましょう。

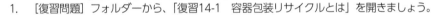

1. ［復習問題］フォルダーから、「復習14-1　容器包装リサイクルとは」を開きましょう。

2. すべてのスライドに［ワイプ］の画面切り替え効果を設定しましょう。

3. 2枚目のスライドの箇条書きに［ランダムストライプ］のアニメーション効果を適用しましょう。

4. 2枚目のスライドの写真に［拡大/収縮］のアニメーション効果を適用しましょう。

5. 7枚目のグラフに［ワイプ］のアニメーション効果を適用し、系列ごとに表示されるように変更しましょう。

6. スライドショーを実行しましょう。

7. ［保存用］フォルダーに、「復習14-1　容器包装リサイクルとは（完成）」という名前で保存して閉じましょう。

完成例

第15章

資料の作成と印刷

■ 発表者用資料の作成
■ プレゼンテーションの印刷

発表者用資料の作成

PowerPointは、実際にプレゼンテーションを発表するときに必要となる資料を「ノート」として作成できます。実際に発表するときに口頭で行う説明のメモ、特に注意または強調しなければならない点などは、各スライドのノートに書き込んでおきます。ノートの内容は印刷することもできます。

■ ノートの作成

標準表示のノートペインを使用して、スライドに関するメモを入力することができます。

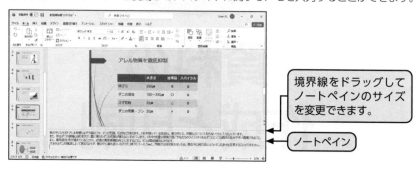

境界線をドラッグして
ノートペインのサイズ
を変更できます。

ノートペイン

■ ノート表示

ノートの入力や書式設定は標準表示のノートペインで行うことができますが、[表示] タブの [プレゼンテーションの表示] グループの [ノート] ボタンをクリックし、ノート表示にすることで、ヘッダーやフッター、グラフ、図、表などをノートに追加できます。

操作☞ **ノートを作成する**

4枚目のスライド「従来製品との比較」のノートに、グラフの説明を入力しましょう。ノートは標準表示でも編集できますが、入力する枠が小さいためノート表示に切り替えてから入力します。

Step 1 [保存用] フォルダーにあるプレゼンテーション「新型掃除機 "スパイラル"」を開きます。本章から学習を開始する場合は、[Office2021テキスト] フォルダーにある「15章_新型掃除機 "スパイラル"」を開きます。

Step 2 サムネイルの4枚目のスライドをクリックします。

Step 3 ノート表示に切り替えます。

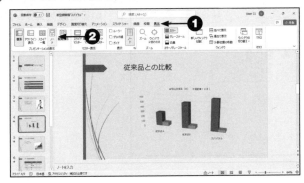

❶ [表示] タブをクリックします。

❷ [プレゼンテーションの表示] グループの [ノート] ボタンをクリックします。

Step 4 ノート表示に切り替わったことを確認し、ノートページの表示倍率を変更します。

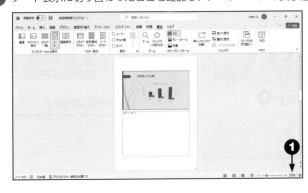

❶ ズームスライダーの右の [ズーム]（[xx%] と表示されている部分）をクリックします。

❷ [ズーム] ダイアログボックスが表示されたことを確認します。

Step 5 ノートページの表示倍率を指定します。

❶ [100%] をクリックします。

❷ [OK] をクリックします。

Step 6 ノートを選択します。

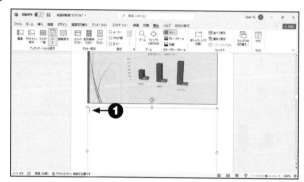

❶「テキストを入力」と表示されている位置をクリックし、カーソル（縦棒）が表示されたことを確認します。

Step 7 ノートに文字を入力します。

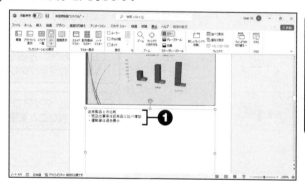

❶ 以下の文字を入力します。

従来製品との比較
・吸込仕事率は従来品に比べ増加
・運転音は過去最小

※行頭文字の「・」も入力します。

Step 8 回 [標準] ボタンをクリックして、標準表示に切り替えます。

Step 9 標準表示に切り替わったことを確認します。

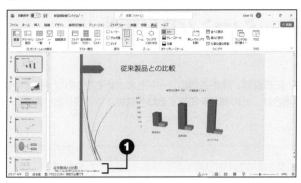

❶ ノートペインに入力した文字が
表示されていることを確認しま
す。

Step 10 サムネイルの1枚目のスライドをクリックします。

💡 ヒント **ノートの一括削除**

作成したプレゼンテーションを配布する場合、通常はスライドごとに作成した発表者用のノートは削除します。
ノートは一括して削除することができます。[ファイル] タブをクリックし、[情報] をクリックすると [情報] 画面
が表示されます。[問題のチェック] をクリックして、一覧から [ドキュメント検査] をすると、[ドキュメント検
査] ダイアログボックスが表示されるので、[プレゼンテーションノート] チェックボックスがオンになっているこ
とを確認して、[検査] をクリックします。検査が実行され、[プレゼンテーションノート] に表示された [すべて
削除] をクリックします。

なお、ノートなどを削除する前に、完成したプレゼンテーションは複製を作成し、1つは発表者用としてバック
アップしておき、複製を作成したプレゼンテーションのノートの内容を削除して配布用にします。

プレゼンテーションの印刷

PowerPointは、スライド、配布資料、発表者用のノートをまとめて1つのファイルで管理しています。そのため、印刷する場合は、どの部分を印刷するかを選択する必要があります。

印刷できる資料には次のようなものがあります。

フルページサイズのスライド

スライドを1枚ずつフルページサイズで印刷します。

ノート

ノートとスライドを1枚に印刷します。

アウトライン表示

アウトライン表示と同様の形式に印刷します。

配布資料(2枚)

2枚のスライドを1枚の用紙に印刷します。

配布資料(3枚)	配布資料(4～9枚)

3枚のスライドと書き込み用領域をあわせて1枚の用紙に印刷します。	4～9枚のスライドを1枚の用紙に印刷します。スライドの配置順序は縦方向、横方向のどちらも選択できます。

印刷設定と印刷プレビュー

印刷する場合は、印刷するスライドの選択、資料(レイアウト)の種類、用紙の向き、カラー/モノクロの指定などの詳細な設定ができます。印刷に失敗しないよう、印刷プレビュー機能を使って、画面で印刷イメージを事前に確認するようにします。

操作👉 印刷の設定を行う

4スライド(横)形式の配布資料、横方向の印刷をするように設定し、印刷プレビューで確認しましょう。

Step 1 [印刷]画面を表示します。

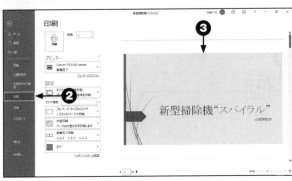

❶ [ファイル] タブをクリックします。

❷ [印刷] をクリックします。

❸ 画面の右側に印刷プレビューが表示されたことを確認します。

Step 2 印刷のレイアウトを選択します。

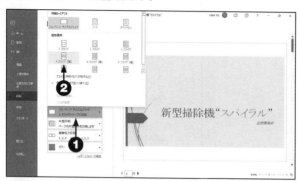

❶ [フルページサイズのスライド] と表示されているボックスをクリックします。

❷ [4スライド（横）] をクリックします。

Step 3 用紙の向きを変更します。

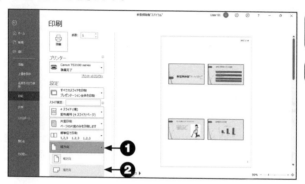

❶ [縦方向] と表示されているボックスをクリックします。

❷ [横方向] をクリックします。

Step 4 次のページの印刷プレビューを確認します。

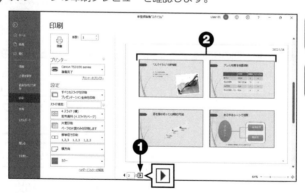

❶ 画面下部にある▶をクリックします。

❷ 次のページの印刷プレビューが表示されたことを確認します。

Step 5 印刷プレビューを拡大表示します。

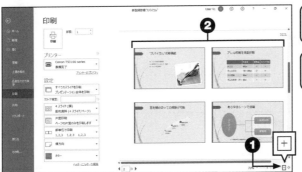

❶ ズームスライダーの［＋］をクリックします。

❷ 印刷プレビューが拡大表示されたことを確認します。

Step 6 ［印刷］画面から通常の画面に戻します。

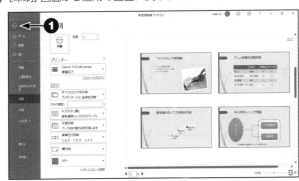

❶ ［戻る］ボタンをクリックします。

Step 7 🖫［上書き保存］ボタンをクリックして、プレゼンテーションを上書き保存します。

💡 **ヒント** **［カラー／グレースケール］について**

［印刷］画面の［カラー／グレースケール］では、プリンターに適したカラーモードが自動的に選択されます。用途に応じて設定を変更することもできます。

設定	内容
カラー	プレゼンテーションがカラーで印刷されます。白黒プリンターで選択した場合、印刷プレビューはグレースケールで表示されます。
グレースケール	塗りつぶしやグラデーションが、グレーや黒で印刷されます。図形の中の文字が印刷されない場合があるので注意が必要です。
単純白黒	グラデーションや塗りつぶしが単純な白黒のみで印刷されます。

印刷の実行

印刷設定の内容を確認し、印刷を実行します。

操作☞ 印刷を実行する

印刷設定を確認して印刷を実行します。

Step 1 [印刷] 画面で印刷設定を確認します。

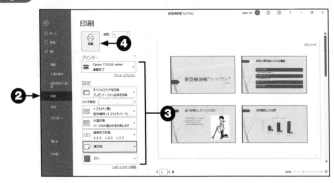

❶ [ファイル] タブをクリックします。

❷ [印刷] をクリックします。

❸ 設定内容や印刷プレビューを確認します。

❹ [印刷] ボタンをクリックします。

Step 2 印刷が実行されたことを確認します。

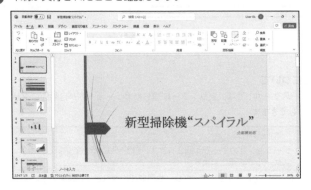

Step 3 📇 [上書き保存] ボタンをクリックして、プレゼンテーションを上書き保存して閉じます。

この章の確認

☐ 発表者用のノートを作成することができますか？

☐ ノート表示で拡大表示することができますか？

☐ 配布資料として印刷する設定ができますか？

☐ 印刷プレビューを表示することができますか？

☐ 印刷プレビューで拡大表示することができますか？

☐ 配布資料を実際に印刷することができますか？

復習問題 **問題 15-1**

スライドにノートを入力し、配布資料の印刷を行いましょう。

1. ［復習問題］フォルダーから、「復習15-1　容器包装リサイクルとは」を開きましょう。

2. 5枚目のスライドを表示し、ノート表示に切り替えましょう。

3. ノート部分に以下を入力しましょう。
   ・分別排出・分別収集の質的向上の状況とその要因
   ・分別の改善による再商品化の効率向上効果・質的向上効果
   ・地域住民の理解度向上
   ・環境負荷の低減（CO_2の削減効果等）等

4. 標準表示に切り替えましょう。

5. 配布資料として、1枚の用紙に3枚のスライドが印刷されるように設定し、印刷プレビューで確認しましょう。

6. 印刷プレビューの倍率を［ズームスライダー］で100％に設定しましょう。

7. 印刷プレビューの倍率を元（50％前後）に戻し、1枚の用紙に6枚のスライドが横方向の配置順序で印刷されるように設定して、配布資料を印刷しましょう。

8. ［保存用］フォルダーに、「復習15-1　容器包装リサイクルとは（完成）」という名前で保存して閉じましょう。

完成例

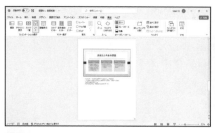

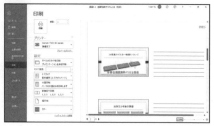

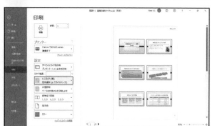